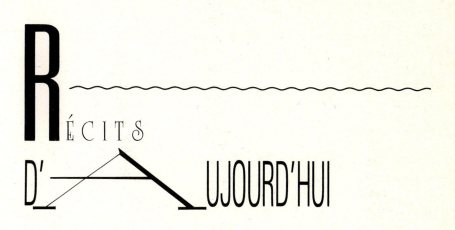

RÉCITS

D'AUJOURD'HUI

D0143103

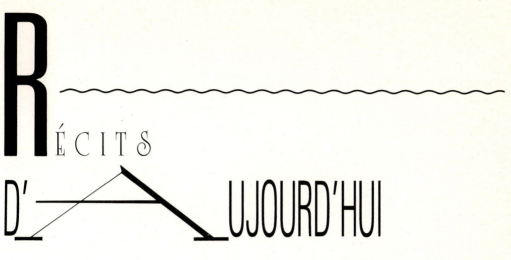

# RÉCITS D'AUJOURD'HUI

*A Literary Reader*

**ANNE GILLAIN**

*Wellesley College*

**MARTINE LOUTFI**

*Tufts University*

**HOLT, RINEHART AND WINSTON, INC.**
*FORT WORTH CHICAGO SAN FRANCISCO*
*PHILADELPHIA MONTREAL TORONTO*
*LONDON SYDNEY TOKYO*

**PUBLISHER** *Vince Duggan*
**ASSOCIATE PUBLISHER** *Marilyn Pérez-Abreu*
**PROJECT EDITOR** *Julia Mikulsky Price*
**PROJECT MANAGER** *Françoise Leffler*
**PRODUCTION MANAGER** *Priscilla Taguer*
**DESIGN SUPERVISOR** *Kathie Vaccaro*
**TEXT DESIGN** *Delgado Design*
**COVER PAINTING** *Jan Voss*
**COVER DESIGN** *Off-Broadway Graphics*
**PHOTO RESEARCH** *Rona Tuccillo*

**PHOTO CREDITS**

*1*, Jacques Robert/© Editions Gallimard. *31*, Laurent Maous/Gamma. *45*, AFP Photo gc/ Clement. *63*, Hélène Bamberger. *77*, John Foley. *91*, Jacques Robert/© Editions Galli- mard. *105*, Reńe Belletto. *119*, John Foley. *133*, © Editions du Seuil, 1984. *147*, Jacques Sassier/© Editions Gallimard.

**Library of Congress Cataloging-in-Publication Data**
Récits d'aujourd'hui.

"Intended for fourth semester college French classes"—Pref.
  Contents: Mondo et autres histoires / J.M.G. Le Clézio —La place / Annie Ernaux—De si braves garçons / Patrick Modiano—[etc.]
  1. French language—Readers. 2. French language— Textbooks for foreign speakers—English. 3. Short stories, French. I. Gillain, Anne. II. Loutfi, Martine Astier.
PC2117.R37  1989         448.6'421           88-16845

ISBN 0-03-013159-6

Copyright © 1989 by Holt, Rinehart and Winston, Inc.

All rights reserved. No part of this publication may be reproduced or transmitted in any form or by any means, electronic or mechanical, including photocopy, recording or any information storage and retrieval system, without permission in writing from the publisher.

Requests for permission to make copies of any part of the work should be mailed to: Copy- rights and Permissions Department, Holt, Rinehart and Winston, Inc., Orlando, Florida 32887.

Printed in the United States of America

9 0 1 2    090    9 8 7 6 5 4 3 2

Holt, Rinehart and Winston, Inc.
The Dryden Press
Saunders College Publishing

# PRÉFACE

This collection of literary selections is intended for students who for the first time are able to read unadulterated French prose. The selections have been chosen for their interest level but also for their relatively easy comprehension. The items included all appear as in their original text and have not been simplified or edited in any way. This book is intended for fourth semester college French classes. It could also be used profitably for more advanced work at the college level and by graduate students studying French for the doctoral language requirements.

The choice of the texts is based on two observations. First, in recent years students have demonstrated a renewed interest in fiction. While in the 1970s courses on culture and civilization proved popular, in the 1980s enrollments in literature courses have sharply increased. Second, few literary readers are currently on the market, and those that are cover classical French texts whose style is overchallenging for second-year students and whose content is too remote from contemporary experience to stimulate lively classroom discussions. The most recent writers included in those textbooks are authors such as Ionesco, Sartre, and Beckett, more representative of French literature in the 1950s than the 1980s.

Our purpose is to introduce American students to current trends in fiction. After World War II, French literature was represented by two major types of novels. The first, the philosophical and ideological novel, came right after the war and was illustrated by the work of prestigious writers such as Sartre, Camus, and Malraux. Then with the 1960s came the era of the *nouveau roman* (New Novel), which closely reflected the prevailing interest of French intellectuals in theoretical speculation. Rejecting classical plot, the New Novel stressed form and technique. Many talented writers practiced this experimental fiction; France's most recent recipient of the Nobel Prize in 1985, Claude Simon, remains, along with Alain Robbe-Grillet and Michel Butor, one of its most distinguished representatives.

Following the decline of the New Novel over the past ten years, a new generation of fine novelists is emerging whose styles and topics represent many important changes in the French literary scene. Their work does not imply a return to the tradition of the psychological or realistic novel but rather exemplifies a many-faceted development in the art of storytelling. This is why the term *récits* rather than *romans* seems more appropriate for the variety of writings included here. *Récits* implies the narration of events that can be either imaginary or real; a large number of these texts, actually half of them, are of an autobiographical nature. Whether fact or fiction, most of them are first-person narratives focusing on memories and subjective experiences. The new writers reject experimentalism and literary theory in favor of emotions and sensibility.

Private life is the main target of their investigation. The boundaries between traditional genres are blurred, as are those between popular and literary traditions. The detective novel becomes the medium of an original reconstruction of the past for Patrick Modiano, or a pretext for studying elusive and whimsical characters in the hands of René Belletto. Fantasy, drama, realism, and irony are part of the blend of genres illustrated by these texts. It is also noteworthy that our selections are not confined to young novelists but cover a wide range of generations.

Three well-established writers—Marguerite Duras, Françoise Sagan, and Nathalie Sarraute—have produced books in the past few years that sharply contrast with their previous production. All were autobiographical *récits* dealing with their childhood and past life; all enjoyed wide public acclaim. In fact, the personal nature of all these texts prompted us to complement them with an interview with each author commenting on particular aspects of the chosen excerpt.

Each chapter of our book therefore represents a substantial offering that includes a series of items.

**1.** First, an introduction in French both provides biographical data on the author and presents the main theme and stylistic components of the work that follows.

**2.** Next, a set of questions entitled **Préparation à la lecture** addresses in broad terms the topics covered by the selection.

**3.** Then comes the text itself, whose length and difficulty vary somewhat from author to author. The order in which they appear in the book reflects an increasing linguistic and narrative complexity. Each text is accompanied by cultural notes and ample marginal glosses to provide students with immediate help in reading. We have translated as many words as necessary to make the meaning of the text accessible to second-year students. The first 700 words of the *français fondamental* are not, however, included in the glosses. The English equivalent of the French word is given in the form that best fits the context. Vocabulary items appearing in the margins are not glossed subsequently within the same selection but are glossed again in other selections, so that instructors can use the texts in any sequence.

**4.** Each text is followed by a few simple vocabulary exercises. As instructor and students will soon observe, the words used in the selections recur frequently, allowing readers to build up vocabulary as they progress.

**5.** The next items are two sets of questions. The first set deals with text comprehension and is intended to ensure that the basic meaning of the story has been understood. The second set, entitled **Questions sur la technique du récit,** focuses on the formal components of the text and particularly on the relation of form and meaning. Its goal is to attract the students' attention to the construction and organization of the narrative as well as to the stylistic characteristics of each author.

**6.** The interviews have been designed to specifically illuminate the chosen excerpt. In a few cases (Marguerite Duras, J.-M. G. Le Clézio, and Patrick Modiano) we were unable to secure original interviews and therefore reproduced interviews from books or television programs that are slightly less focused in their approach to the text. Notes and vocabulary also accompany the interviews.

**7.** Each text concludes with a set of **Sujets de discussion et de composition** for oral and written assignments. They suggest topics for a broader development of issues relating to the text or the interview.

**8.** Finally, the French–English Vocabulary at the end of the volume should minimize the need for a dictionary.

Although linguistically limited, students bring to intermediate French courses an alert mind and a lively curiosity about both modern literary trends and the processes of evaluation and judgment. Récits d'aujourd'hui offers them an enjoyable and challenging image of France today as well as a wide vocabulary for intelligent reading and conversation.

## ACKNOWLEDGMENTS

We want to address our special thanks to members of our profession who critiqued the manuscript, helped with the choice of texts, and checked the accuracy of the vocabulary glosses, in particular Thomas Abbate and Michèle Respaut of Wellesley College; Eglal Henein, Vincent Pollina, and Véronique Courtois of Tufts University; Lucy McNeece of the University of Connecticut; Gordon Shenton of l'École Supérieure de Commerce de Lyon. We also thank the editorial staff of Holt, Rinehart and Winston.

Last we would like to acknowledge the work of the many reviewers who provided us with insightful comments and constructive criticism for improving the text: Linda Anderson-Fiala, University of California, Fullerton; John Booker, University of Kansas; Paula Bradley, Principia College; Dominick DeFilippis, Wheeling College; John Gesell, University of Arizona; Marie-France Hilgar, University of Nevada, Las Vegas; Hannelore Jarausch, University of North Carolina, Chapel Hill; Paol Keineg, Brown University; Jeanine Kreiter, University of the Pacific; Lora Lunt, SUNY at Postdam; Margaret Marshall, Southeastern Louisiana University; Michèle Morris, Georgetown University; Janine Spencer, Northwestern University; Gerard L. St. Martin, University of Southwestern Louisiana.

A. G.
M. L.

# PERMISSIONS

Permission to use copyright materials is hereby gratefully acknowledged:

To Editions Gallimard for permission to use J.-M. G. Le Clézio's "Hazaran" from *Mondo et autres histoires;* excerpts from Annie Ernaux's *La Place;* excerpts from Patrick Modiano's *De si braves garçons;* excerpts from Françoise Sagan's *Avec mon meilleur souvenir;* and excerpts from Nathalie Sarraute's *Enfance.*

To Editions de Minuit for permission to use excerpts from Marguerite Duras's *L'Amant.*

To Editions Hachette for permission to use excerpts from René Belletto's *Sur la terre comme au ciel.*

To Editions du Seuil for permission to use excerpts from Didier van Cauwelaert's *Poisson d'amour.*

To Editions P.O.L. for permission to use excerpts from Danièle Sallenave's *Un printemps froid* and Emmanuel Carrère's *La Moustache.*

To Madeleine Chapsal and *Lire* for permission to use excerpts from an interview with Patrick Modiano.

To Pierre Boncenne and Editions Robert Laffont for permission to use excerpts from an interview with J.-M. G. Le Clézio.

To Bernard Pivot and Antenne 2 for permission to use excerpts from an interview with Marguerite Duras.

# TABLE DES MATIÈRES

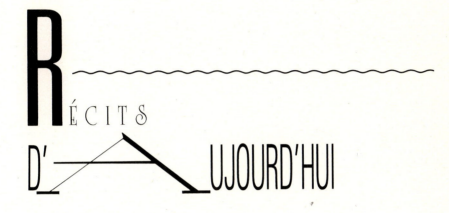

RÉCITS D'AUJOURD'HUI

# Chapitre un

# Hazaran

*Mondo et autres histoires*

J.-M.G. LE CLÉZIO

**Le Clézio** est un nom d'origine bretonne. Les ancêtres lointains du romancier sont des navigateurs qui ont quitté la France au dix-huitième siècle pour aller s'installer à Maurice, une petite île tropicale située dans l'océan Indien à l'est de Madagascar. Le goût des voyages, de l'aventure et de la mer se retrouvent dans les romans de J.-M. G. Le Clézio.

Installé à Nice où il est né en 1940, Le Clézio a connu très jeune la célébrité avec la publication de son premier livre Le Procès-verbal qui a reçu le prix Renaudot en 1963. Son nom a été associé pendant quelques années à l'école du Nouveau Roman mais son œuvre s'est rapidement distinguée de celles de ses contemporains. Elle a évolué vers un type de narration classique : histoires racontées de façon chronologique, personnages bien définis, style sobre et clair. Dans ses récits, Le Clézio n'analyse pas, il regarde le monde et le décrit. L'attention qu'il porte aux besoins primordiaux de l'homme, aux sensations physiques et gestes *quotidiens* crée une atmosphère biblique où les options fondamentales sont clairement indiquées.    *everyday*

Hazaran est une des *nouvelles* qui composent Mondo et   *short stories*
autres histoires (1978). Dans ce livre, les personnages principaux sont les enfants qui ont le pouvoir de découvrir, et de révéler au lecteur, la beauté du monde. Cette découverte se fait de façon très simple par l'observation des éléments de la nature. Le regard neuf des enfants sur la mer, le ciel et les animaux communique le sens d'une permanence et d'un équilibre du monde. Par contraste, la société des hommes offre l'image d'un univers de désordre et d'agression. La ville est le symbole d'une société mécanique où les progrès technologiques sont à la fois terrifiants et fascinants. Dans Hazaran la menace de cette civilisation est représentée par les ingénieurs qui viennent détruire un *bidonville* pour    *shantytown*
le remplacer par une cité de H.L.M. (habitations à loyer    *low-rent public housing*
modéré). L'auteur, par l'intermédiaire de la petite Alia, nous montre la vie des *déshérités* du monde moderne, les travail-    *have-nots*
leurs émigrés qui vivent en dehors de la société, sans argent, ni sécurité, ni confort et qui sont repoussés toujours plus loin. Les enfants échappent à cette misère par leur innocence et leur imagination. L'harmonie et la force de leur vie intérieure répondent de façon naturelle à celles du monde physique.

Le Clézio s'intéresse particulièrement aux cultures primitives et au contraste qu'elles offrent avec les sociétés industrielles. C'est au cours de ses très nombreux voyages qu'il trouve le sujet de ses beaux récits. Dans Désert (1980) il décrit l'histoire des tribus nomades du désert de Mauritanie. Dans Le Chercheur d'or (1985) il suit l'itinéraire de son grand-père à travers l'océan Indien. Il a aussi vécu en Amérique du Sud où il a étudié la civilisation inca. Comme il explique dans son entretien, sa ville natale, où il habite et écrit entre ses voyages, contient les deux dimensions contraires et complémentaires de son œuvre. Située au bord de la Méditerranée, c'est une métropole moderne pleine de bruit et d'agitation mais aussi ouverte à la lumière et au silence de la mer.

---

## PRÉPARATION · À · LA · LECTURE

---

1. Que savez-vous sur les conditions de vie et de travail des ouvriers immigrés en Europe ou aux États-Unis?
2. Par quels moyens, quelles actions peut-on améliorer la vie des pauvres ?
3. Que pensez-vous de l'action et de la personnalité de Mère Teresa, la religieuse qui vit au milieu des gens misérables en Inde et qui a reçu le Prix Nobel de la Paix?

## Hazaran (I)

La *Digue* des Français ce n'était pas vraiment une ville, parce qu'il n'y avait pas de maisons, ni de rues, seulement des huttes de *planches* et de *papier goudronné* et de la *terre battue.* Peut-être qu'elle s'appelait comme cela parce qu'elle était
5 habitée par des Italiens, Yougoslaves, Turcs, Portugais, Algériens, Africains, des maçons, des *terrassiers,* des paysans qui n'étaient pas sûrs de trouver du travail et qui ne savaient jamais s'ils allaient rester un an ou deux jours. Ils arrivaient ici, à la Digue, près des *marécages* qui *bordent* l'estuaire du
10 fleuve, ils s'installaient là où ils pouvaient et ils construisaient leur hutte en quelques heures. Ils achetaient des planches à ceux qui partaient, des planches tellement vieilles et *percées de trous* qu'on voyait le jour *à travers.* Pour le toit, ils mettaient des planches aussi et de grandes feuilles de
15 papier goudronné, ou bien, quand ils avaient la chance d'en trouver, des morceaux de *tôle ondulée* tenus par du *fil de fer* et des *cailloux.* Ils *bourraient* les trous avec des *bouts de chiffon.*

*sea wall*

*wooden boards / tar paper / hard-packed surface*

*diggers*

*swamps / line*

*full of holes / through them*

*corrugated iron / wire*

*stones / filled / rags*

C'était là que vivait Alia, à l'ouest de la Digue, non loin
de la maison de Martin. Elle était arrivée ici en même temps
que lui, tout à fait au début, quand il n'y avait qu'une
dizaine de huttes et que la terre était encore *molle* avec de *soft*
grands champs d'herbe et des *roseaux,* au bord du marécage. *reeds*
Son père et sa mère étaient morts accidentellement, alors
qu'elle ne savait rien faire d'autre que jouer avec les autres
enfants, et sa tante l'avait prise chez elle. Maintenant, après
quatre ans, la Digue s'était agrandie, elle couvrait la *rive* *bank*
gauche de l'estuaire, depuis le *talus* de la grand-route jusqu'à *embankment*
la mer, avec une centaine d'allées de terre battue et tellement
de huttes qu'on ne pouvait pas les compter. Chaque semaine, plusieurs camions s'arrêtaient à l'entrée de la Digue
pour *décharger* de nouvelles familles et prendre celles qui *unload*
s'en allaient. En allant chercher l'eau à la pompe, ou acheter
du riz et des sardines à la coopérative, Alia s'arrêtait pour
regarder les *nouveaux venus* qui s'installaient là où il y avait *newcomers*
encore de la place. Quelquefois la police venait aussi à
l'entrée de la Digue pour inspecter, et noter dans un cahier
les départs et les arrivées.

Alia se souvenait très bien du jour où Martin était arrivé.
La première fois qu'elle l'avait vu, il était descendu du camion
avec d'autres personnes. Son visage et ses habits étaient gris
de *poussière,* mais elle l'avait remarqué tout de suite. C'était *dust*
un *drôle d'*homme grand et maigre, avec un visage *assombri* *strange / darkened*
par le soleil, comme un *marin.* On pouvait croire qu'il était *sailor*
vieux, à cause des *rides* sur son *front,* et sur ses *joues,* mais *wrinkles / forehead / cheeks*
ses cheveux étaient très noirs et abondants et ses yeux *bril-*
*laient* aussi fort que des miroirs. Alia pensait qu'il avait les *shone*
yeux les plus intéressants de la Digue, et peut-être de tout
le pays, et c'est pour cela qu'elle l'avait remarqué.

Elle était restée immobile quand il était passé à côté d'elle.
Il marchait lentement, en regardant autour de lui, comme
s'il était simplement venu visiter l'endroit et que le camion
allait le reprendre dans une heure. Mais il était resté.

Martin ne s'était pas installé au centre de la Digue. Il était
allé tout à fait au bout du *marais* là où commençait les *galets* *swamp / pebbles*
de la plage. C'était là qu'il avait construit sa hutte, tout seul
sur ce morceau de terre dont personne d'autre n'aurait
voulu, parce que c'était trop loin de la route et des pompes
d'eau *douce.* Sa maison était vraiment la dernière maison de *fresh*
la ville.

Martin l'avait construite lui-même, sans l'aide de personne, et Alia pensait que c'était aussi la maison la plus
intéressante de la région *à sa manière.* C'était une hutte *in its own way*

circulaire, sans autre *orifice* qu'une porte basse que Martin *opening*
ne pouvait pas *franchir* debout. Le toit était en papier gou- *clear*
65 dronné, comme les autres, mais en forme de *couvercle.* *lid*
Quand on voyait la maison de Martin, de loin, dans la
*brume* du matin, tout à fait seule au milieu des *terrains vagues,* *haze / empty lots*
à la limite du marécage et de la plage, elle semblait plus
grande et plus haute, comme une tour de château.

70 C'était d'ailleurs le nom qu'Alia lui avait donné, dès le
début : le château. Les gens qui n'aimaient pas Martin et
qui se moquaient un peu de lui, comme le *gérant* de la *manager*
coopérative, par exemple, disaient que c'était plutôt comme
une *niche,* mais c'est parce qu'ils étaient jaloux. C'est cela *kennel*
75 qui était étrange, d'ailleurs, parce que Martin était très
pauvre, encore plus pauvre que n'importe qui dans cette
ville, mais cette maison sans fenêtres avait quelque chose
de mystérieux et de *quasiment* majestueux qu'on ne compre- *presque*
nait pas bien et qui intimidait.

80 Martin habitait là tout seul, *à l'écart.* Il y avait toujours *out of the way*
du silence autour de sa maison, surtout le soir, un silence
qui rendait tout lointain et irréel. Quand le soleil brillait
au-dessus de la vallée poussiéreuse et du marais, Martin
restait assis sur une *caisse,* devant la porte de sa maison. Les *crate*
85 gens n'allaient pas très souvent de ce côté-là, peut-être parce
que le silence les intimidait vraiment, ou bien parce qu'ils
ne voulaient pas *déranger* Martin. Le matin et le soir, parfois, *bother*
il y avait les femmes qui cherchaient le bois mort, et les
enfants qui revenaient de l'école. Martin aimait bien les
90 enfants. Il leur parlait avec douceur, et c'était les seuls à qui
il souriait vraiment. Alors ses yeux devenaient très beaux,
ils brillaient comme des miroirs de pierre, pleins d'une
lumière claire qu'Alia n'avait jamais vue ailleurs. Les enfants
l'aimaient bien aussi, parce qu'il savait raconter des histoires
95 et poser des *devinettes.* Le reste du temps, Martin ne tra- *riddles*
vaillait pas réellement, mais il savait réparer de petites
choses, dans les *rouages des montres,* dans les postes de radio, *watch parts*
dans les pistons de *réchauds* à kérosène. Il faisait cela pour *portable stoves*
rien, parce qu'il *ne voulait pas toucher d'argent.* *didn't want to be paid*

100 Alors, depuis qu'il était arrivé ici, chaque jour, les gens
envoyaient leurs enfants lui porter un peu de nourriture
dans des assiettes, des pommes de terre, des sardines, du
riz, du pain, ou un peu de café chaud dans un verre. Les
femmes venaient aussi quelquefois lui donner de la nour-
105 riture et Martin remerciait en disant quelques mots. Puis
quand il avait fini de manger il rendait l'assiette aux enfants.
C'était comme ça qu'il voulait être payé.

Alia aimait bien rendre visite à Martin, pour entendre ses histoires et voir la couleur de ses yeux. Elle prenait un
110 morceau de pain dans la réserve, et elle traversait la Digue jusqu'au château. Quand elle arrivait, elle voyait l'homme assis sur sa caisse, devant sa maison, en train de réparer une lampe à gaz, et elle s'asseyait par terre devant lui pour le regarder.

115 La première fois qu'elle était venue lui porter du pain, il l'avait regardée de ses yeux pleins de lumière et lui avait dit :

« Bonjour, lune. »

« Pourquoi m'appelez-vous lune? » avait demandé Alia.

120 Martin avait souri, et ses yeux étaient encore plus brillants.

« Parce que c'est un nom qui me plaît. Tu ne veux pas que je t'appelle lune? »

« Je ne sais pas. Je ne pensais pas que c'était un nom. »

125 « C'est un joli nom », avait dit Martin. « Tu as déjà regardé la lune, quand le ciel est très pur et très noir, les nuits où il fait très froid? Elle est toute ronde et douce, et je trouve que tu es comme cela. »

Et depuis ce jour-là, Martin l'avait toujours appelée de
130 ce nom : lune, petite lune. Et il avait un nom pour chacun des enfants qui venaient le voir, un nom de plante, de fruit ou d'animal qui les faisaient bien rire. Martin ne parlait pas de lui-même, et personne n'aurait *osé* lui demander *quoi que*    *dared / (here) anything*
*ce soit. Au fond,* c'était comme s'il avait toujours été là, dans    *en fait*
135 la Digue, bien avant les autres, bien avant même qu'on ait construit la route, le pont de fer et la *piste d'atterrissage* des    *runway*
avions. Il savait sûrement des choses que les gens d'ici ne savaient pas, des choses très anciennes et très belles qu'il gardait à l'intérieur de sa tête et qui faisaient briller la lu-
140 mière dans ses yeux.

C'est cela qui était étrange, surtout, parce que Martin ne possédait rien, pas même une chaise ou un lit. Dans sa maison, il n'y avait rien d'autre qu'une *natte* pour dormir    *mat*
par terre et une *cruche* d'eau sur une caisse. Alia ne compre-    *jug*
145 nait pas bien, mais elle sentait que c'était un désir chez lui, comme s'il ne voulait rien garder. C'était étrange, parce que c'était comme une *parcelle* de la lumière claire qui brillait    *fragment*
toujours dans ses yeux comme ces *mares* d'eau qui sont plus    *ponds*
transparentes et plus belles quand il n'y a rien au fond.

150 Dès qu'elle avait fini son travail, Alia sortait de la maison de sa tante *en serrant* dans sa chemise le morceau de pain,    *holding tight*

et elle allait s'asseoir devant Martin. Elle aimait bien regarder aussi ses mains pendant qu'il réparait les choses. Il avait de grandes mains *noircies* par le soleil, avec des *ongles cassés* darkened / broken nails
155 comme les terrassiers et les maçons, mais plus *légères* et lighter
*habiles,* qui savaient faire des *nœuds* avec des *fils* minuscules skilled / knots / strings
et tourner des *écrous* qu'on voyait à peine. Ses mains tra- nuts
vaillaient pour lui, sans qu'il s'en occupe, sans qu'il les
regarde, et ses yeux *étaient fixés* ailleurs au loin, comme s'il were staring
160 pensait à autre chose.

« À quoi pensez-vous? » demandait Alia.

L'homme la regardait en souriant.

« Pourquoi me demandes-tu cela, petite lune ? Et toi, à quoi penses-tu? »

165 Alia se concentrait et réfléchissait.

« Je pense que ça doit être beau, là d'où vous venez. »

« Qu'est-ce qui te fait croire cela? »

« Parce que... »

Elle ne trouvait pas la réponse et rougissait.

170 « Tu as raison », disait Martin. « C'est très beau. »

« Je pense aussi que la vie est triste ici », disait encore Alia.

« Pourquoi dis-tu cela? Je ne trouve pas. »

« Parce que, ici, il n'y a rien, c'est sale, il faut aller
175 chercher l'eau à la pompe, il y a des *mouches,* des rats et flies
tout le monde est si pauvre. »

« Moi aussi, je suis pauvre », disait Martin. « Et *pourtant* yet
je ne trouve pas que c'est une raison pour être triste. »

Alia réfléchissait encore.

180 « Si c'est tellement beau, là d'où vous venez — Alors
pourquoi est-ce que vous êtes parti, pourquoi est-ce que
vous êtes venu ici où tout est si — si sale, si laid? »

Martin la regardait avec attention, et Alia cherchait dans
la lumière de ses yeux tout ce qu'elle pouvait voir de cette
185 beauté que l'homme avait contemplée autrefois, le pays
immense, aux reflets profonds et *dorés* qui était resté vivant golden
dans la couleur de ses iris. Mais la voix de Martin était plus
douce, comme lorsqu'il racontait une histoire.

« Est-ce tu pourrais être heureuse d'avoir mangé, tout ce
190 que tu aimes le mieux, petite lune, si tu savais qu'à côté
de toi il y a une famille qui n'a pas mangé depuis deux
jours? »

Alia *secouait* la tête. shook

« Est-ce que tu pourrais être heureuse de regarder le ciel,
195 la mer, les fleurs, ou d'écouter le chant des oiseaux, si tu

savais qu'*à côté de* toi, dans la maison voisine, il y a un *next to*
enfant qui est enfermé sans raison, et qui ne peut rien voir,
rien entendre, rien sentir? »

« Non », disait Alia. « J'irais d'abord ouvrir la porte de
200 sa maison pour qu'il puisse sortir. »

Et en même temps qu'elle disait cela, elle comprenait
qu'elle venait de répondre à sa *propre* question. Martin la *own*
regardait encore en souriant, puis il continuait à réparer
l'objet, un peu *distraitement,* sans regarder ses mains *bouger.* *absent-mindedly / move*
205 Alia n'était pas sûre d'être tout à fait *convaincue.* Elle disait *convinced*
encore :

« *Tout de même,* ça doit être vraiment très beau, là-bas, *all the same*
chez vous. »

Quand l'homme avait fini de travailler, il se levait et
210 prenait Alia par la main. Il la *conduisait* lentement jusqu'au *led*
bout du terrain vague, devant le marécage.

« Regarde », disait-il alors. Il montrait le ciel, la terre
plate, l'estuaire de la rivière qui s'ouvrait sur la mer. « Voilà,
c'est tout ça, là d'où je viens. »

215 « Tout? »

« Tout, oui, tout ce que tu vois. »

Alia restait un long moment debout, immobile, à regarder tant qu'elle pouvait, jusqu'à ce que ses yeux lui fassent
mal. Elle regardait de toutes ses forces, comme si le ciel
220 allait enfin s'ouvrir et montrer tous ces palais, tous ces
châteaux, ces jardins pleins de fruits et d'oiseaux, et le *vertige* *dizziness*
l'obligeait à fermer les yeux.

Quand elle se retournait, Martin était parti. Sa haute
silhouette maigre marchait entre les *rangées* de *cabanes,* vers *rows / shacks*
225 l'autre bout de la ville.

C'est à partir de ce jour qu'Alia avait commencé à regarder le ciel, à le regarder vraiment, comme si elle ne
l'avait jamais vu. Quand elle travaillait dans la maison de
sa tante, parfois elle sortait un instant pour lever la tête en
230 l'air, et quand elle rentrait, elle sentait quelque chose qui
continuait à vibrer dans ses yeux et dans son corps, et elle
se *cognait* un peu aux *meubles,* parce que ses rétines étaient *knocked / furniture*
*éblouies.* *dazzled*

Quand les autres enfants ont su d'où venait Martin, ils
235 ont été bien *étonnés.* Alors à cette époque-là, il y avait *surpris*
beaucoup d'enfants ici, dans la Digue, qui *se baladaient* la *were strolling*
tête levée en l'air, pour regarder le ciel, et qui se cognaient
aux *poteaux,* et les gens se demandaient ce qui avait bien pu *posts*
leur arriver. Peut-être qu'ils pensaient que c'était un nou-
240 veau jeu.

Quelquefois, personne ne savait pourquoi, Martin ne voulait plus manger. Les enfants venaient lui porter la nourriture dans les assiettes, comme chaque matin, et il refusait poliment, il disait :

245 « Non merci, pas aujourd'hui. »

Même quand Alia venait, avec son morceau de pain serré dans sa chemise, il souriait gentiment et secouait la tête. Alia ne comprenait pas pourquoi l'homme refusait de manger, parce que autour de la maison, sur la terre, dans le ciel,

250 tout était comme à l'ordinaire. Dans le ciel bleu il y avait le soleil, un ou deux nuages, et de temps en temps un *avion à réaction* qui atterrissait ou *décollait*. Dans les allées de la Digue, les enfants jouaient et criaient, et les femmes les *interpellaient* et leur donnaient des ordres en toutes sortes de

255 langues. Alia ne voyait pas ce qui avait pu changer. Mais elle s'asseyait tout de même devant Martin, avec deux ou trois autres enfants, et ils attendaient qu'il leur parle.

Martin n'était pas comme les autres jours. Quand il ne mangeait pas, son visage semblait plus vieux, et ses yeux

260 brillaient autrement, *de la lueur* inquiète des gens qui ont de la fièvre. Martin regardait ailleurs, par-dessus la tête des enfants comme s'il voyait plus loin que la terre et le marais, de l'autre côté du fleuve et des collines, si loin qu'il aurait fallu des mois et des mois pour arriver jusque-là.

265 Ces jours-là, il ne parlait presque pas, et Alia ne lui posait pas de questions. Les gens venaient, comme les autres jours, pour lui demander un service, *recoller* une paire de chaussures, *arranger* une *pendule,* ou bien simplement écrire une lettre. Mais Martin leur répondait à peine, il secouait la tête

270 et disait à voix basse, presque sans *remuer* les *lèvres* :

« Pas aujourd'hui, pas aujourd'hui... »

Alia avait compris qu'il n'était pas là pendant ces jours, qu'il était réellement ailleurs, même si son corps restait immobile, couché sur la natte, à l'intérieur de la maison. Il

275 était peut-être retourné dans son pays d'origine, là où tout est si beau, où tout le monde est prince ou princesse, ce pays dont il avait montré un jour la route qui passe à travers le ciel.

Chaque jour, Alia revenait avec un morceau de pain neuf,

280 pour attendre son retour. Cela durait parfois très longtemps, et elle était un peu *effrayée* de voir son visage qui *se creusait,* qui devenait gris comme si la lumière avait cesser de brûler et qu'il ne restait que les *cendres.* Puis un matin, il était de retour, si faible qu'il pouvait à peine marcher de

285 *sa couche* jusqu'au terrain vague devant sa maison. Quand

*jet / was taking off*

*were calling out to*

*with / gleam*

*stick back together*
*fix / clock*

*moving / lips*

*frightened*
*became hollow*
*ashes*

*son lit*

il voyait Alia, il la regardait enfin en souriant faiblement, et ses yeux étaient *ternis* par la fatigue. [dulled]

« J'ai soif », disait-il. Sa voix était lente et *enrouée*. [hoarse]

Alia posait le morceau de pain par terre, et elle courait à travers la ville pour chercher un *seau* d'eau. Quand elle revenait, *à bout de souffle,* Martin buvait longuement, *à même* le seau. Puis il lavait son visage et ses mains, il s'asseyait sur la caisse, au soleil, et il mangeait le morceau de pain. Il faisait quelques pas autour de la maison, il regardait autour de lui. La lumière du soleil réchauffait son visage et ses mains, et ses yeux recommençaient à briller. [seau = bucket; à bout de souffle = breathless; à même = directly from]

Alia regardait l'homme avec impatience. Elle osait lui demander :

« Comment était-ce? »

Il paraissait ne pas comprendre.

« Comment était quoi? »

« Comment était-ce, là où vous êtes allé? »

Martin ne répondait pas. Peut-être qu'il ne se souvenait de rien, comme s'il était simplement passé à travers *un songe*. Il recommençait à vivre et à parler comme avant, assis au soleil devant la porte de sa maison, à réparer les machines cassées, ou bien marchant dans les allées de la Digue et saluant les gens au passage. [un songe = un rêve]

Plus tard, Alia avait encore demandé :

« Pourquoi vous ne voulez pas manger, quelquefois? »

« Parce que je dois *jeûner* », avait dit Martin. [to fast]

Alia réfléchissait.

« Qu'est-ce que ça veut dire, jeûner? »

Elle avait ajouté aussitôt :

« Est-ce que c'est comme voyager? »

Mais Martin riait :

« Quelle drôle d'idée! Non, jeûner, c'est quand on n'a pas envie de manger. »

Comment peut-on ne pas avoir envie de manger? pensait Alia. Personne ne lui avait rien dit d'aussi bizarre. Malgré elle, elle pensait aussi à tous les enfants de la Digue qui cherchaient toute la journée quelque chose à manger, même ceux qui n'avait pas faim. Elle pensait à ceux qui allaient voler dans les supermarchés, près de l'aéroport, à ceux qui partaient *chaparder* des fruits et des œufs dans les jardins des *alentours*. [chaparder = to pilfer; alentours = surroundings]

Martin répondait tout de suite, comme s'il avait entendu ce que pensait Alia.

« Est-ce que tu a déjà eu très soif, un jour? »

« Oui », disait Alia.

« Quand tu avais très soif, est-ce tu avais envie de manger? »

Elle secouait la tête.

« Non, n'est-ce pas? Tu avais seulement envie de boire,
335 très envie. Tu avais l'impression que tu aurais pu boire
toute l'eau de la pompe et, à ce moment-là, si on t'avait
donné une grande assiette de nourriture, tu l'aurais refusée,
parce que c'était de l'eau qu'il te fallait. »

Martin s'arrêtait de parler un instant. Il souriait.

340 « Également, quand tu avais très faim, tu n'aurais pas
aimé qu'on te donne une cruche d'eau. Tu aurais dit, non,
pas maintenant, je veux d'abord manger, manger tant que
je peux, et puis après, s'il reste une petite place, je boirai
l'eau. »

345 « Mais vous ne mangez ni ne buvez! » s'exclamait Alia.

« C'est ça que je voulais te dire, petite lune », disait
Martin.

« Quand on jeûne, c'est qu'on n'a pas envie de nourriture
ni d'eau, parce qu'on a très envie d'autre chose, et que c'est
350 plus important que de manger ou de boire. »

« Et de quoi est-ce qu'on a envie, alors? », demandait
Alia.

« De Dieu », disait Martin.

Il avait dit cela simplement, comme si c'était évident, et
355 Alia n'avait pas posé d'autres questions. C'était la première
fois que Martin parlait de Dieu, et cela lui faisait un peu
peur, pas exactement peur, mais cela l'*éloignait* tout à coup, *thrust her away*
la poussait loin en arrière, comme si toute l'*étendue* de la *expanse*
Digue avec ses huttes de planches et le marais au bord du
360 fleuve la séparaient de Martin.

Mais l'homme ne semblait pas s'en apercevoir. Maintenant il se levait, il regardait la plaine du marais où les
roseaux *se balançaient*. Il passait sa main sur les cheveux *were swaying*
d'Alia, et il s'en allait lentement sur le chemin qui traversait
365 la ville, tandis que les enfants couraient devant lui pour *fêter* *célébrer*
son retour.

---

## REVUE · DE · VOCABULAIRE

**A. Complétez les phrases.** *Choisissez dans le texte les mots et les expressions
qui peuvent convenir pour compléter les phrases suivantes. Faites les accords nécessaires.
Il y a plusieurs possibilités.*

*1.* Pour construire leur hutte les habitants de la Digue mettaient ———.

2. Les camions s'arrêtaient à l'entrée pour _____ .
3. Le visage de Martin était _____ .
4. La maison de Martin était _____ .
5. Ils allaient à la coopérative pour acheter _____ .
6. Alia pensait que la vie était triste parce que _____ .
7. Alia aimait regarder le ciel parce que _____ .
8. Les gens apportaient à Martin de _____ .

**B. Définitions.** *Faites une phrase pour expliquer ce qu'est :*

1. une piste d'atterrissage
2. un marécage ou un marais
3. un gérant
4. un terrain vague
5. une devinette
6. une cabane ou une hutte
7. un seau
8. des cendres
9. une pendule

## QUESTIONS · DE · COMPRÉHENSION

1. Qui sont les gens qui habitent la Digue des Français?
2. Où est située la Digue? Par quoi le bidonville est-il entouré?
3. Comment la Digue s'est-elle établie? Comment les habitations sont-elles construites?
4. Quels sont les lieux importants de la Digue où les gens se rencontrent?
5. Pourquoi l'habitation de Martin est-elle nommée « le château »?
6. Pourquoi Alia a-t-elle remarqué Martin?
7. Quel effet produit la présence de Martin sur la vie des habitants de la Digue des Français? sur la vie d'Alia?
8. Pourquoi Martin jeûne-t-il? Pourquoi cela paraît-il paradoxal dans ce lieu?

## QUESTIONS · SUR · LA · TECHNIQUE · DU · RÉCIT

1. Comment se marque la différence entre Martin et les autres habitants de la Digue des Français?
2. Etudiez l'opposition entre la vie précaire des habitants et la permanence des éléments naturels.
3. Comment l'auteur met-il en valeur la curiosité et l'intelligence d'Alia?

4. Quelles valeurs symboliques peut-on attribuer à la nourriture? au ciel? aux yeux? aux avions?
5. Relevez dans le texte des notations qui indiquent que pour Le Clézio l'enfance est un état privilégié.

---

## PRÉPARATION · À · LA · LECTURE

1. Quand vous étiez enfant, quelle était l'histoire que vous préfériez entendre?
2. Quels sont les éléments (personnages, situations, thèmes) que l'on retrouve dans tous les contes de fées?
3. Si vous pouviez faire parler un animal, avec lequel aimeriez-vous avoir une conversation?

---

## Hazaran (II)

À cette époque-là, Martin avait déjà commencé son enseignement, mais personne ne le savait. Ce n'était pas vraiment un enseignement, je veux dire, comme celui d'un *prêtre* ou d'un *instituteur,* parce que cela se faisait sans solem- *priest / schoolteacher*
5 nité, et qu'on apprenait bien sans savoir ce qu'on avait appris. Les enfants avaient pris l'habitude de venir jusqu'au bout de la digue, devant le château de Martin, et ils s'asseyaient par terre pour parler et pour jouer, ou pour entendre des histoires. Martin, lui, ne *bougeait* pas de sa caisse, *move*
10 il continuait à réparer ce qu'il avait *en train,* une *casserole,* la *underway / pan* valve d'un *autocuiseur,* ou bien une *serrure,* et l'enseignement *pressure cooker / lock* commençait. C'étaient surtout les enfants qui venaient, après le repas de midi, ou au retour de l'école. Mais il y avait quelquefois des femmes et des hommes, quand le
15 travail était fini, et qu'il faisait trop chaud pour dormir. Les enfants étaient assis devant, tout près de Martin, et c'était là qu'Alia aimait s'asseoir aussi. Ils faisaient beaucoup de bruit, ils ne restaient pas en place, mais Martin était content de les voir. Il parlait avec eux, il leur demandait ce qu'ils
20 avaient fait et ce qu'ils avaient vu, dans la Digue ou au bord de la mer. Il y en avait qui aimaient bien parler, qui auraient raconté *n'importe quoi* pendant des heures. D'autres restaient *anything* silencieux, se cachaient derrière leurs mains quand Martin s'adressait à eux.

25  Ensuite Martin racontait une histoire. Les enfants aimaient beaucoup entendre des histoires, c'était pour cela
qu'ils étaient venus. Quand Martin commençait son histoire, même les plus turbulents restaient assis et cessaient
de parler.

30  Martin savait beaucoup d'histoires, longues et un peu
bizarres qui se passaient dans des pays inconnus qu'il avait
sûrement visités autrefois.

Il y avait l'histoire des enfants qui descendaient un fleuve,
sur un *radeau* de roseaux, et qui traversaient comme cela    *raft*
35  des *royaumes* extraordinaires, des forêts, des montagnes, des    *kingdoms*
villes mystérieuses, jusqu'à la mer. Il y avait l'histoire de
l'homme qui avait découvert un *puits* qui conduisait jus-    *well*
qu'au centre de la terre, là où se trouvaient les États du feu.
Il y avait l'histoire de ce marchand qui croyait faire fortune
40  en vendant de la neige, qui la descendait dans des sacs du
haut de la montagne, mais quand il arrivait au bas, il ne
possédait plus qu'une *flaque* d'eau. Il y avait l'histoire du    *puddle*
garçon qui arrivait jusqu'au château où vivait la princesse
des songes, celle qui envoie les rêves et les *cauchemars* sur la    *nightmares*
45  terre, l'histoire du géant qui sculptait les montagnes, celle
de l'enfant qui avait *apprivoisé* les *dauphins,* ou celle du    *tamed / dolphins*
capitaine Tecum qui avait sauvé la vie d'un albatros, et
l'oiseau pour le remercier lui avait appris le secret pour
*voler.* C'étaient de belles histoires, si belles qu'on s'endor-    *fly*
50  maient parfois avant d'avoir entendu la fin. Martin les racontait doucement, en faisant des gestes, ou en s'arrêtant *de*
*temps à autre* pour qu'on puisse poser des questions. Pendant    *from time to time*
qu'il parlait, ses yeux brillaient fort, comme s'il s'amusait
bien lui aussi.

55  De toutes les histoires que racontait Martin, c'était celle
d'Hazaran que les enfants préféraient. Ils ne la comprenaient
pas bien, mais tous, ils retenaient leur *souffle* quand elle    *breath*
commençait.

Il y avait cette petite fille qui s'appelait *Trèfle,* d'abord,    *clover*
60  et c'était un drôle de nom qu'on lui avait donné, sans doute
à cause d'une petite marque qu'elle avait sur la joue, près
de l'oreille gauche, et qui ressemblait à un trèfle. Elle était
pauvre, très pauvre, si pauvre qu'elle n'avait rien d'autre à
manger qu'un peu de pain et les fruits qu'elle *ramassait* dans    *picked*
65  les *buissons.* Elle vivait seule dans une cabane de *bergers,*    *bushes / shepherds*
perdue au milieu des *ronces* et des rochers, sans personne    *thorns*
pour s'occuper d'elle. Mais quand ils ont vu qu'elle était si
seule et triste, les petits animaux qui vivaient dans les
champs sont devenus ses amis. Ils venaient souvent la voir,

70 le matin ou le soir, et ils lui parlaient pour la *distraire,* ils — *entertain*
faisaient des *tours* et ils lui racontaient des histoires, car — *tricks*
Trèfle savait parler leur langage. Il y avait une *fourmi* qui — *ant*
s'appelait Zoé, un lézard qui s'appelait Zoot, un *moineau* — *sparrow*
qui s'appelait Pipit, une *libellule* qui s'appelait Zelle, et — *dragonfly*
75 toutes sortes de *papillons,* des jaunes, des rouges, des bruns, — *butterflies*
des bleus. Il y avait aussi un *scarabée savant* qui s'appelait — *beetle / learned*
Kepr, et une grande *sauterelle* verte qui prenait des bains de — *grasshopper*
soleil sur les feuilles. La petite Trèfle était gentille avec eux,
et c'est pour cela qu'ils l'aimaient bien. Un jour que Trèfle
80 était encore plus triste que d'habitude, parce qu'elle n'avait
rien à manger, la grande sauterelle verte l'a appelée. Veux-
tu changer de vie? lui a-t-elle dit, en sifflant. Comment
pourrais-je changer de vie, a répondu Trèfle, je n'ai rien à
manger et je suis toute seule. Tu peux si tu le veux, dit la
85 sauterelle. Il suffit d'aller dans le pays d'Hazaran. Quel est
ce pays, demanda Trèfle. Je n'ai jamais entendu parler de
cet endroit. Pour y entrer, il faut que tu répondes à la
question que posera celui qui garde les portes d'Hazaran.
Mais il faut d'abord que tu sois savante, très savante pour
90 pouvoir répondre. Alors Trèfle est allée voir le scarabée — *stem / rosebush*
Kepr, qui habitait sur une *tige* de *rosier,* et elle lui a dit :
Kepr, apprends-moi ce qu'il faut savoir, car je veux partir
pour Hazaran. Pendant longtemps, le scarabée et la grande
sauterelle verte ont enseigné tout ce qu'ils savaient à la petite
95 fille. Ils lui ont appris à *deviner* le temps qu'il ferait, ou ce — *to guess*
que pensent les gens *tout bas,* ou à *guérir* les fièvres et les — (here) *inside / cure*
maladies. Ils lui ont appris à demander à la *mante religieuse* — *praying mantis*
si les bébés qui naîtraient seraient des filles ou des garçons,
car la mante religieuse sait cela et répond en levant ses *pinces* — *pincers*
100 pour un garçon, en les baissant pour une fille. La petite
Trèfle a appris tout cela, et bien d'autres choses encore, des
secrets et des mystères. Quand le scarabée et la grande
sauterelle verte ont fini de lui apprendre ce qu'ils savaient,
un jour, un homme est arrivé dans le village. Il était vêtu
105 de riches habits et semblait un prince ou un ministre.
L'homme passait dans le village et disait : je cherche quelqu'un. Mais les gens ne comprenaient pas. Alors Trèfle est
allée vers l'homme, et elle lui a dit : je suis celle que vous
cherchez. Je veux aller à Hazaran. L'homme était un peu
110 étonné, parce que la petite Trèfle était si pauvre et semblait
très ignorante. Sais-tu répondre aux questions ? demanda
le ministre. Si tu ne peux pas répondre, tu ne pourras
jamais aller au pays d'Hazaran. Je répondrai aux questions
dit Trèfle. Mais elle avait peur, parce qu'elle n'était pas sûre

115  de pouvoir répondre. Alors réponds aux questions que je
vais te poser. Si tu connais la réponse, tu seras la princesse
d'Hazaran. Voici les questions, au nombre de trois.
   Martin s'arrêtait de parler un instant, et les enfants attendaient.
120    Voici la première, disait le ministre. Au repas où je suis
invité, mon père me donne trois nourritures très bonnes.
Ce que ma main peut prendre, ma bouche ne peut le manger. Ce que ma main peut prendre, ma main ne peut le
garder, ce que ma bouche peut prendre, ma bouche ne peut
125  le garder. La petite fille réfléchit, puis elle dit : je peux
répondre à cette question. Le ministre la regarda avec surprise, parce que personne jusqu'alors n'avait donné la ré-
ponse. Voici la deuxième *énigme,* continua le ministre. Mon          *riddle*
père m'invite dans ses quatre maisons. La première est au
130  nord, elle est pauvre et triste. La deuxième est à l'est, elle
est pleine de fleurs. La troisième est au sud, elle est la plus
belle. La quatrième est à l'ouest et quand j'y entre, je reçois
un présent et pourtant je suis plus pauvre. Je peux répondre
à cette question, dit encore Trèfle. Le ministre était encore
135  plus étonné, car personne n'avait pu répondre à cette ques-          *neither*
tion *non plus.* Voici la troisième énigme, dit le ministre. Le        *je ne peux pas*
visage de mon père est très beau, et pourtant *je ne puis* le
voir. Pour lui, mon serviteur danse chaque jour. Mais ma
mère est plus belle encore, sa *chevelure* est très noire et son       *hair*
140  visage est blanc comme la neige. Elle est ornée de *bijoux,*        *jewels*
et elle *veille sur* moi quand je dors. Trèfle réfléchit encore,      *watches over*
et elle fit signe qu'elle allait expliquer les énigmes. Voici la
première réponse, dit-elle : le repas où je suis invitée est le
monde où je suis née. Les trois nourritures excellentes que
145  mon père me donne sont la terre, l'eau et l'air. Ma main
peut prendre la terre, mais je ne peux pas la manger. Ma
main peut prendre l'eau mais elle ne peut pas la retenir. Ma
bouche peut prendre l'air, mais je dois le rejeter en soufflant.
   Martin s'arrêtait encore et les enfants prenaient la terre
150  dans leurs mains et faisaient couler l'eau entre leurs doigts.
Ils soufflaient l'air devant eux.
   Voici la réponse à la deuxième question : les quatre maisons où m'invite mon père sont les quatre saisons de l'année. Celle qui est au nord, et qui est triste et pauvre, est la
155  maison de l'hiver. Celle qui est à l'est, où il y a beaucoup
de fleurs, est la maison du printemps. Celle qui est au sud,
et qui est la plus belle, est la maison de l'été. Celle qui est
à l'ouest est la maison de l'automne, et quand j'y entre, je
reçois en cadeau l'année nouvelle qui me rend plus pauvre

160 en force, car je suis plus vieille. Le ministre fit un signe de
tête en *assentiment,* car il était surpris du grand *savoir* de la    *approval / knowledge*
petite fille. La dernière réponse est simple, dit Trèfle. Celui
qu'on appelle mon père est le soleil que je ne peux regarder
en face. Le serviteur qui danse pour lui est mon *ombre.* Celle    *shadow*
165 qu'on appelle ma mère est la nuit, et sa chevelure est très
noire et son visage est blanc comme celui de la lune. Ses
bijoux sont les étoiles. Tel est le sens des énigmes. Quand
le ministre a entendu les réponses de Trèfle, il a donné des
ordres, et tous les oiseaux du ciel sont venus pour emporter
170 la petite fille jusqu'au pays d'Hazaran. C'est un pays très
loin, très loin, si loin que les oiseaux ont volé pendant des
jours et des nuits, mais quand Trèfle est arrivée elle était
*émerveillée,* parce qu'elle n'avait rien imaginé d'aussi beau,    *filled with wonder*
même dans ses rêves.
175    Là Martin s'arrêtait encore un peu, et les enfants s'im-
patientaient et disaient : comment c'était? Comment était
le pays d'Hazaran?
    Eh bien, tout était grand et beau, et il y avait des jardins
pleins de fleurs et de papillons, des rivières si claires qu'on
180 aurait dit de l'argent, des arbres très hauts et couverts de
fruits de toutes sortes. C'était là que vivaient les oiseaux,
tous les oiseaux du monde. Ils volaient de branche en
branche, ils chantaient tout le temps et quand Trèfle est
arrivée, ils l'ont *entourée* pour lui souhaiter la bienvenue. Ils    *surrounded*
185 avaient des habits de *plumes* de toutes les couleurs et ils    *feathers*
dansaient aussi devant Trèfle, parce qu'ils étaient heureux
d'avoir une princesse comme elle. Puis les *merles* sont venus,    *blackbirds*
et c'étaient les ministres du roi des oiseaux, et ils l'ont
conduite jusqu'au palais d'Hazaran. Le roi était un *rossignol*    *nightingale*
190 qui chantait si bien que tout le monde s'arrêtait de parler
pour l'entendre. C'est dans son palais que Trèfle a vécu
*désormais,* et comme elle savait parler le langage des ani-    *from then on*
maux, elle a appris à chanter elle aussi, pour répondre au
roi Hazaran. Elle est restée dans ce pays, et peut-être qu'elle
195 y vit encore, et quand elle veut rendre visite à la terre, elle
prend la forme d'une *mésange,* et elle vient en volant pour    *titmouse*
voir ses amis qui sont restés sur la terre. Puis elle retourne
chez elle, dans le grand jardin où elle est devenue princesse.
    Quand l'histoire était finie, les enfants partaient un à un,
200 ils retournaient chez eux. Alia restait toujours la dernière
devant la maison de Martin. Elle ne s'en allait que lorsque
l'homme rentrait dans son château et *étendait* sa natte pour    *spread out*
dormir. Elle marchait lentement dans les allées de la Digue,
tandis que les lampes à gaz s'allumaient à l'intérieur des

205 cabanes, et elle n'était plus triste. Elle pensait au jour où
viendrait peut-être un homme vêtu comme un ministre,
qui regarderait autour de lui et qui dirait : « Je suis venu
chercher quelqu'un. »

---

## REVUE · DE · VOCABULAIRE

**A. Mots associés.** *Dans le texte trouvez des mots qu'on associe avec les expressions suivantes :*

1. Le travail de l'instituteur
2. La maison du berger
3. Les couleurs du papillon
4. Un bijou précieux
5. Un oiseau
6. Un beau jardin
7. Une nuit d'été
8. Les quatre saisons

**B. Complétez les phrases.** *Choisissez dans le texte les mots et les expressions qui peuvent convenir pour compléter les phrases suivantes. Faites les accords nécessaires. Il y a plusieurs possibilités.*

1. Un cauchemar c'est le contraire de _____ .
2. Cette histoire se passe dans _____ .
3. Hazaran est un pays _____ .
4. Un enfant turbulent ne cesse pas de _____ .
5. L'aspirine guérit _____ .
6. Une énigme c'est un problème _____ .
7. Pour traverser un fleuve il faut avoir _____ .
8. La petite fille est émerveillée par _____ .

---

## QUESTIONS · DE · COMPRÉHENSION

1. Quelle attitude les enfants ont-ils quand Martin parle?
2. Pourquoi Martin raconte-t-il des histoires aux enfants?
3. Donnez quelques exemples des histoires que raconte Martin.
4. Pourquoi la petite fille s'appelle-t-elle Trèfle?
5. Quelles ressemblances existe-t-il entre Alia et Trèfle?
6. Combien d'énigmes Trèfle a-t-elle réussi à résoudre? Pourquoi a-t-elle pu le faire?

7. Que représente Hazaran pour Trèfle? pour Alia?
8. Pourquoi Hazaran est-il un pays de rêves?

---

## QUESTIONS · SUR · LA · TECHNIQUE · DU · RÉCIT

---

1. Comment l'histoire d'Hazaran est-elle intégrée à celle de la Digue des Français?
2. Par quels moyens l'auteur crée-t-il l'effet d'une nature vivante?
3. Quels sont les points communs des histoires que raconte Martin?
4. Quels sont les contrastes les plus importants entre la première partie de la nouvelle et celle-ci?
5. En quoi l'enseignement de Martin diffère-t-il de celui de l'école? Qu'apprennent les enfants avec lui? Quelles qualités d'esprit est-ce que Martin cherche à développer chez eux?

---

## PRÉPARATION · À · LA · LECTURE

---

1. Quels sont les avantages et les inconvénients de la vie dans une H.L.M. par rapport à la vie dans un bidonville?
2. Imaginez la ville future idéale.
3. Pensez-vous que la grève de la faim soit une arme efficace contre l'injustice? Quels sont les autres moyens d'action des pauvres contre le pouvoir?

---

## Hazaran (III)

---

C'est à cette époque-là que le gouvernement a commencé à venir ici, à la Digue des Français. C'étaient des gens bizarres qui venaient une ou deux fois par semaine, dans des voitures noires et des camionnettes orange qui s'arrê-
5 taient sur la route, un peu avant le commencement de la ville ; ils faisaient toutes sortes de choses sans raison, comme mesurer les distances dans les allées et entre les maisons, prendre un peu de terre dans les boîtes de fer, un peu d'eau dans les tubes de verre, et un peu d'air dans des
10 sortes de petits ballons jaunes. Ils posaient aussi beaucoup de questions aux gens qu'ils rencontraient, aux hommes surtout, parce que les femmes ne comprenaient pas bien ce

qu'ils disaient, et que de toute façon, elles n'osaient pas
répondre.

15    En allant chercher l'eau à la pompe, Alia s'arrêtait pour
les regarder passer, mais elle savait bien qu'ils ne venaient
pas pour chercher quelqu'un. Ils ne venaient pas pour demander les questions qui permettent d'aller jusqu'au pays
d'Hazaran. D'ailleurs, ils ne s'intéressaient pas aux enfants,
20    et ils ne leur posaient jamais de questions. Il y avait des
hommes à l'air sérieux qui étaient habillés de *complets* gris    *suits*
et qui portaient de petites valises de cuir, et des étudiants,
des garçons et des filles vêtus de gros *chandails* et d'*anoraks*.    *sweaters / parkas*
Ceux-là étaient les plus bizarres, parce qu'ils posaient des
25    questions que tout le monde pouvait comprendre, sur le
temps qu'il faisait, ou sur la famille, mais justement on
n'arrivait pas à comprendre pourquoi ils demandaient cela.
Ils notaient les réponses sur des cahiers comme si ç'avait
été des choses très importantes, et ils prenaient beaucoup
30    de photos des maisons de planches comme si elles *en avaient*    *had been worth it*
*valu la peine.* Ils photographiaient même ce qu'il y avait à
l'intérieur des maisons avec une petite lampe qui s'allumait
et qui éclairait plus fort que le soleil.

C'est un peu plus tard qu'on a compris, quand on a su
35    que c'étaient des messieurs et des étudiants du gouvernement qui venaient pour tout transporter, la ville et les gens,
dans un autre endroit. Le gouvernement avait décidé que
la Digue ne devait plus exister, parce que c'était trop près
de la route et de la piste des avions, ou peut-être qu'ils
40    avaient besoin des terrains pour construire des *immeubles* et    *buildings*
des bureaux. On l'a su parce qu'ils ont distribué des papiers
à toutes les familles pour dire que tout le monde devait s'en
aller et que la ville devait être rasée par les machines et les
camions. Les étudiants du gouvernement ont alors montré
45    aux hommes des *dessins* qui représentaient la nouvelle ville    *drawings*
qu'on allait construire, en haut de la rivière. C'étaient des
dessins bien bizarres aussi avec des maisons qui ne ressemblaient à rien de ce qu'on connaissait, de grandes maisons
plates avec des fenêtres toutes pareilles comme des trous de
50    brique. Au centre de chaque maison il y avait une grande
cour et des arbres, et les rues étaient très droites comme les
rails du chemin de fer. Les étudiants appelaient cela la Ville
Future, et quand ils en parlaient aux hommes et aux femmes
de la Digue, ils avaient l'air très content et leurs yeux
55    brillaient, et ils faisaient des grands gestes. C'était probablement parce qu'ils avaient fait les dessins.

Quand le gouvernement a décidé qu'on détruirait la

Digue, et que personne ne pouvait rester, il fallait l'accord du *responsable*. Mais il n'y avait pas de responsable à la Digue ; les gens avaient toujours vécu comme cela, sans responsable, parce que personne n'en avait eu besoin jusqu'alors. Le gouvernement a cherché quelqu'un qui voudrait être responsable, et c'est le *gérant* de la coopérative qui a été nommé. Alors le gouvernement allait souvent chez lui pour parler de la Ville Future, et quelquefois même, ils l'emmenaient dans une voiture noire pour qu'il aille dans les bureaux signer les papiers et que tout soit *en règle*. Le gouvernement aurait peut-être dû aller voir Martin dans son château, mais personne n'avait parlé de lui, et il habitait trop loin, tout à fait au bout de la Digue, près du marais. De toute façon, il n'aurait rien voulu signer et les gens auraient pensé qu'il était trop vieux.

Quand Martin a appris la nouvelle, il n'a rien dit, mais on sentait bien que cela ne lui plaisait pas. Il avait construit son château là où il voulait, et il n'avait pas du tout envie d'aller habiter ailleurs, surtout dans une des maisons de la Ville Future qui ressemblaient à une *tranche* de brique.

Ensuite, il a commencé à jeûner, mais ce n'était pas un jeûne de quelques jours comme il en avait l'habitude. C'était un jeûne effrayant, qui semblait ne plus devoir finir, qui durait des semaines.

Chaque jour, Alia venait devant sa maison pour lui apporter du pain, et les autres enfants venaient aussi avec des assiettes de nourriture, en espérant que Martin se lèverait. Mais il restait couché sur sa natte, le visage tourné vers la porte, et sa peau était devenue très pâle sous le *hâle* ancien. Ses yeux sombres brillaient d'une mauvaise lumière, parce qu'ils étaient fatigués et douloureux de regarder sans cesse. La nuit, il ne dormait pas. Il restait comme cela, sans bouger, allongé sur le sol, le visage tourné vers l'ouverture de la porte à regarder la nuit.

Alia s'asseyait à côté de lui, elle *essuyait* son visage avec un *linge* humide pour enlever la poussière que le vent déposait sur lui comme sur une pierre. Il buvait un peu d'eau à la cruche, juste quelques *gorgées* pour toute la journée. Alia disait :

« Vous ne voulez pas manger maintenant ? Je vous ai apporté du pain. »

Martin essayait de sourire, mais sa bouche était trop fatiguée, et seuls ses yeux *parvenaient à* sourire. Alia sentait son cœur *se serrer* parce qu'elle pensait que Martin allait bientôt mourir.

*person in charge*

*manager*

*in good order*

*slice*

*tan*

*wiped*
*cloth*

*mouthfuls*

*managed to*
*(here) sink*

« C'est parce que vous ne voulez pas partir que vous n'avez pas faim ? » demandait Alia.

105 Martin ne répondait pas, mais ses yeux répondaient, avec leur lumière pleine de fatigue et de douleur. Ils regardaient au-dehors, par l'ouverture de la porte basse, la terre, les roseaux, le ciel bleu.

« Peut-être que vous ne devez pas venir avec nous là-
110 bas, dans la nouvelle ville. Peut-être que vous devez repartir dans votre pays qui est si beau, là où tout le monde est comme des princesses et des princes. »

Les étudiants du gouvernement venaient moins souvent maintenant. Puis ils cessèrent de venir tout à fait. Alia les
115 avait *guettés* tout en travaillant dans la maison de sa tante, ou bien en allant chercher l'eau à la pompe. Elle avait regardé si leurs voitures étaient *garées* sur la route, à l'entrée de la ville. Puis elle avait couru jusqu'au château de Martin.

« Ils ne sont pas venus aujourd'hui non plus ! » Elle
120 essayait de parler, mais son souffle manquait. « Ils ne vien-dront plus ici ! Vous entendez ? C'est fini, ils ne viendront plus, nous allons rester ici ! »

Son cœur battait très fort, parce qu'elle pensait que c'était Martin qui avait réussi à éloigner les étudiants, rien qu'en
125 jeûnant.

« Tu es sûre ? » demandait Martin. Sa voix était très lente, et il *se redressait* un peu sur sa couche.

« Ils ne sont pas venus depuis trois jours ! »

« Trois jours ? »

130 « Ils ne reviendront plus maintenant, j'en suis sûre ! »

Elle *rompait* un morceau de pain et elle le tendait à Martin.

« Non, pas tout de suite », dit l'homme. « Il faut d'abord que je me lave. »

*Appuyé* sur Alia, il faisait quelques pas au-dehors, en
135 *titubant*. Elle le conduisait jusqu'au fleuve, à travers les ro-seaux. Martin se mettait à genoux et il lavait son visage lentement. Puis il rasait sa barbe et il peignait ses cheveux, sans *se presser,* comme s'il venait simplement de se réveiller. Ensuite, il allait s'asseoir sur sa caisse au soleil, et il mangeait
140 le pain d'Alia. Les enfants maintenant venaient les uns après les autres en apportant de la nourriture, et Martin prenait tout ce que l'on lui donnait, en disant merci. Quand il avait assez mangé, il était retourné à l'intérieur de sa maison, et il s'était allongé sur sa couche.

145 « Je vais dormir, maintenant », dit-il.

Mais les enfants sont restés assis par terre devant sa porte, pour le regarder dormir.

*watched for*

*parked*

*sat up*

*broke*

*leaning*
*staggering*

*hurrying*

C'est pendant qu'il dormait que les voitures neuves sont
revenues. Il y a eu d'abord les hommes en complet gris
150 avec leurs valises noires. Ils sont allés tout droit dans la
maison du gérant de la coopérative. Puis les étudiants sont
arrivés, encore plus nombreux que la première fois.

Alia restait immobile, le dos contre le mur d'une maison,
tandis qu'ils passaient devant elle et marchaient vite jusqu'à
155 la place où il y avait la pompe d'eau douce. Ils étaient réunis
là et ils semblaient attendre quelque chose. Puis les hommes
en gris sont venus aussi et le gérant de la coopérative marchait avec eux. Les hommes en gris lui parlaient, mais il
secouait la tête, et à la fin, c'est un des hommes du gou-
160 vernement qui a annoncé à tout le monde, avec une voix
claire qui portait loin. Il a dit simplement que le départ
aurait lieu demain à partir de huit heures du matin. Les
camions du gouvernement viendraient pour transporter
tout le monde jusqu'au nouveau terrain, là où on allait
165 construire bientôt la Ville du Futur. Il a dit encore que les
étudiants du gouvernement aideraient *bénévolement* la po-  *for nothing*
pulation à charger les meubles et les *effets* dans les camions.  *things*

Alia n'osait pas bouger, même quand les hommes en gris
et les étudiants en anorak sont repartis dans leurs autos.
170 Elle pensait à Martin qui allait sûrement mourir maintenant,
parce qu'il ne voudrait plus manger.

Alors elle est partie se cacher le plus loin qu'elle a pu, au
milieu des roseaux, près du fleuve. Elle est restée assise sur
les cailloux, et elle a regardé le soleil descendre. Quand le
175 soleil serait à la même place, demain, il n'y aurait plus
personne ici, à la Digue. Les bulldozers auraient passé et
repassé sur la ville, en poussant devant eux les maisons
comme si ce n'étaient que des *boîtes d'allumettes,* et il ne  *match boxes*
resterait que les marques des *pneus* et des *chenilles* sur la  *tires / tracks*
180 terre *écrasée.* Alia est restée longtemps sans bouger, au mi-  *crushed*
lieu des roseaux, près du fleuve. La nuit est venue, une nuit
froide éclairée par la lune ronde et blanche. Mais Alia ne
voulait pas retourner dans la maison de sa tante. Elle s'est
mise à marcher à travers les roseaux le long du fleuve,
185 jusqu'à ce qu'elle arrive au marais. Un peu plus haut, elle
devinait la forme ronde du château de Martin. Elle écoutait
les *coassements* des *crapauds* et le bruit régulier de l'eau du  *croaking / toads*
fleuve, de l'autre côté du marais.

Quand elle est arrivée devant la maison de Martin, elle
190 l'a vu, debout, immobile. Son visage était éclairé par la
lumière de la lune, et ses yeux étaient comme l'eau du
fleuve, sombres et brillants. Martin regardait dans la direc-

tion du marais, vers l'estuaire large du fleuve, là où s'étendait la grande plaine de cailloux phosphorescents.

195 L'homme s'est tourné vers elle et son regard était plein d'une force étrange, comme s'il donnait vraiment de la lumière.

« Je te cherchais », dit Martin simplement.

« Vous allez partir? » Alia parlait à voix basse.

200 « Oui, je vais partir tout de suite. »

Il regardait Alia comme s'il s'amusait.

« Tu veux venir avec moi? »

Alia sentait la joie *gonfler* tout à coup ses *poumons* et sa gorge. Elle dit, et sa voix maintenant criait presque :    *swell / lungs*

205 « Attendez-moi! Attendez-moi! »

Elle courait maintenant à travers les rues de la ville, et elle frappait à toutes les portes en criant :

« Venez vite! Venez! Nous partons tout de suite! »

Les enfants et les femmes sont sortis d'abord, parce qu'ils
210 avaient compris. Puis les hommes sont venus aussi, les uns après les autres. La foule des habitants de la Digue grossissait dans les allées. On emportait ce qu'on pouvait à la lueur des *torches électriques,* des sacs, des cartons, des ustensiles de    *flashlights* cuisine. Les enfants criaient et couraient à travers les allées
215 en répétant la même phrase :

« Nous partons! Nous partons! »

Quand tout le monde est arrivé devant la maison de Martin, il y a eu un instant de silence, comme une hésitation. Même le gérant de la coopérative n'osait plus rien
220 dire, parce que c'était un mystère que tout le monde *ressentait.*    *felt*

Martin, lui, restait immobile devant le chemin qui s'ouvrait entre les roseaux. Puis sans dire une parole à la foule qui attendait, il a commencé à marcher sur le chemin, dans la direction du fleuve. Alors les autres se sont mis en route
225 derrière lui. Il avançait de son pas régulier, sans se retourner, sans hésiter, comme s'il savait où il allait. Quand on a commencé à marcher dans l'eau du fleuve, sur le *gué,* les    *ford* gens ont compris où il allait, et ils n'ont plus eu peur. L'eau noire *étincelait* autour du corps de Martin, tandis qu'il avan-    *sparkled*
230 çait sur le gué. Les enfants ont pris la main des femmes et des hommes, et très lentement, la foule s'est avancée elle aussi dans l'eau froide du fleuve. Devant elle, de l'autre côté du fleuve noir aux bancs de cailloux phosphorescents, tandis qu'elle marchait sur le fond glissant, sa robe *collée* à son    *stuck*
235 *ventre* et à ses *cuisses,* Alia regardait la *bande* sombre de l'autre    *stomach / thighs / strip* rive, où pas une lumière ne brillait.

## REVUE · DE · VOCABULAIRE

**A. Mots associés.** *Choisissez dans la colonne de droite une expression qu'on peut associer avec un verbe dans la colonne de gauche. Il y a plusieurs possibilités.*

| | |
|---|---|
| *1.* s'en aller | *a.* chez soi |
| *2.* construire | *b.* une réponse |
| *3.* chercher | *c.* loin |
| *4.* distribuer | *d.* en promenade |
| *5.* emmener | *e.* une maison |
| *6.* essuyer | *f.* des papiers |
| *7.* rester | *g.* les joues |
| *8.* gonfler | *h.* une larme |

   *Maintenant, utilisez les expressions composées pour faire des phrases ayant pour sujet un des mots suivants :*

*1.* Martin     *2.* Alia     *3.* les gens de la Digue.

**B. Complétez les phrases.** *Choisissez dans le texte les mots et les expressions qui peuvent convenir pour compléter les phrases suivantes. Faites les accords nécessaires. Il y a plusieurs possibilités.*

*1.* Les gens de la Digue sont obligés de partir parce que ———.
*2.* Ils sont partis en emportant ———.
*3.* Les étudiants étaient très contents parce que ———.
*4.* Quand on jeûne, on ———.
*5.* Quand on est jeune, on ———.
*6.* Alia avait le cœur serré parce que ———.
*7.* Quand on utilise un bulldozer, on ———.
*8.* Alia a couru pour dire à tout le monde que ———.

## QUESTIONS · DE · COMPRÉHENSION

*1.* Qui sont les gens du gouvernement qui viennent à la Digue des Français?
*2.* Quelles recherches font-ils et pourquoi?
*3.* Décrivez la Ville du Futur.
*4.* Quelle est la réaction de Martin quand il apprend la nouvelle du départ dans la nouvelle ville?
*5.* Pourquoi arrête-t-il son jeûne?
*6.* Que se passe-t-il pendant qu'il dort?
*7.* Pourquoi Alia a-t-elle peur? Que fait-elle?
*8.* Où va la foule à la fin de l'histoire? Comment interprétez-vous son départ?

## QUESTIONS · SUR · LA · TECHNIQUE · DU · RÉCIT

1. Étudiez la répétition du mot « bizarre » au début du chapitre. De quel point de vue est faite la description des gens du gouvernement et de leurs actions?
2. Comment se manifestent le pouvoir des gens du gouvernement et le pouvoir de Martin?
3. Relevez dans le texte toutes les notations qui concernent les yeux des personnages et la lumière. Pourquoi le regard a-t-il tant d'importance?
4. Étudiez l'opposition symbolique entre le château de Martin et la Ville du Futur. Comment représentent-ils deux modes de vie irréconciliables?
5. Quel rôle joue le thème de l'eau dans le texte? Quelles valeurs sont attachées à ce thème?

## ENTRETIEN AVEC J.-M. G. LE CLÉZIO

**INT.** — La ville de Nice est-elle votre *point d'ancrage?*   *home base*

**L.C.** — J'y suis né par *hasard* et j'y suis resté en raison des   *chance*
circonstances — la guerre, puis pour faire mes études, mais
j'ai toujours aimé voyager, et je ne me suis jamais senti
attaché à un endroit spécialement... Je crois que je suis très
attiré par d'autres *paysages,* et j'aime assez voyager sans être   *landscapes*
arrêté par un horizon.

**INT.** — Vous avez eu la nausée de la vie moderne?

**L.C.** — C'est plus que la nausée, c'est un sentiment de
danger très, très proche, l'impression qu'on va perdre la
raison. L'univers urbain, mécanique et fascinant, me semble
ne donner comme seule satisfaction, en échange du luxe et
du confort qu'il nous offre, que cette psychose. Au lieu
d'offrir la sécurité, il n'offre que la crainte... On l'a souvent
dit, d'ailleurs : la *publicité* ou le grand commerce *visent* à ce   *advertising / aim*
déséquilibre, à cette impression d'insécurité pour que les
gens produisent et achètent davantage. C'est une sorte de
longue *chute* en avant... Et je pense qu'on peut *se complaire*   *fall / revel*
dans cette abstraction de la vie mécanique.

**INT.** — Dans certains de vos précédents livres, vous
n'avez pas, parfois, succombé à cette tentation?

**L.C.** — Peut-être... J'ai l'impression d'avoir surtout été
tenté par les deux extrêmes. Sans doute parce que j'ai vécu
à Nice avec, d'un côté la ville épouvantable de bruit et de
voitures, et, de l'autre côté, la mer, c'est à dire l'absence

d'êtres humains, le *vide* de la création à l'état pur. J'ai donc été toujours divisé entre ces deux pôles. Mais, *cédant* à la tentation de l'univers urbain, je ne voyais plus la lumière et la beauté de la mer. Vous savez qu'à Nice, il y a des gens qui ne voient jamais la mer, qui mènent une vie totalement *citadine* et qui passent *en longeant* la mer sans jamais la regarder. *void / giving in / urban / (here) along*

**INT.** — Voilà pourquoi <u>Mondo</u> est exclusivement tourné vers la lumière et la mer. Est-ce qu'on peut dire que la figure centrale de ce livre est un enfant regardant la mer du haut d'une montagne par une journée ensoleillée où passent quelques nuages « lents et pas sérieux » ?

**L.C.** — Je suis d'accord avec ce résumé. J'ajouterais seulement que l'enfant, c'est moi.

**INT.** — Il n'y a pas que les enfants qui sont vos modèles. En réalité il y a trois personnages qui vous attirent et qui sont peut-être un peu vous : l'enfant, le pauvre et le nomade. Quelle est leur caractéristique commune ?

**L.C.** — C'est de ne pas être *achevés* et d'être indéfinis. Les enfants n'ont pas achevé leur vie, ils grandissent et ils ne sont pas arrêtés sur un métier ; les pauvres, ils n' « ont » pas, il leur manque quelque chose ; et les nomades ne s'arrêtent pas, ils avancent tout le temps dans l'espace. *completed*

**INT.** — Vous vous considérez comme un « pauvre » ?

**L.C.** — Je crois être en dehors de cette définition : je ne possède presque rien mais je ne suis pas vraiment « *démuni* ». Je crois être entre les deux, dans la classe intermédiaire... Alors, quand je parle des pauvres, ou des enfants ou des nomades, c'est surtout parce que je suis *attiré* par ces êtres-là comme par des modèles... d'élégance ou de légèreté. Et les pauvres m'attirent parce que les gens à qui il manque quelque chose ont, me semble-t-il, la faculté de donner ; alors que les gens qui sont *munis* ne donnent pas et n'ont peut-être même plus la faculté de recevoir. *deprived / attracted / well off*

**INT.** — Votre univers *romanesque* est essentiellement composé d'enfants, de femmes et de jeunes hommes ayant une structure mentale d'enfant. Mais il n'y a pas d'hommes. Pourquoi ? *fictional*

**L.M.** — C'est un portrait intéressant... Celui que l'on appelle adulte, c'est-à-dire le « vir » latin dans la culture occidentale ne m'intéresse absolument pas, parce que c'est quelqu'un qui ne se définit que par ce qu'il possède et par ce qu'il dirige. Donc c'est un choix pour moi de l'ignorer... Je ne suis pas du tout attiré par les cultures « mûres » ou de maturité, dont l'image est, pour moi, la société industrielle.

**INT.** — Dans vos livres vous dites votre admiration pour les « peuples pauvres » parce qu'ils « attendent » et « ne se révoltent pas ». Cela peut paraître ambigu, quand même.

**L.C.** — Je me trompe peut-être et j'aurais certainement besoin d'être corrigé par un historien ou un économiste, mais je dis cela parce qu'il me semble que les mouvements de révolte ne sont pas, *dans le fond,* très naturels à la concep-     *basically* tion des peuples démunis. Je ne trouve pas que les peuples démunis apportent l'idée d'une révolution organisée qui, au contraire, va dans le sens des civilisations munies. Les peuples pauvres apportent plutôt toutes sortes de détails dans la vie quotidienne et pratique.

**INT.** — Par exemple?

**L.C.** — Par exemple tout ce que les peuples riches découvrent actuellement : le yoga, les techniques respiratoires, une certaine liberté dans l'éducation des enfants, une certaine musique, un certain folklore, une certaine nourriture, une certaine façon de s'habiller... On a mis des siècles pour éliminer la relation entre le pouvoir et la culture et, d'ailleurs, cette relation existe encore dans les civilisations riches. Mais justement, de plus en plus, on voit aussi apparaître des signes indiquant que les cultures élégantes et naturelles, c'est-à-dire les cultures pauvres s'imposent. Et elles ne s'imposent pas nécessairement par la révolte ni par l'idée de prendre la place des autres, mais par l'attente et la conviction...

**INT.** — Dans tous vos livres, vos animaux préférés sont les animaux, disons « *délaissés* », les insectes ou les mol-     *neglected* lusques. L'un de vos personnages dans <u>Mondo</u> est même l'ami d'un *poulpe.* C'est par goût du paradoxe?     *octopus*

**L.C.** — Pas du tout. D'abord, je ne crois pas qu'il y ait des animaux inférieurs à d'autres, qu'un cheval ou un lion repésentent les rois des animaux, et un mollusque l'*étape* la     *(here) level* plus basse. Ensuite, ces animaux m'intéressent et intéressent les enfants parce qu'ils sont les seuls à être totalement sauvages. Et enfin, j'aime les insectes, j'aime leur côté décoratif, la perfection de leurs carapaces, la forme de leurs *ailes,*     *wings*

leurs mouvements précis et leur mystère. Et puis aussi...
ils sont loin de l'homme, contrairement aux chats ou aux
chiens, et quand vous vous approchez d'un scarabée ou
d'une *coccinelle,* on dirait qu'ils ne vous voient pas, que vous     *ladybug*
êtes transparent...

**INT. —** Vous regardez beaucoup les insectes?

**L.C. —** Moins maintenant. Quand j'étais enfant j'en rencontrais davantage parce que j'étais plus bas et je les voyais
plus facilement. Mais quand j'en vois, je m'arrête longtemps... Ici, il y a heureusement beaucoup de fourmis et je
les trouve très sympathiques.

Propos recueillis par Pierre Boncenne pour *Lire* (1978)

## SUJETS · DE · DISCUSSION · ET · DE · COMPOSITION

1. Quelle serait la définition d'un saint dans le contexte du monde moderne?
   Quels seraient les critères de cette définition? Trouvez des exemples.
2. Essayez de défendre la société de consommation contre l'idéal présenté par
   Le Clézio. Quels sont ses avantages?
3. E.T. de Steven Speilberg est un film qui a eu un immense succès. Comment
   ses thèmes se rapprochent-ils ou diffèrent-ils de ceux d'Hazaran (critique
   du monde adulte et des forces de répression de la société moderne ; croyance
   dans le merveilleux, le magique ; thème du départ pour un autre monde,
   etc...)
4. Pourquoi la vie dans les grands ensembles urbains est-elle difficile? Quels
   sont les problèmes que posent les villes modernes?
5. Quels sont les groupes sociaux les plus défavorisés aux États-Unis? En
   quoi leur vie ressemble-t-elle ou diffère-t-elle de celle décrite dans Hazaran?

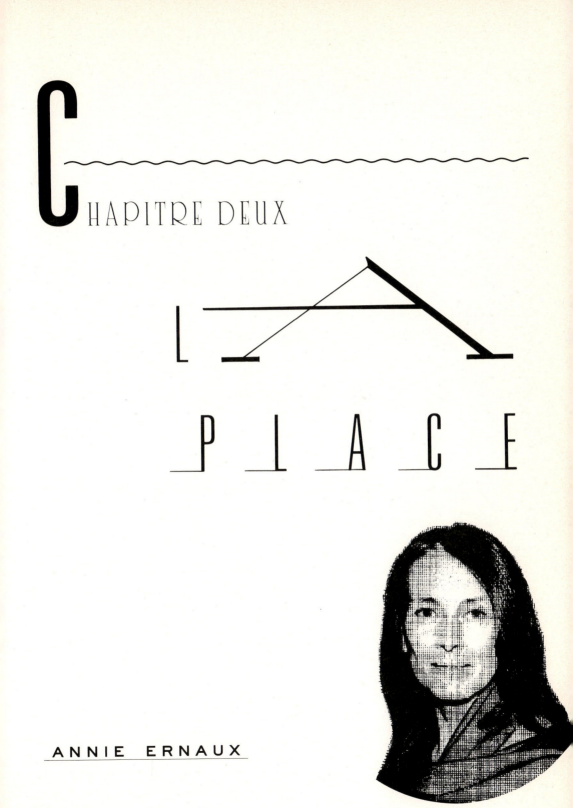

Chapitre Deux

LA PLACE

ANNIE ERNAUX

**Annie Ernaux** est née en 1940. Elle a été élevée à Lillebonne, une ville ouvrière de Normandie. Après avoir travaillé dans les fermes et les usines de la région, son père avait réussi à s'installer dans un petit magasin où les habitués du quartier venaient boire, acheter leur *épicerie,* souvent à crédit. La famille vivait sur place, la cuisine était le lieu de passage entre les deux parties du magasin, l'épicerie et le café. Sur les *marches* de l'escalier qui menait aux chambres on stockait le sucre et la *farine.*

Annie Ernaux était enfant unique car ses parents savaient qu'une famille nombreuse signifiait la perpétuation de la misère qu'ils avaient connue dans leur jeunesse. Ils avaient perdu une petite fille, morte de la dyphtérie à sept ans, ce qui fait dire à l'auteur qu'elle est née « en replacement » (entretien avec l'auteur). Elle apprenait bien et ses parents l'ont envoyée dans une école privée, fréquentée par la bourgeoisie aisée de la région. Là, elle a commencé à se rendre compte des différences entre la façon de vivre de sa famille et celle de ses camarades. Elle a continué ses études et a réussi à tous les examens difficiles qui lui ont permis de devenir professeur de lettres. Elle s'est mariée avec un homme d'un milieu plus fortuné et n'a plus fait que de rares visites à ses parents. Au cours d'un de ses séjours son père est mort. Elle raconte cette mort dans l'épisode de La Place reproduit ici. Elle a écrit La Place environ quinze ans après l'événement. Pendant cette période, Annie Ernaux voulait écrire un livre sur son père, mais elle a cherché longtemps la forme qui conviendrait à son projet. Le style qu'elle a finalement choisi, est ce qu'elle appelle l' « écriture plate ». Elle se caractérise par l'absence d'effets, des mots simples qui reproduisent exactement les faits, les paroles et les choses sans commentaire sentimental ou ironique.

En évoquant avec précision les coutumes, les *goûts* et les valeurs de son milieu d'origine, l'auteur recrée un monde rarement présenté dans la littérature contemporaine : celui des travailleurs, des gens ordinaires dominés par la *précarité,* les nécessités de la vie quotidienne, les difficultés de « s'en sortir » c'est-à-dire d'avoir accès à une vie meilleure. Un des aspects les plus impressionnants du livre apparaît clairement dans la dernière scène : l'auteur se trouve au supermarché devant une jeune *caissière* qui est une de ses anciennes élèves, l'embarras de la jeune fille racontant ses échecs scolaires, son travail mécanique et fatigant, illustrent la fatalité de l'aliénation de classe, et la perpétuation d'une société où l'inégalité fait partie des mentalités et des insti-

*(here) groceries*

*steps*
*flour*

*tastes*

*uncertainty*

*cashier*

tutions. Le livre ne comporte ni remède ni révolte. C'est un *constat* dont le ton sobre renforce la dimension tragique. *acknowledgment* C'est au niveau personnel que l'auteur présente le conflit de classes, entre ses parents et elle qui est devenue, par son mariage et ses études, une « bourgeoise » comme l'explique le livre. Ses sentiments profonds de tendresse pour son père se doublent d'une lucidité pénible, d'un sens aigu de la différence. La distance qui s'établit progressivement entre eux constitue l'inspiration initiale et le thème le plus émouvant du texte.

La Place a reçu un accueil enthousiaste des critiques qui lui ont attribué le prix Renaudot, en 1984, et de la part du public qui a reconnu dans ce livre des problèmes inhérents à la société française.

Annie Ernaux travaille actuellement à un livre sur sa mère, cette femme qui pouvait aller partout, autrement dit, « franchir les barrières sociales » (La Place), mais à qui la célébrité de sa fille laisse le sentiment ambigu que celle-ci a trahi ses origines.

## PRÉPARATION · À · LA · LECTURE

1. Quels sont les moyens qui permettent aux enfants de s'élever au dessus de la condition de leurs parents? Voyez-vous des avantages ou des inconvénients à cette promotion sociale?
2. Décrivez les rituels religieux, familiaux et sociaux qui suivent la mort aux États-Unis.
3. Quels sont les moyens que vous aimeriez utiliser pour conserver le souvenir d'un être aimé qui serait mort?

## La Place

Mon père est mort deux mois après,[1] *jour pour jour*. Il avait *to a day* soixante-sept ans et *tenait* avec ma mère un café- *ran* alimentation[2] dans un *quartier* tranquille non loin de la gare, *neighborhood* à Y... (Seine-Maritime). Il *comptait* se retirer dans un an. *avait l'intention de*
5 Souvent, durant quelques secondes, je ne sais plus si la scène

---

[1] Deux mois après l'examen que l'auteur avait passé pour devenir professeur.

[2] Un petit magasin où l'on sert à boire et où l'on vend des produits alimentaires.

du lycée de Lyon *a eu lieu* avant ou après, si le mois d'avril *took place*
*venteux* où je me vois attendre un bus à la Croix-Rousse[3]   *windy*
doit précéder ou suivre le mois de juin étouffant de sa mort.
    C'était un dimanche, au début de l'après-midi.

10    Ma mère est apparue dans le haut de l'escalier. Elle *se*
*tamponnait* les yeux avec la *serviette* de table qu'elle *avait dû*   *was dabbing / napkin /*
emporter avec elle en montant dans la chambre après le   *must have*
déjeuner. Elle a dit d'une voix neutre : « C'est fini. » Je ne
me souviens pas des minutes qui ont suivi. Je revois seu-
15 lement les yeux de mon père *fixant* quelque chose derrière   *staring at*
moi, loin, et ses *lèvres retroussées* au dessus des *gencives*. Je   *lips / curled up / gums*
crois avoir demandé à ma mère de lui fermer les yeux.
Autour du lit, il y avait aussi la sœur de ma mère et son
mari. Ils se sont proposés pour aider à la toilette,[4] au *rasage,*   *shaving*
20 parce qu'*il fallait se dépêcher* avant que le corps ne se *raidisse*.   *we had to hurry / stiff-*
Ma mère a pensé qu'on pourrait le revêtir du *costume* qu'il   *ened / suit*
avait *étrenné* pour mon mariage trois ans avant. Toute cette   *mis pour la première*
scène *se déroulait* très simplement, sans cris, ni *sanglots,* ma   *fois / took place /*
mère avait seulement les yeux rouges et un *rictus* continuel.   *sobs*
    *grin*
25 Les gestes s'accomplissaient tranquillement, sans désordre,
avec des paroles ordinaires. Mon oncle et ma tante répé-
taient « *il a vraiment fait vite* » ou « *qu*'il a changé ». Ma   *he went fast / how*
mère s'adressait à mon père comme s'il était encore vivant,   *much*
ou habité par une forme spéciale de vie, semblable à celle
30 des nouveau-nés. Plusieurs fois, elle l'a appelé « mon pauvre
petit père » avec affection.

    Après le rasage, mon oncle a tiré le corps, l'a tenu *levé*   *lifted*
pour qu'on lui enlève la chemise qu'il portait ces derniers
jours et la remplacer par une *propre*. Le tête *retombait* en   *clean one / fell forward*
35 avant, sur la *poitrine nue* couverte de *marbrures*. Pour la   *bare chest / blotches*
première fois de ma vie, j'ai vu le sexe de mon père. Ma
mère l'a dissimulé rapidement avec les *pans* de la chemise   *shirt tail*
propre, en riant un peu : « *Cache ta misère* mon pauvre   *(coll) hide your poor*
homme. » La toilette finie, on a joint les mains de mon   *thing (sex)*
40 père autour d'un *chapelet*. Je ne sais plus si c'est ma mère   *rosary*
ou ma tante qui a dit : « Il est plus *gentil* comme ça », c'est-   *decent*
à-dire net, convenable. J'ai fermé les *persiennes* et levé mon   *shutters*
fils couché pour sa sieste dans la chambre à côté : « Grand-
père *fait dodo*. »   *(baby talk) is napping*
45    *Avertie* par mon oncle, la famille qui vit à Y... est venue.   *informed*
Ils montaient avec ma mère et moi, et restaient devant le
lit, silencieux quelques instants, après quoi ils *chuchotaient*   *whispered*

---

[3] Un quartier de Lyon.
[4] Traditionnellement c'est la famille qui lave et habille le mort.

sur la maladie et la fin brutale de mon père. Quand ils
étaient redescendus, nous leur offrions à boire dans le café.

50 Je ne me souviens pas du *médecin de garde* qui a constaté *doctor on call*
le *décès*. En quelques heures, la figure de mon père est *mort*
devenue *méconnaissable*. Vers la fin de l'après-midi, je me *impossible à reconnaître / filtered through*
suis trouvée seule dans la chambre. Le soleil *glissait à travers*
les persiennes sur le linoléum. Ce n'était plus mon père. Le
55 nez avait pris toute la place dans la *figure creusée*. Dans son *hollowed face*
costume bleu sombre *lâche* autour du corps, il ressemblait *loose*
à un oiseau couché. Son visage d'homme aux yeux grands
ouverts et fixes de l'heure suivant sa mort avait déjà disparu.
Même celui-là, je ne le reverrais jamais.

60 On a commencé de *prévoir l'inhumation*, la *classe* des *to provide for / burial / type / funeral / death notices / mourning clothes / link*
*pompes funèbres*, la messe, les *faire-part*, les *habits de deuil*.
J'avais l'impression que ces préparatifs n'avaient pas de *lien*
avec mon père. Une cérémonie dont il serait absent pour
une *raison quelconque*. Ma mère était dans un état de grande *some unknown reason*
65 excitation et m'a *confié* que, la nuit d'avant, mon père avait *confided to me*
*tâtonné* vers elle pour l'embrasser, alors qu'il ne parlait déjà *groped*
plus. Elle a ajouté : « Il était beau garçon, tu sais, étant
jeune. »

L'odeur est arrivée le lundi. Je ne l'avais pas imaginée.
70 *Relent* doux puis terrible de fleurs oubliées dans un vase *stench*
d'eau *croupie*. *stagnant*

Ma mère n'a fermé le *commerce* que pour l'*enterrement*. *shop / inhumation*
*Sinon*, elle aurait perdu des clients et elle ne pouvait *se le* *otherwise*
*permettre*. Mon père décédé reposait en haut et elle servait *afford to do that*
75 des *pastis* et des *rouges* en bas. *Larmes*, silence et dignité, tel *anisette drink / glasses of red wine / tears*
est le *comportement* qu'on doit avoir à la mort d'un *proche*, *behavior / close relative*
dans une vision *distinguée* du monde. Ma mère, comme le *refined*
voisinage, obéissait à des règles de savoir-vivre *où le souci* *with which / concern for / has nothing to do*
de dignité *n'a rien à voir*. Entre la mort de mon père le
80 dimanche et l'inhumation le mercredi, chaque *habitué*, sitôt *regular customer*
assis, commentait l'événement d'une façon laconique, à
voix basse : « Il a *drôlement* fait vite… », ou faussement *really*
joviale : « Alors *il s'est laissé aller* le patron! » Ils *faisaient* *he gave up / communiquaient*
*part de* leur émotion quand ils avaient appris la nouvelle,
85 « *j'ai été retourné* », « je ne sais pas ce que ça m'a fait ». Ils *I was terribly upset*
voulaient manifester ainsi à ma mère qu'elle n'était pas seule
dans sa *douleur*, une forme de politesse. Beaucoup se rap- *souffrance*
pelaient la dernière fois qu'ils l'avaient vu en bonne santé,
recherchant tous les détails de cette dernière rencontre, le
90 lieu exact, le jour, le temps qu'il faisait, les paroles échangées. Cette évocation minutieuse d'un moment où la vie
*allait de soi* servait à exprimer tout ce que la mort de mon *was taken for granted*

père avait de choquant pour la raison. C'est aussi par politesse qu'ils voulaient voir le patron. Ma mère *n'a pas accédé*
*toutefois* à toutes les demandes. Elle *triait* les bons, animés
d'une sympathie véritable, des mauvais *poussés* par la curiosité. À peu près tous les habitués du café ont eu l'autorisa-
tion de dire au revoir à mon père. L'épouse d'un *entrepreneur*
voisin a été *refoulée* parce qu'il n'avait jamais pu *la sentir de*
*son vivant,* elle et sa *bouche en cul de poule.*

Les *pompes funèbres* sont venues le lundi. L'escalier qui
monte de la cuisine aux chambres s'est révélé trop étroit
pour le passage du *cercueil.* Le corps a dû être enveloppé
dans un sac de plastique et *traîné,* plus que transporté, sur
les marches, jusqu'au cercueil posé au milieu du café fermé
pour une heure. Une descente très longue, avec les
commentaires des employés sur la meilleure façon *de s'y*
*prendre, pivoter* dans le tournant, etc.

Il y avait un trou dans l'oreiller sur lequel sa tête avait
reposé depuis dimanche. *Tant que* le corps était là, nous
n'avions pas *fait la ménage de* la chambre. Les vêtements de
mon père étaient encore sur la chaise. De la *poche à fermeture*
*éclair* de la *salopette,* j'ai retiré une *liasse de billets,* la *recette*
du mercredi précédent. J'ai jeté les médicaments et porté
les vêtements au *sale.*

*La veille de* l'inhumation, on a fait cuire une pièce de veau
pour le repas qui suivrait la cérémonie. Il aurait été indélicat
de *renvoyer le ventre vide* les gens qui vous font l'honneur
d'assister aux *obsèques.* Mon mari est arrivé le soir, *bronzé,*
*gêné* par un deuil qui n'était pas le sien. Plus que jamais, il
a paru *déplacé* ici. On a dormi dans le seul lit à deux places,
celui où mon père était mort.

Beaucoup de gens du quartier à l'église, les femmes qui
ne travaillent pas, des *ouvrières* qui avaient pris une heure.
Naturellement, aucune de ces personnes « *haut placées* »
auxquelles mon père *avait eu affaire* pendant sa vie ne s'était
*dérangée,* ni d'autres commerçants. Il ne *faisait partie de* rien,
payant *juste* sa *cotisation* à quoi que ce soit. Dans l'éloge
funèbre, l'archiprêtre a parlé d'une « vie d'honnêteté, de
travail », « un homme qui n'a jamais *fait de tort* à personne ».

Il y a eu le *serrement des mains.* Par une erreur du *sacristain*
dirigeant l'opération — à moins qu'il n'ait imaginé ce
moyen d'un *tour supplémentaire* pour *grossir* le nombre des
*assistants* — les mêmes gens qui nous avaient serré la main
sont *repassés.* Une ronde cette fois rapide et sans condo-
léances. Au cimetière, quand le cercueil est descendu en

---

Marginal glosses:

didn't comply
however / sorted out
driven

contractor
turned back / stand her
  while alive / pouting
  mouth / undertakers

coffin
dragged

to go about it
to swivel

as long as
cleaned up
zipped pocket
overalls / roll of bank-
  notes / day's take

(here) laundry basket
le jour avant

to send off with an
  empty stomach
funeral / tanned
embarrassed
out of place

blue collar workers
high-ranking
had dealt with
bothered to come / be-
  longed to / only / dues

wronged
handshakes / sexton

extra round / increase
people present
came around again

oscillant entre les *cordes,* ma mère a éclaté en sanglots, *ropes*
comme le jour de mon mariage, à la messe.

140  Le repas d'inhumation s'est tenu dans le café, sur les
tables mises *bout à bout.* Après un début silencieux, les *end to end*
conversations *se sont mises en train.* L'enfant, réveillé d'une *ont commencé*
bonne sieste, allait des uns aux autres en offrant une fleur,
des *cailloux,* tout ce qu'il trouvait dans le jardin. Le frère de *pebbles*
mon père, assez loin de moi, *s'est penché* pour me voir et *leaned over*
145  me *lancer :* « Te rappelles-tu quand ton père te conduisait *to throw this*
sur son *vélo* à l'école? » Il avait la même voix que mon *bicyclette*
père.

Vers cinq heures, les invités sont partis. On *a rangé* les *straightened*
tables sans parler. Mon mari a repris le train le soir même.

150  Je suis restée quelques jours avec ma mère pour les *dé-*
*marches* et formalités courantes après un décès. Inscription *administrative steps*
sur le livret de famille[5] à la mairie, paiement des pompes
funèbres, réponses aux faire-part. Nouvelles *cartes de visite,* *calling cards*
madame veuve A. … D. … Une période blanche, sans pen-
155  sées. Plusieurs fois, en marchant dans les rues, « je suis une
*grande personne* » (ma mère, autrefois, « tu es une grande *grown-up*
fille » à cause des *règles*). *menstrual period*

On a *réuni* les vêtements de mon père pour les distribuer *gathered*
à des gens qui en auraient besoin. Dans son *veston* de tous *jacket*
160  les jours, *accroché* dans le *cellier,* j'ai trouvé son *portefeuille.* *hanging / storeroom / wallet / driver's license*
Dedans, il y avait un peu d'argent, le *permis de conduire* et,
dans la partie qui *se replie,* une photo *glissée* à l'intérieur *folds / slipped*
d'une *coupure de journal.* La photo, ancienne, avec des *bords* *paper clipping / frayed edges*
*dentelés,* montrait un groupe d'ouvriers alignés sur trois
165  *rangs,* regardant l'*objectif,* tous *en casquette.* Photo typique *rows / camera lens / wearing a cap / strike*
des livres d'histoire pour « illustrer » une *grève* ou le Front
populaire.[6] J'ai reconnu mon père au dernier rang, l'air
sérieux, presque inquiet. Beaucoup rient. La coupure de
journal donnait les résultats, par ordre de mérite, du *concours* *competitive examination*
170  d'entrée des *bacheliers* à l'école normale d'institutrices.[7] Le *high school graduates*

---

[5] Un document officiel où sont enregistrées la naissance et la mort de chaque membre de la famille.

[6] En 1936 un gouvernement socialiste est arrivé au pouvoir et a donné aux travailleurs l'espoir d'un avenir meilleur. Mais le Front populaire a été un échec et est devenu un symbole pour la gauche française. En 1981 le gouvernement socialiste de François Mitterrand a renouvelé l'esprit de 1936.

[7] École nationale où sont formés les enseignants des écoles primaires — on y rentre après un examen de sélection. À l'école normale, les élèves reçoivent une bourse (*scholarship and stipend*) pendant leurs trois années d'études.

deuxième nom, c'était moi. Ma mère est redevenue calme. Elle servait les clients comme avant. Seule, ses *traits s'af-* *faissaient.* Chaque matin, tôt, avant l'ouverture du commerce, elle a pris l'habitude d'aller au cimetière.

*features were sagging*

175     Dans le train du retour, le dimanche, j'essayais d'amuser mon fils *pour qu'il se tienne tranquille,* les voyageurs de *pre-* *mière* n'aiment pas le bruit et les enfants qui *bougent. D'un* *seul coup,* avec *stupeur,* « maintenant, je suis vraiment une bourgeoise » et « il est trop tard ».

*so he would sit still*
*first class / fidget*
*all of a sudden / utmost astonishment*

180     Plus tard, au cours de l'été, en attendant mon premier *poste,* « il faudra que j'explique tout cela ». Je voulais dire, écrire au sujet de mon père, sa vie, et cette distance venue à l'adolescence entre lui et moi. Une distance de classe, mais particulière, qui n'a pas de nom. Comme de l'amour séparé.

*teaching position*

185     *Par la suite,* j'ai commencé un roman dont il était le personnage principal. Sensation de dégoût au milieu du récit.

*later on*

    Depuis peu, je sais que le roman est impossible. Pour *rendre compte* d'une vie soumise à la nécessité, je n'ai pas le 190 droit de *prendre* d'abord *le parti de l'art,* ni de chercher à faire quelque chose de « passionnant », ou d' « émouvant ». Je *rassemblerai* les paroles, les gestes, les goûts de mon père, les *faits marquants* de sa vie, tous les signes objectifs d'une existence que j'ai aussi *partagée.*

*to give an account*
*to take an artistic view-point*
*will gather*
*striking facts*
*shared*

195     Aucune poésie du souvenir, pas de *dérision jubilante.* L'écriture plate me vient naturellement, celle-là même que j'utilisais en écrivant autrefois à mes parents pour leur dire les nouvelles essentielles.

*gloating sarcasm*

---

## REVUE · DE · VOCABULAIRE

**A. Mots associés.** *Dans le texte trouvez des mots qu'on associe avec :*

1. les parties du visage
2. le commerce
3. la chambre à coucher
4. le décès
5. les études
6. le repas
7. les vêtements
8. le livre

**B. Complétez les phrases.** *Choisissez dans le texte les mots et les expressions qui peuvent convenir pour compléter les phrases suivantes. Faites les accords nécessaires. Il y a plusieurs possibilités.*

1. J'aime ce roman parce que _____ .
2. Son père était _____ .
3. Les gens sont venus pour _____ .
4. Les voisins disaient que _____ .
5. Elle pensait que sa mère _____ .
6. Son mari était _____ .
7. Si j'étais à sa place je _____ .
8. Les ouvriers sont _____ .

## QUESTIONS · DE · COMPRÉHENSION

1. À quelle heure le père est-il mort? Quel jour de la semaine? À quel moment de la journée? Y avait-il un médecin?
2. Comment vivait la famille? (Dispositions des lieux, moyens financiers, occupations)
3. Comment étaient les rapports entre le père et la mère?
4. Quelles ont été les réactions des gens? En quoi sont-elles marquées par leur classe sociale?
5. Quels sont les détails qui révèlent l'horreur physique de la mort?
6. En quoi le mari de la narratrice apparaît-il « déplacé »?
7. Qu'évoquaient les documents que le père conservait dans son portefeuille? Que révèlent-ils sur le caractère et les valeurs du père?
8. Comment la narratrice décrit-elle le livre qu'elle veut écrire?

## QUESTIONS · SUR · LA · TECHNIQUE · DU · RÉCIT

1. Expliquez les différents sens (littéral et figuré) du mot « place » et des mots de la même famille. Comment l'auteur les utilise-t-elle?
2. À quoi correspond la division du texte en paragraphes séparés? Quel est l'effet produit par l'absence de transition?
3. Donnez quelques exemples de l'utilisation d'un vocabulaire anatomique, administratif ou social qui montrent que l'auteur a refusé « la poésie du souvenir » (ligne 195).
4. Examinez la nature des détails que sélectionne la narratrice dans ses descriptions (par exemple: la scène de l'enterrement (lignes 72-138), celle du repas de funérailles (lignes 139-147). Sa mémoire sélective est-

elle davantage déterminée par la tendresse pour son père ou par ses sentiments de classe?

5. Quelle valeur symbolique peut-on attribuer à l'organisation de l'espace dans ce passage du texte : le mort en haut, le commerce en bas?

# ENTRETIEN AVEC ANNIE ERNAUX

**INT.** — Dans le roman, la mort du père m'a paru représenter un moment essentiel pour deux raisons : elle pose l'existence du personnage principal et puis c'est aussi l'événement qui vous inspire le livre.

**A.E.** — Absolument. Puisque nous parlons de cela, c'est évident que c'est le cœur du livre : la mort du père. Pour plusieurs raisons, d'abord dans ma vie personnelle. C'est vrai que cela s'est passé exactement ainsi et qu'ensuite je voulais écrire *à partir de là.* Je ne savais pas du tout la forme *from then on* que cela prendrait, je savais que tout était là pour moi. Et en fait j'ai aussitôt, comme je le dis dans La Place, commencé d'écrire dans l'été qui a suivi et plus tard j'ai aussi écrit un roman. Un roman sur mon père. Mais ce moment-là, la mort de mon père, c'est vraiment le moment où je sais ce qu'il faudrait écrire. C'est-à-dire tout mon *refoulé social,* ce que j'ai consciemment oublié de ma condi- *repressed feeling of so-* tion d'origine. La mort de mon père c'est la naissance d'une *cial inferiority* *écriture.* J'avais écrit avant. J'ai commencé d'écrire tôt, vers *writing style* 20 ou 21 ans. Mais ce que j'ai écrit avant la mort de mon père n'avait aucun *rapport* avec ce que j'ai écrit après. Avant, *relation* j'écris, mais je ne sais pas encore ce que je vais écrire en fait. Donc, la mort de mon père c'est vraiment l'essentiel.

**INT.** — Pourquoi avez-vous intitulé votre livre La Place?

**A.E.** — Ce titre ne s'est pas *imposé* tout de suite. C'est-à- *emerge* dire que j'ai écrit le livre avec des titres divers qui ne me satisfaisaient pas. Je fais toujours comme cela, le titre c'est la dernière chose que je trouve. J'ai écrit La Place et je n'avais pas de titre, et puis, peu à peu, j'ai pensé qu'il me fallait le titre *le plus neutre qui soit,* et en même temps reflé- *as neutral as possible* tant *le plus* le livre. En me relisant j'ai vu le nombre de fois *as accurately as possible* où j'avais écrit le mot « place », donc *cela s'est imposé,* et *it became obvious* ensuite, bien sûr, tous les gens m'ont dit : « mais, ce livre ça veut dire aussi que c'est vous qui recherchez votre place. » Alors maintenant je pense que oui, ils ont raison. Mais on ne se pose pas toutes ces questions quand on écrit, parce que *s'il le fallait...* . Mais c'est vrai, c'est une question de place et peut-être que maintenant j'ai retrouvé *une forme* de place. Je ne sais pas, je ne suis pas sûre. Moi je crois que quand on est déplacé, on l'est *à vie*. *if you had to* / *a sort* / *for life*

**INT.** — Il y a le terme de « *trahison* » que vous avez employé dans La Place. Il mérite des commentaires parce qu'on peut dire aussi que votre *réussite* littéraire n'aurait pas été jugée ainsi par votre père. *betrayal* / *success*

**A.E.** — Pour lui, ce n'aurait pas été une trahison, en effet. La trahison est chez moi un sentiment purement individuel certainement dû à la *culpabilité*. Je crois que c'est une forme de culpabilité. Si mon père était vivant, d'abord je n'aurais peut-être pas écrit ce livre, mais *en ce qui* concerne l'éventuelle réaction de mon père, je peux me la représenter d'après celle de ma mère qui a lu mes trois premiers livres : pour elle c'était un très, très grand plaisir extérieur, une très grande *revanche,* quelque chose d'extraordinaire, mais en même temps, pour elle, j'étais quand même passée dans un autre monde et quelque part en elle, *elle m'en voulait.* Les choses ne sont pas simples, je crois qu'elles sont toujours dialectiques. *guilt* / *as far as ... is* / *revenge* / *she resented it*

**INT.** — D'ailleurs vous dites dans La Place que vous voulez parler en même temps du bonheur et de l'aliénation.

**A.E.** — Oui, c'est les deux qu'il faut voir *à la fois.* Et *on a du mal* à les voir à la fois. C'est terrible. Parce que souvent, c'est au moment où on le vit que c'est à la fois, mais ensuite quand on interprète, on se dit : « ah, oui, mais ça c'était heureux ou ça c'était malheureux ». On commence à dissocier les deux. *at the same time* / *it is difficult*

**INT.** — Dans les rapports fille-père il y a un domaine de *pudeur,* de tendresse, de *non-dit*. *reserve* / *ce qui n'est pas dit*

**A.E.** — Le non-dit de la tendresse c'est ce que j'ai essayé d'exprimer dans La Place. Avec mon père, *ça n'a jamais été du genre :* « oh, ma petite fille, je t'adore », ça n'a jamais été comme ça, et de mon côté non plus, mais il y avait des manifestations quand j'étais enfant, manifestations physiques, par exemple je jouais beaucoup avec mon père. Plus tard, on ne parlait pas, et c'était là, la tendresse. Donc *essayer que l'écriture reflète ça.* C'est terrible parce que, l'écriture peut-elle le faire? Non, en fait c'est un autre mode d'expression. Nous sommes dans l'ordre du symbolique. *it was never like him to say* / *to try to find a style that would reflect that*

**INT.** — Dans ce texte, c'est évidemment la mort du père, mais c'est surtout la mort. *Étonnement,* transformation, rupture entre la vie et la mort.

*surprise*

**A.E.** — C'est quelque chose qu'on ne peut pas exprimer. C'est-à-dire que je ne pouvais pas le « dire ». Évidemment, ça peut paraître *dur, sec,* mais je crois que justement devant ça ou c'est le silence, ou c'est le minimum. Pour moi, c'est la première mort aussi. *Auparavant* je n'en ai jamais vu. Ma mère ne voulait pas que je voie la mort. Elle disait que *ça marque* les enfants. Elle n'a pas voulu que je voie ma grand-mère morte. *Par hasard,* je suis venue en vacances chez mes parents, trois mois après le C.A.P.E.S.,[8] et mon père a eu cet *infarctus* quand j'étais là, dans la nuit, la première nuit où je suis arrivée. Je ne pouvais pas imaginer que mon père meure. J'étais assez jeune, j'avais 26 ans, quand il est mort et j'ai vécu cela dans la stupeur la plus complète, la mort, c'est mon père. Je n'ai pu le raconter que 10 ans après et en même temps, j'ai eu la certitude aussi cet été-là que ce que j'écrirais *tournerait* autour de mon père, de ma vie, je ne savais pas encore comment. Je crois que l'essentiel c'est ça, c'est cette grande rupture.

*harsh / dry*

*before that*

*it makes an impression on / by chance*

*heart attack*

*would revolve*

**INT.** — Il y a un aspect physiologique de la mort que vous rendez avec pudeur mais qui semble aussi avoir été une observation assez *crue.*

*blunt*

**A.E.** — Oui, parce que ce sont des choses qui m'ont terriblement frappée. Dans mon souvenir, je crois que c'est son corps, ce n'est pas mon père que je revois. Ces paroles de ma mère « c'est fini » signifient aussi quelque chose qui se finit dans toute ma vie. Maintenant encore je ne peux pas en parler. Mais, *par contre,* je peux relire le texte que j'ai écrit là-dessus. Je peux très bien relire le début de La Place et c'est donc que le livre *ne m'appartient plus.*

*on the other hand*

*does not belong to me anymore*

**INT.** — Croyez-vous au pouvoir des mots?

**A.E.** — Je crois que *je ne crois qu'à ça.* Et en même temps non, parce que je suis très tournée vers le monde, vers tout ce qui existe, je ne pourrais pas vivre enfermée dans mon bureau. Mais je crois vraiment au pouvoir des mots, c'est quelque chose de terriblement fort pour moi. Sur les lecteurs, il existe aussi, ce pouvoir. Avec La Place, j'ai été *dépassée* par le pouvoir des mots, vraiment dépassée. Il y a

*je crois à cela seulement*

*overwhelmed*

---

[8] **C.A.P.E.S.** (Certificat d'aptitude pédagogique à l'enseignement secondaire) : un examen de sélection pour recruter les professeurs de lycée.

des gens qui écrivent, et qui disent : « vous avez raconté mon histoire », et puis qui se mettent à écrire la leur. J'ai l'impression qu'à travers moi, à travers les mots, il s'est passé quelque chose qui me dépasse. C'est quelque chose d'*écrasant* d'avoir autant de lecteurs, et surtout de réactions, vraiment des réactions très *passionnelles*. J'ai découvert que la littérature avait un pouvoir immense, que ça pouvait tout à fait entrer dans l'*inconscient* des gens, et les suivre. Cela vous donne une responsabilité que vous *ne soupçonniez pas*. Être écrivain, pour moi, ce n'est pas du tout être vue à la télévision, ni être *citée* dans les *manuels,* c'est avoir un rôle dans la vie des gens qui est même presque lourd à porter. Je ne croyais pas qu'écrire c'était ça, bien qu'en moi-même, il doive y avoir ce désir de pouvoir sur l'*imaginaire des gens* et sur leur vie.

*overwhelming*

*emotional*

*unconscicus*

*didn't suspect*

*quoted / textbooks*

*people's imagination*

Paris, mars 1986

---

## SUJETS · DE · DISCUSSION · ET · DE · COMPOSITION

*1.* Quels sont les éléments du rituel de la mort et des funérailles qui vous ont semblé étranges ici?

*2.* Croyez-vous que le père ait eu raison de pousser sa fille à faire des études et à sortir de sa classe sociale?

*3.* Comment ce texte montre-t-il que le sentiment de classe n'est pas seulement lié à l'argent mais aussi aux attitudes (façon de parler, goûts, coutumes, éducation)?

*4.* L'auteur présente l'enfance comme étant caractérisée par l'innocence et le bonheur. Pensez-vous qu'un enfant puisse être heureux en dépit des problèmes que connaissent ses parents?

# Chapitre Trois

# De Si Braves Garçons

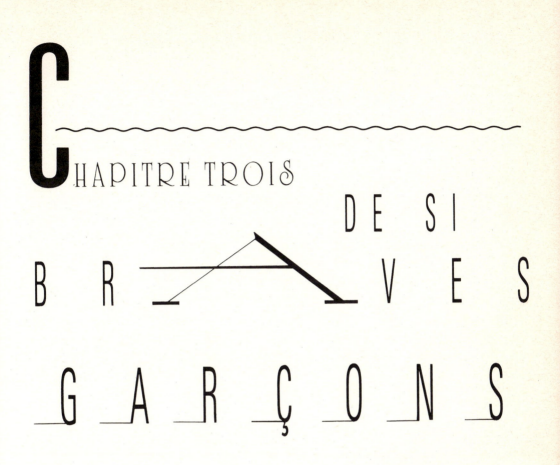

**PATRICK MODIANO**

Le premier roman de **Patrick Modiano,** La Place de l'Étoile, est sorti en juin 1968 juste après les *manifestations* étudiantes qui avaient paralysé Paris et passionné la France. L'auteur avait 23 ans et son livre, loin de faire allusion à la situation politique, évoquait les relations complexes d'un fils et de son père. Ce roman a été immédiatement remarqué et, avec lui, Modiano a commencé une carrière littéraire brillante qu'a consacré en 1978 le prix Goncourt attribué à Rue des boutiques obscures. Depuis Modiano a publié de nombreux romans, ainsi que des ouvrages en collaboration, en particulier le scénario de Lacombe Lucien écrit avec le cinéaste Louis Malle.

Né en juillet 1945 à Boulogne Billancourt, Modiano a souvent décrit son œuvre comme « une autobiographie rêvée. » La plupart de ses livres sont en effet écrits à la première personne, mais le passé qu'ils évoquent se situe avant la naissance de l'auteur pendant les jours sombres de l'Occupation de la France par les Allemands. Cette époque exerce une véritable fascination sur Modiano. C'est pendant l'Occupation que ses parents se sont rencontrés et ont affronté ensemble, dans des conditions souvent précaires et dangereuses, le vie quotidienne des réfugiés en situation illégale. Son père était un juif d'Alexandrie et sa mère d'origine moitié hongroise, moitié belge. À 17 ans elle avait commencé à faire du cinéma et à chanter. Le couple s'était rencontré à Megève et avait été obligé de se cacher et de mener une vie clandestine d'abord en Savoie puis à Paris. C'est ce monde opaque où vivaient résistants, collaborateurs, juifs, *mondains* et dénonciateurs que l'imagination de Modiano va reconstruire dans plusieurs de ses romans. Même lorsqu'il décrit une époque plus récente, on retrouve dans tous ses livres l'obsession des origines, de la mémoire, du temps qui passe, des traces laissées par des hommes et des femmes disparus et que le narrateur recherche.

Modiano semble avoir été élevé avec une certaine négligence par des parents trop occupés pour s'intéresser beaucoup à lui. Son père était absorbé par une série d'opérations financières douteuses qui lui permettaient de faire vivre sa famille dans un luxe artificiel et éphémère. Sa mère était souvent partie en *tournées* à l'étranger. De 11 à 17 ans, le jeune garçon a été placé en pension dans diverses institutions. C'est à cette expérience que font référence les nouvelles de De si braves garçons. Le livre décrit les camarades que le narrateur, devenu adulte, se rappelle ou rencontre un jour par hasard. Ces « braves garçons » viennent tous de

*demonstrations*

*the worldly fashionable ones*

*tours*

familles riches ou ruinées, qui ont des fortunes suspectes et des origines cosmopolites. Ils vivent un peu dans un état d'abandon où l'amitié représente la seule valeur stable. Comme le montre le passage sélectionné, dans ce texte situé au début des années 60, on retrouve chez le personnage de Newman cette anxiété, ce goût du clandestin, ce besoin de se cacher et de changer d'identité qui marquent tous les personnages de Modiano.

Patrick Modiano est un des meilleurs conteurs contemporains et son art consiste à créer un impressionnisme des sentiments destiné à stimuler l'imagination du lecteur. Comme tous les grands romanciers il place au centre de son œuvre le problème du passage du temps et nous force à reconsidérer les bases fragiles de notre identité individuelle dans un monde menacé par l'oubli. Patrick Modiano est avant tout un styliste remarquable dont la langue économe et précise retrouve naturellement la simplicité des écrivains classiques.

## PRÉPARATION · À · LA · LECTURE

*1.* En France l'institution des *class reunions* n'existe pas. Selon vous, quels sont les avantages ou les inconvénients de ces réunions?
*2.* Aimeriez-vous changer d'identité? Pourquoi? Comment?
*3.* Imaginez un crime parfait, c'est-à-dire un meurtre qui ne laisse aucune trace.

# De si braves garçons

Eh bien, moi, j'ai revu Newman. Un *ballon de caoutchouc* vert clair avait *rebondi* contre mon *épaule.* Je me retournai. Une petite fille blonde d'une dizaine d'années me regardait d'un air *gêné* et hésitait à venir chercher son ballon. Enfin, elle *se décida.* Le ballon avait *glissé* sur le *sable* à quelques mètres de moi, et, comme si elle craignait que je le lui confisque, elle le *ramassa* d'un geste rapide, le *serra* contre sa *poitrine* et *se mit à* courir. En ce début d'après-midi, nous étions encore très peu de monde sur la plage. La fillette, *essoufflée,* s'assit à côté d'un homme en *maillot* bleu marine qui prenait un bain de soleil, *allongé* sur le *ventre,* le *menton*

*rubber ball*
*bounced back / shoulder*

*embarrassé*
*made up her mind / glided / sand*

*picked it up / held it tight / chest / started*

*out of breath / bathing suit / couché / stomach / chin*

reposant sur ses deux *poings* fermés. Comme il avait les *fists*
cheveux *ras* et le *teint* très *hâlé* — presque noir — , je ne *short / complexion / tanned*
reconnus pas tout de suite mon ancien camarade de Val-
15 vert,[1] Marc Newman.

Il me sourit. Puis il se leva. Newman, à quinze ans, était,
avec McFowles, l'un des meilleurs joueurs de hockey du
*collège.* Il s'arrêta devant moi, intimidé. *école secondaire*

La fillette, son ballon contre sa poitrine, lui avait pris la
20 main et me scrutait d'un œil *méfiant.* *soupçonneux*

— Edmond... C'est toi?

Il éclata de rire et me *donna l'accolade.* *embraced*

— *Ça alors!* Qu'est-ce que tu fais là? *well, then*

— Et toi?

25 — Moi?... Je *m'occupe de* la petite... *am taking care of*

Elle paraissait maintenant tout à fait rassurée et me souriait.

— Corinne, je te présente un vieil ami à moi... Edmond
Claude...

30 Je lui tendis la main, et elle, à son tour, me tendit la
sienne avec hésitation.

— Tu as un beau ballon, lui dis-je.

Elle inclina la tête, doucement, et je fus frappé par sa
grâce.

35 — Tu es en vacances ici? me demanda Newman.

— Non... je joue ce soir au théâtre... je suis en tournée...

— Tu es devenu acteur?

— *Si l'on veut,* dis-je, gêné. *so to speak*

— Tu restes un peu dans le coin?

40 — Non, malheureusement. Il faut que je reparte après-
demain... Avec la tournée...

— C'est dommage... Il avait l'air *déçu.* Il posa sa main *désappointé*
sur l'épaule de la petite.

— Et toi? Tu es pour longtemps ici? lui demandais-je.

45 — Oh oui... Peut-être pour toujours, dit Newman.

— Pour toujours?

Il hésitait sans doute à parler devant la petite.

— Corinne... va mettre ta robe, dit Newman.

La fillette *hors de distance de* nous entendre, Newman se *trop loin pour*
50 rapprocha de moi.

— Voilà, me dit-il à voix basse, je ne m'appelle plus
Newman, mais « Valvert »... Valvert, comme le collège...
Je suis fiancé à la mère de la petite... Nous vivons dans une
villa avec ma fiancée, la petite, la mère de ma fiancée et un

---

[1] Nom de l'école privée où ils se sont connus.

55  vieux, qui est le beau-père de la mère de ma fiancée… ça
    peut paraître compliqué…
        Il s'essoufflait.
        — Une famille très bourgeoise de Nantes… Pour moi,
    tu comprends, ça représente quelque chose de stable… Inu-
60  tile de te dire que jusque-là, *j'ai plutôt dérivé…*  *have been quite a drifter*
        La fillette marchait vers nous habillée d'une robe rouge
    à *volants.* Elle avait mis son ballon dans un *filet.* À chaque  *ruffles / net bag*
    pas, elle *secouait* un pied et du sable *coulait* de ses sandales.  *was shaking / was running out*
        —*J'ai traîné mes guêtres* un peu partout, me *chuchota* New-  *have traveled around / whispered*
65  man, d'une voix de plus en plus précipitée. J'ai même passé
    trois ans à la Légion…² Je t'expliquerai si on a le temps…
    Mais rappelle-toi… Valvert… Pas de *gaffe…*  *blunder*
        Il *enfila* un pantalon de toile bleu ciel et un *chandail* de  *mit / sweater*
    cachemire blanc avec la souplesse qu'il avait au collège. Je
70  me souvenais de notre étonnement et de celui de Kovno-
    vitzine, quand Newman *faisait la grande roue* ou qu'il *montait*  *did a cartwheel /*
    *à la corde,* les jambes perpendiculaires au buste, en quelques  *climbed a rope*
    secondes.
        — Tu n'as pas changé, dis-je.
75      — Toi non plus.
        Il prit la fillette *à bras-le-corps* et, d'une élégante traction  *by the waist*
    des bras, la *posa à cheval* sur ses épaules. Elle riait et *appuyait*  *straddled / learned*
    le ballon contre le *crâne* de Newman.  *tête*
        — Cette fois-ci, Corinne, pas de galop… On rentre *au*
80  *pas…*  *lentement*
        Nous nous dirigions vers l'esplanade du casino.
        — Nous allons boire un verre, dit Newman.
        Un salon de thé occupait l'*aile* gauche du casino, avec  *wing*
    d'autres magasins. Nous nous assîmes à l'une des tables de
85  la terrasse, bordée de *bacs* à fleurs rouges. Newman  *planters*
    commanda un café « *serré* ». Moi aussi. La petite voulait  *fort*
    une glace.
        — Ce n'est pas raisonnable, Corinne…
        Elle baissait la tête, déçue.
90      — Bon… D'accord pour la glace… Mais à condition que
    tu me promettes de ne pas manger de *sucreries* cet après-  *sweets*
    midi.
        — C'est promis…
        — Tu me le *jures?*  *swear*
95      Elle tendit le bras pour jurer et le ballon qu'elle serrait

---

² La Légion étrangère est un régiment de l'Armée française composé de volontaires étrangers
ou français qui s'engagent pour éviter des situations légales ou personnelles difficiles.

contre elle glissa à terre. Je le ramassai et le déposai déli-
catement sur ses genoux.

La fillette mangeait sa glace en silence. Newman avait
ouvert le parasol fixé au milieu de la table *pour que* nous *so that*
100 soyons *à l'ombre.* *shade*
— Alors, comme ça, tu es devenu *comédien?...* *acteur de théâtre*
— Eh oui, mon vieux...
— Tu avais joué dans une pièce au collège... je m'en
souviens... C'était quoi la pièce, déjà?
105 — Noé d'André Obey. Je jouais la belle-fille de Noé.
Nous fûmes pris, Newman et moi, d'un *fou rire.* La petite *rire hystérique*
leva la tête et se mit à rire elle aussi, sans savoir pourquoi.
Oui, j'avais remporté un certain succès dans ce rôle, à cause
de mon *corsage* et de ma jupe de paysanne. *blouse*
110 — J'aurais bien aimé te voir ce soir au théâtre, dit Newman. Mais nous restons à la villa... C'est l'anniversaire du
vieux.
— Aucune importance. J'ai un tout petit rôle, tu sais...
Devant nous, en *bordure* de l'esplanade du casino, une *edge*
115 *affiche* de notre pièce était fixée à un *poteau* de couleur *poster / post*
blanche qui *se découpait* dans le ciel bleu comme le *mât* d'un *was outlined / mast*
*voilier.* *sailboat*
— C'est ta pièce? demanda Newman.
— Oui.
120 Les caractères rouges du titre : Mademoiselle Moi,
avaient quelque chose de gai et d'*estival,* en harmonie avec *de l'été*
le ciel, la plage, les *rangées* de tentes sous le soleil. De nos *rows*
places, nous pouvions lire le nom de notre *vedette* et, *à la* *star / at most*
*rigueur,* celui de mon vieux camarade Sylvestre-Bel en ca-
125 ractères deux fois plus petits. Mais mon nom à moi au bas
de l'affiche n'était pas visible. À moins d'utiliser des *jumelles*
*de marine.* *navy binoculars*
— Et toi? Tu vas *t'installer* ici? demandai-je à Newman. *settle*
— Oui. Je vais me marier et essayer de *monter une affaire* *start a business*
130 dans le région.
— Une affaire de quoi?
— Une agence *immobilière.* *real estate*
La petite *achevait* sa glace et Newman caressait distraite- *finissait*
ment ses cheveux blonds.
135 — Ma future femme veut rester ici. C'est un peu à cause
de Corinne... Pour un enfant, il *vaut mieux* habiter au bord *est préférable de*
de la mer qu'à Paris... Si tu voyais son école... C'est à
quelques kilomètres dans un château avec un parc... Et
*devine* à qui appartenait ce château? À Winegrain, un ancien *guess*
140 de Valvert...

Je ne l'avais pas bien connu, ce Winegrain, mais son nom faisait partie de la légende du collège, comme d'autres noms : Yotlande, Bourdon...

145 — La villa où nous habitons est derrière le casino... Dans la grande avenue... Je t'aurais volontiers invité pour prendre l'apéritif[3] ce soir, mais le vieux est toujours de mauvaise humeur...

Il avait *allongé* les jambes sur une chaise et croisait les    *stretched out*
bras, dans une attitude de sportif *au repos* qui était souvent    *at rest*
150 la sienne pendant les *récréations*.    *recess*

— Mais pourquoi as-tu changé de nom ? lui demandai-je à voix basse, après que la fillette eut quitté notre table.

— Parce que je recommence ma vie *à zéro*...    *from scratch*

— Si tu veux te marier, tu seras *quand même* obligé de    *anyway*
155 leur dire ton vrai nom...

— Pas du tout... J'aurai de nouveaux *papiers*... Rien de    *papiers d'identité*
plus simple, mon vieux.

Il secoua chacun de ses pieds et les espadrilles blanches tombèrent l'une après l'autre.

160 — Et la petite ? Elle a un père ?

Elle contemplait la *vitrine* d'un coiffeur, un peu plus loin,    *shop window*
très *raide,* très grave, le ballon entre son ventre et ses mains    *stiff*
croisées.

— Non non... Le père *a fichu le camp*... on ne sait pas où    *(fam) est parti*
165 il est... Et d'ailleurs, ça vaut mieux... C'est moi le père, maintenant...

Je n'osais pas lui poser de questions. Au collège, déjà,
Newman *s'entourait de mystère* et quand on voulait en savoir    *était mystérieux*
*plus long* sur lui — son adresse, son âge exact, sa nationa-    *plus*
170 lité — , il souriait sans répondre ou *détournait* la conversa-    *changeait*
tion. Et chaque fois qu'un professeur l'interrogeait pendant
la classe, il se raidissait aussitôt et gardait la bouche *serrée*.    *fermée*
On avait fini par *mettre* son attitude *sur le compte* d'une    *attribuer à*
timidité maladive, et les professeurs ne l'interrogeaient plus,
175 ce qui le dispensait d'apprendre ses leçons.

Je *m'enhardis*.    *became bolder*

— Qu'est-ce que tu as fait jusqu'à présent ?

— Tout, me répondit Newman dans un *soupir*. J'ai tra-    *sigh*
vaillé trois ans à Dakar dans une société d'import-export.
180 Deux ans en Californie... J'ai *monté* un restaurant français...    *(here) ouvert*
Avant tout ça, j'avais fait mon service militaire à Tahiti...
Je suis resté *pas mal* de temps là-bas... J'ai retrouvé l'un de    *beaucoup*

---

[3] Une boisson avant le repas.

nos camarades de classe, à Moorea... Portier... Tu sais...
Christian Portier...

185   Il parlait vite, avec fièvre, *comme s'il ne s'était confié à* *as if he hadn't confided*
*personne* depuis longtemps ou qu'il craignît d'être inter-   *in anyone*
rompu par l'arrivée d'un *intrus,* avant d'avoir tout dit.   *intruder*

— *Entre-temps, j'ai pris un engagement* à la Légion... J'y   *meanwhile / enlisted*
suis resté trois ans... J'ai déserté...

190   — Déserté?

— Pas vraiment... Je me suis trouvé des certificats mé-
dicaux... J'ai été *blessé* là-bas et je peux même obtenir une   *wounded*
pension d'invalidité... Ensuite, j'ai été pendant longtemps
le chauffeur de Mme Fath...[4]

195   Ce garçon d'apparence franche et sportive, une *brume*   *mist*
l'enveloppait, *à son corps défendant.* En dehors de ses qualités   *against his will*
athlétiques, tout était vague et incertain chez lui. Autrefois,
au collège, un vieux monsieur venait le chercher les samedis
de sortie[5] ou lui rendait visite pendant la semaine. Il avait
200   un teint *de faïence,* une canne, des yeux *à fleur de tête* et sa   *china-colored / protu-*
silhouette fragile s'appuyait au bras de Newman. Marc me   *bérants*
l'avait présenté comme son père.

Il portait un costume de flanelle et une *pochette de soie.* Il   *silk breast-pocket hand-*
parlait avec un accent indéfinissable. Effectivement, New-   *kerchief*
205   man l'appelait : papa. Mais un après-midi, notre professeur
avait annoncé à Newman que « M. Condriatseff l'attendait
dans la cour ». C'était le vieux. Newman lui écrivait et ce
nom sur l'enveloppe m'intriguait : Condriatseff. Je lui
avais demandé des *éclaircissements.* Il s'était contenté de me   *explications*
210   sourire...

— J'aimerais beaucoup que tu sois *témoin* à mon mariage,   *witness*
me dit Newman.

— C'est pour quand?

— À la fin de l'été. Le temps de trouver un appartement
215   par ici. Nous ne pouvons plus habiter à la villa avec le vieux
et la mère de ma *future femme.* Moi, j'aimerais bien un
appartement là-bas...

Il me *désignait,* d'un geste nonchalant, les grands im-   *indiquait*
meubles modernes, *tout au bout* de la baie.   *à l'extrémité*
220   — Et ta future femme, tu l'as connue où?

— À Paris... Quand je suis sorti de la Légion. Inutile de
te dire que je n'étais pas très frais. Elle m'a beaucoup aidé...
Tu verras... c'est une fille formidable... À l'époque, je ne
pouvais même plus traverser la rue tout seul...

---

[4] Épouse d'un couturier parisien célèbre des années cinquante.
[5] Les samedis où il avait le droit de quitter le collège.

225 Il paraissait prendre ses nouvelles responsabilités de père au sérieux et ne quittait pas la fillette du regard. Celle-ci était toujours absorbée dans la contemplation des vitrines du casino.

Il *pencha* sa tête vers moi et fit un mouvement du menton *leaned*
230 en direction de la rue qui *longeait* le *flanc* du casino et des- *ran along / side* cendait jusqu'à la plage.

— *Tiens...,* me dit-il à voix basse. C'est ma fiancée et sa *(here) look* mère...

Deux femmes brunes de la même taille. La plus jeune
235 avait les cheveux longs et portait un *peignoir de tissu-éponge* *terry cloth robe* rouge jusqu'à *mi-cuisses.* L'autre était vêtue d'un *paréo aux* *mid-thigh / rust-colored* *teintes rouille* et bleu pastel. Elles glissaient à quelques mètres *beach mini-wrap* de nous mais ne pouvaient pas nous voir à cause des bacs de fleurs et d'*arbustes* qui nous cachaient. *petits arbres*

240 — C'est drôle..., dit Newman. De loin, on croirait qu'elles ont le même âge, toutes les deux... Elles sont jolies, hein?

J'admirais leur *démarche* souple, leur *port* de tête, leurs *gait / bearing* jambes longues et bronzées. Elles s'arrêtaient au milieu du
245 *remblai* désert, ôtaient leurs *chaussures à talon* et descendaient *embankment / high-heel* les escaliers de la plage lentement, comme pour s'offrir le *shoes* plus longtemps possible au regard.

— Il m'arrive de *les confondre* toutes les deux, dit New- *to mix them up* man, rêveur.

250 Elles avaient laissé quelque chose de mystérieux dans leur *sillage.* Des *ondes.* Sous le charme, je scrutais la plage en *wake / waves* espérant les apercevoir de nouveau.

— Tout à l'heure, je te présenterai... Tu verras... La mère est aussi bien que la fille... Elles ont des *pommettes* et *cheekbones*
255 des yeux violets... Et moi, mon problème, c'est que je les aime autant l'une que l'autre.

La petite revenait vers notre table en courant.

— D'où sors-tu? demanda Newman.

— Je suis allée voir les albums de Pomme d'Api[6] chez le
260 libraire.

Elle était essoufflée. Newman lui prit le ballon des mains.

— C'est bientôt l'heure de retourner sur la plage, dit-il.

— Pas tout de suite, dit la fillette.

Et, s'approchant de Newman :
265 — Gérard... Est-ce que tu peux m'acheter un album de Pomme d'Api?

Gérard?

---

[6] Livres pour enfants.

Elle *baissait la tête,* intimidée. Elle rougissait d'avoir *osé* lui demander l'album.

270 — D'accord... D'accord... à condition que tu ne manges pas de sucreries cet après-midi... Tiens, prends-en trois, des albums... On ne sait jamais... Il faut *faire des provisions* pour l'avenir.

Il *fouilla* dans sa poche, en sortit un billet de banque *froissé* 275 et le lui tendit.

— Tu me prendras Plaisir de France...[7]

— Trois albums de Pomme d'Api ? demanda la fillette, étonnée.

— Oui... Trois...

280 — Merci, Gérard...

Elle *se jeta* dans ses bras et lui embrassa les deux *joues.* Elle traversait en courant l'esplanade du casino.

— Tu t'appelles Gérard maintenant? lui demandai-je.

— Oui. Si on change de nom, *autant* changer de prénom 285 par la même occasion...

Sur l'avenue, à notre droite, un homme apparut, le teint rouge et les cheveux gris *coiffés en brosse.* Il marchait d'un pas sec et régulier, vêtu d'une *veste d'intérieur marron,* d'un pantalon bleu, et chaussé de *charentaises.*

290 — Tiens... voilà le vieux, dit Newman. Il *nous épie...* Chaque après-midi, il vérifie si on est bien sur la plage... Il est encore *coriace* pour soixante-seize ans, tu peux me croire...

De haute taille, il se tenait très droit. Son *allure* avait 295 quelque chose de militaire. Il s'assit sur l'un des *bancs* du remblai, face à la plage.

— Il *surveille* Françoise et sa mère, dit Newman. Tu ne peux pas savoir ce que ça fait, quand on se retourne et qu'on voit ce type avec sa tête de *garde-chiourme...*

300 *Apparemment, il en avait froid dans le dos.* Là-bas, le vieux se levait de temps en temps, et venait *s'accouder à la barre* du remblai puis il s'asseyait de nouveau sur son banc.

— Une *peau de vache...* La mère de Françoise est obligée de *supporter* son beau-père parce que c'est lui qui *les fait* 305 *vivre,* elle, Françoise et la petite... Un *aigri...* En plus, il a rajouté une particule à son nom...[8] Il s'appelle *soi-disant* Grout de l'Ain... C'est un ancien agent immobilier... Tu ne peux pas imaginer l'avarice de ce type... La mère de Françoise est obligée de tenir un livre de comptes où elle

---

*Marginal glosses:*

- looked down / dared
- to stock up
- chercha / crumpled
- threw herself / cheeks
- you might as well
- in a crew cut
- brown smoking jacket
- old-fashioned slippers
- is spying on us
- tough
- gait
- bench
- watches
- prison guard
- it sent shivers down his spine / to lean on the railing
- (fam) swine
- to put up with / supports them / bitter man
- supposedly

---

[7] Revue de luxe qui présente des images de la vie dans la société élégante.

[8] Le *de* qui marque un nom d'origine aristocratique.

310 doit noter le *moindre* bouton qu'elle achète... Il m'a *mis en*   plus petit
*quarantaine*... Il *fait semblant* de ne pas me voir... Il n'admet   boycotted / pretends
pas que je dorme dans la même chambre que Françoise...
Dès le début, il s'est méfié de moi à cause de ça... Regarde...
Il releva brusquement la manche gauche de son chandail,
315 découvrant une *rose des vents,* tatouée sur son avant-bras.   compass cord
— Tu vois... Ce n'est pourtant pas méchant...
— Il faudrait que tu te maries le plus vite possible et que
toi et ta femme vous alliez habiter ailleurs, lui dis-je.
Sur son banc, là-bas, le vieux avait *déplié* soigneusement   unfolded
320 un journal.
— Edmond... Est-ce que je peux me confier à toi?
— Bien sûr.
— Écoute... Elles veulent que je *liquide* Grout de l'Ain...   (fam) tue
— Qui?
325 — Françoise et sa mère. Elles veulent que je *supprime* le   tue
vieux...
*Ses traits* étaient tendus et une grande *ride* transversale *lui*   son visage / wrinkle /
*barrait le front.*   ran across his forehead
Le problème, c'est de faire ça proprement... Pour ne pas
330 éveiller les soupçons...
Le ciel bleu, la plage, les tentes *striées* d'orange et de   streaked
blanc, les *parterres de fleurs* devant le casino, et ce vieux, là-   flower beds
bas, sur son banc qui lisait son journal au soleil...
— *J'ai beau réfléchir,* je ne sais pas *comment m'y prendre*   no matter how hard I
335 pour liquider Grout de l'Ain... J'ai essayé deux fois...   think / how to go
D'abord avec ma voiture... Une nuit, il *faisait un tour* dehors   about
et j'ai voulu l'*écraser...* comme ça... accidentellement...   il se promenait
c'était idiot...   to run over
Il *guettait* une réaction de ma part, un *avis,* et moi, je   was watching for /
340 *hochais* bêtement la tête.   opinion
— La deuxième fois, nous nous promenions sur les ro-   was nodding
chers de Batz-sur-Mer à quelques kilomètres d'ici... Et
j'avais décidé de le pousser *dans le vide...* Et puis je me suis   over the edge
*dégonflé* au dernier moment... Qu'est-ce que tu en penses,   (fam) copped out
345 toi?
— Je ne sais pas, lui dis-je.
— De toute façon, je ne risque pas grand-chose... J'aurais
toujours pour moi les *témoignages* de Françoise et de sa   testimony
mère... Nous en parlons souvent ensemble... Elles pensent
350 que le meilleur moyen, ce serait de l'emmener se promener
encore une fois à Batz...
Mon regard *s'attardait* sur le vieux, là-bas, qui avait *replié*   was lingering / folded
son journal, sortait une pipe de sa poche et la *bourrait* len-   was filling
tement. S'appelait-il Grout de l'Ain? J'avais envie de *hurler*   shout

355 ce nom pour voir s'il se retournerait. La fillette, ses albums
sous le bras, un sourire radieux aux lèvres, vint se rasseoir
à notre table.

J'étais perplexe. Cette brume d'il y a quinze ans *collait*     *was still a part of*
*toujours à la peau de* Marc Newman. Son art de ne pas
360 répondre aux questions précises. Mais je me souvenais aussi
de ses brusques accès de volubilité, comme des *jets de vapeur*     *puffs of steam*
sous un *couvercle* trop lourd. Oui, comment savoir avec lui?     *cover*
Condriatseff.

De vagues pensées me traversaient, à la terrasse de ce
365 café, sous le soleil, tandis qu'une brise *gonflait* les tentes à     *was swelling*
*rayures* oranges et blanches et faisait osciller l'affiche de notre     *stripes*
pièce, sur le mât de voilier. Je me disais que le collège nous
avait laissés bien *désarmés* devant la vie.     *helpless*

Elle montrait à Newman les illustrations de <u>Pomme</u>
370 <u>d'Api</u>, et lui, penché au-dessus de son épaule, tournait les
pages de l'album. De temps en temps, elle levait la tête vers
Marc en souriant. Elle avait l'air de l'aimer bien.

---

## REVUE · DE · VOCABULAIRE

**A. Mots associés.** *Dans le texte trouvez des mots qu'on associe avec :*

1. la plage
2. le théâtre
3. une rencontre
4. des exercices physiques
5. une vie aventureuse
6. un avare
7. l'apéritif
8. une terrasse de café

**B. Complétez les phrases.** *Choisissez dans le texte les mots et les expressions qui peuvent convenir pour compléter les phrases suivantes. Faites les accords nécessaires. Il y a plusieurs possibilités.*

1. La petite fille joue avec _____ .
2. La petite fille veut manger _____ .
3. L'homme était vêtu de _____ .
4. L'affiche annonçait que _____ .
5. Pour se promener en mer, on a besoin de _____ .
6. Le crime est parfait quand _____ .
7. Quand on change de nom il faut _____ .
8. Habiter au bord de la mer, c'est mieux parce que _____ .

## QUESTIONS · DE · COMPRÉHENSION

*1.* Où le narrateur rencontre-t-il Newman? Dans quelles circonstances?
*2.* Que sait-on de la jeunesse de Newman et de sa personnalité au collège Valvert?
*3.* Qu'a-t-il fait depuis le collège?
*4.* Qui était Condriatseff?
*5.* Quels sont les projets de Newman?
*6.* Quels sont les deux personnages désignés dans le texte sous le nom de « le vieux »?
*7.* Pour quelles raisons matérielles, mais peut-être aussi psychologiques, les tentatives de meurtre de Newman ont-elles échoué?
*8.* Voyez-vous des points communs entre l'enfance de Corinne et celle de Newman?

## QUESTIONS · SUR · LA · TECHNIQUE · DU · RÉCIT

*1.* Comment le thème de la paternité est-il amené dans le récit? Quel est son rapport avec les problèmes des personnages?
*2.* Étudiez le contraste entre la précision des détails matériels (couleurs, topographie, description du corps, des vêtements, des objets) et la confusion intérieure qui caractérise les personnages. Comment ce contraste crée-t-il une tension permanente dans le récit entre la banalité du cadre et l'ambiguïté des personnages?
*3.* Comment l'évocation des tentatives de meurtre transforme-t-elle soudain le ton du récit?
*4.* Décrivez l'évolution des sentiments du narrateur.
*5.* Quelles sont les différences et les ressemblances entre ce récit et un roman policier? (Voir Chapitre VII sur René Belletto)

## ENTRETIEN AVEC PATRICK MODIANO

**INT.** — Depuis quand écrivez-vous?

**P.M.** — (sans répondre) Il y a des conditions pour écrire, la solitude... Bien sûr, si d'autres hasards s'étaient présentés...

**INT.** — Vous croyez vraiment que vous auriez pu être autre chose qu'un écrivain?

**P.M.** — (répondant *à côté*) Certains ont une vocation    *off the point*
d'écrivain... Mais pour d'autres, c'est un *pis-aller,* on est *au*    *last resort / one's back*
*pied du mur...* Il faut faire quelque chose... Alors, écrire...    *to the wall*

**INT.** — Vous envisagez quelque chose de précis, quand
vous vous mettez à écrire?

**P.M.** — Je crois toujours que je vais faire les choses
comme je les ai rêvées... Mais après, c'est un peu *modèle*    *small-scale model /*
*réduit.* J'aurais aimé que les sensations soient *touffues.* Mais,    *dense*
évidemment, avec des petites phrases comme ça...

**INT.** — J'admire, justement, que vous parveniez à rendre
une ambiance ou à faire le portrait de quelqu'un avec « des
petites phrases comme ça... »

**P.M.** — C'est votre imagination qui fait le travail!

**INT.** — C'est bien vous qui la *sollicitez!*    *prompt*

**P.M.** — Il faut très peu de chose pour que l'imagination
du lecteur travaille... Ils veulent trop forcer... L'imagination
ne peut pas fonctionner quand il y a trop...

**INT.** — Autrement dit, vous laissez exprès du *vide* pour    *void*
que moi, lecteur, je remplisse ce vide?

**P.M.** — J'admire l'*inverse,* le *don* de pouvoir imposer un    *opposite / gift*
*cadre,* un climat... Moi, c'est par *manque* de moyens que    *setting / lack*
j'écris comme ça!

**INT.** — Par manque de moyens on peut *aboutir à* des    *achieve*
choses étonnantes!

**P.M.** — Oui, mais avec la collaboration de l'autre! Tandis
qu'il y a des écrivains qui s'imposent par la profusion, la
richesse...

**INT.** — Un lecteur se sent très à l'aise dans vos livres, pas
*étouffé* justement, et quelle distance vous prenez avec vos    *smothered*
sujets!

**P.M.** — Il arrive un moment où on a l'âge de faire un
retour sur soi. Avant, quand j'écrivais, je pensais au passé
des autres! Maintenant, j'en ai un! J'admirais les gens qui
pouvaient dire : « il y a vingt ans, il y a trente ans », ces
gens-là me fascinaient, j'essayais de me mettre à leur place...
Pour me rendre compte de ce que ça peut faire d'avoir de
la distance par rapport à sa propre vie... Ils possédaient
quelque chose que je tentais de m'approprier... la distance.

Et puis, moi, j'ai l'impression que je suis le produit d'une époque troublée... Dans des périodes comme celle-là il faut une enquête pour trouver des renseignements sur des choses qui ont précédé votre naissance, une enquête qui n'*aboutit jamais*...

*gets nowhere*

**INT.** — Celle que vous *menez* dans toutes vos œuvres, depuis La Place de l'Etoile?

*conduct*

**P.M.** — Avec l'impression que ça ne donne pas de résultats... C'est bizarre... C'est aussi lié à une époque qui était *douteuse*... Où il y avait une espèce de *lèpre*...

*dubious / (fig) plague*

**INT.** — Dans *n'importe quelles* circonstances, l'enquête, cela *fait toujours crapuleux*. Dès qu'on accumule des renseignements sur les faits et gestes de quelqu'un, même s'il s'agit d'actes très simples...

*in any*
*gives a sordid impression*

**P.M.** — C'est vrai! Il y a ce côté un peu bizarre... C'est difficile à expliquer...

**INT.** — Que se passe-t-il dans votre tête quand vous dites : c'est difficile?

**P.M.** — (sans répondre) J'ai l'impression que je suis le produit d'une époque troublée, celle de l'Occupation... Des gens se rencontraient qui n'*étaient pas faits* pour se rencontrer... La plupart des protagonistes de cette époque n'avaient pas d'avenir...

*were not meant*

**INT.** — Vous êtes né pendant l'Occupation?

**P.M.** — Juste après.

**INT.** — Chaque écrivain privilégie un sexe. Il met en valeur soit les hommes, soit les femmes, rarement les deux. Chez vous, les personnages d'hommes et de femmes sont à peu près à égalité.

**P.M.** — C'est beaucoup plus fort, dans un roman, de prendre une femme comme point d'identification! Un roman fait à partir d'une femme est beaucoup plus romanesque, et plus intéressant.

**INT.** — Serait-ce que parce que les femmes ont la possibilité de recommencer plusieurs fois leur vie? Qu'elles ont sept vies, comme les chats?

**P.M.** — ... C'est aussi ce qu'il y a de plus difficile. Seuls les très grands, comme Tolstoï, Flaubert, peuvent s'identifier à une femme. Sinon vous en donnez une vision complètement *fantasmée* qui ne correspond pas à ce qu'est une femme.

*fanciful*

**INT.** — Vous parlez des « plus grands ». Est-ce que les autres écrivains comptent, pour vous?

**P.M.** — Je crois que je m'intéresse presque plus à eux *en tant qu'*individus qu'*en tant qu'*auteurs... J'aime savoir ce qu'ils sont dans la vie. Quelquefois je m'intéresse à quel-qu'un qui m'est sympathique et dont l'œuvre m'est étran-gère...

*as ... as*

**INT.** — Vos romans vieillissent bien. Le temps, au lieu de les *affaiblir,* les renforce. Est-ce parce qu'*à mots couverts* vous parlez sincèrement et tout le temps de vous?

*weakening / in veiled terms*

**P.M.** — C'est le problème : faut-il écrire un roman ou quelque chose d'un peu autobiographique? C'est dange-reux, l'autobiographie, c'est un genre *bâtard,* une solution de facilité pour quand on manque de courage... Le mieux serait de ne plus avoir à écrire...

*(here) hybrid*

**INT.** — Comment ça?

**P.M.** — Ne plus avoir envie d'écrire...

**INT.** — Vous désirez cesser d'écrire?

**P.M.** — J'ai toujours été fasciné par les écrivains qui ar-rêtent. Pour qui la question ne se pose plus. Qui sont en dehors. Je me disais : ça doit être formidable, ce qu'ils doivent être heureux! Je ne me rendais pas compte qu'ils ne sont pas vraiment *débarrassés,* ils traînent une sorte de virus...

*libérés*

**INT.** — Un écrivain qui n'écrit plus, n'est-il pas *tronqué?*

*mutilé*

**P.M.** — Ces problèmes ne se posent pas quand on commence d'écrire, ils se posent plus tard... C'est plus facile de continuer à écrire si on écrit des livres... mettons comme André Maurois![1] Ou des *romans policiers...*

*detective novels*

**INT.** — Mais si on écrit des livres comme les vôtres?

**P.M.** — Si on n'arrive pas à trouver un second souffle on risque de refaire toujours le même livre...

---

[1] André Maurois est un romancier à succès des années trente à cinquante.

**INT.** — Il y a un élément de peur dans ce que vous écrivez.

**P.M.** — Je pense que c'est lié aux circonstances, à la période... À l'ambiance de l'Occupation...

**INT.** — Mais pourtant vous n'avez pas vécu cette période! Vous n'étiez pas né!

**P.M.** — Pour tout le monde, la grande période c'est celle *dont on est issu.* Je suis issu de cette période non structurée... *you came from* Les gens qui ont vécu à ce moment-là ont correspondu à une époque, après ils n'avaient pas toujours leur place...

**INT.** — Vous en connaissez?

**P.M.** — Quand tout est revenu dans l'ordre, il y a eu des *naufragés* de la guerre... Des gens qui ont totalement dis- *castaways* paru.

**INT.** — Vous dites : « On voudrait pouvoir recommencer sa vie... » Beaucoup de gens ont pu recommencer leur vie *grâce à* la guerre ; changer d'identité... C'est peut-être votre *thanks to* désir profond?

**P.M.** — Ce serait fascinant d'avoir des vies successives...

Propos recueillis par Madeleine Chapsal pour *Lire* (1985)

## SUJETS · DE · DISCUSSION · ET · DE · COMPOSITION

1. Comment imaginez-vous l'avenir des différents personnages du récit de Modiano?
2. Pensez-vous que les amitiés de jeunesse puissent durer toute la vie?
3. Croyez-vous que la période historique dont vous êtes issu a une influence déterminante sur votre vie?
4. Est-ce important pour vous de connaître la vie de l'auteur d'un livre que vous aimez?
5. Pensez-vous, comme Patrick Modiano, qu'il serait fascinant d'avoir des vies successives? Si c'était possible, quelle autre vie choisiriez vous : époque, homme / femme, métier, etc...?

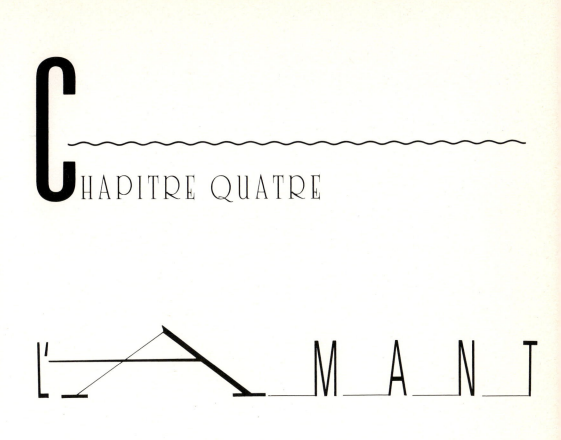

# CHAPITRE QUATRE

# L'AMANT

MARGUERITE DURAS

Les parents de **Marguerite Duras,** tous deux originaires
du Nord de la France, étaient de ces jeunes *instituteurs* qui          *schoolteachers*
ont décidé au début du siècle d'aller faire fortune aux co-
lonies. Ils sont partis s'installer en Cochinchine, une province du Viêt-nam. C'est là que l'auteur est né le 4 avril
1914 ainsi que ses deux frères. Au début ses parents qui
enseignaient tous deux dans des écoles de *brousse* autour de          *bush*
Saigon ont assez bien gagné leur vie. La mort du père a
mis fin à cette prospérité relative. Sa veuve et ses trois
enfants ont alors connu la vie difficile des petits blancs allant
de poste en poste et d'école en école. Pour sortir de la misère
la mère a décidé d'acheter une concession[1] et a perdu dans
cette affaire désastreuse toutes ses économies.

Pendant son enfance Marguerite Duras fera quelques
brefs séjours en France mais elle ne quitte définitivement
Saigon pour Paris qu'à l'âge de dix-huit ans. Elle y fait des
études de droit et de mathématiques, travaille dans un mi-
nistère et publie en 1943 son premier roman. Le succès
littéraire vient avec son troisième livre Un Barrage contre
le Pacifique qui raconte l'histoire de sa mère et dont René
Clément fait un film. Au cours des années elle publiera plus
de trente romans (Moderato Cantabile, Détruire dit-elle,
etc.), de nombreuses pièces de théâtre (Des Journées entières
dans les arbres, Le Square, etc.) des films, d'abord en tant
que scénariste (Hiroshima mon amour réalisé par Alain
Resnais), puis en tant que metteur en scène (par exemple
India Song, Le Camion, etc.). La notoriété de cette œuvre
aussi vaste que diversifiée ne dépasse pas pendant longtemps
les cercles de l'intelligentsia internationale. Associée dans
les années soixante à l'école du Nouveau Roman, Marguerite Duras avait la réputation de s'adresser à une élite
intellectuelle.

Dans ses textes Duras inventait un style qui sollicitait la
participation active du lecteur. Ses livres et ses films ont un
caractère subversif qui s'est exprimé surtout dans Détruire
dit-elle, écrit puis filmé après la révolution manquée de mai
1968 en France. Artistiquement et politiquement l'ouverture sur un monde nouveau passe par la destruction de
l'ancien, qu'il s'agisse du langage, de la chronologie ou du
sens.

La publication de L'Amant en 1984 transforme brusque-

---

[1] Marguerite Duras raconte l'histoire de la concession dans l'entretien à la page 74.

ment la situation littéraire de Marguerite Duras et marque sa rencontre avec le grand public. Ce roman, qui a reçu le prix Goncourt, s'est vendu à 800.000 exemplaires en France et, traduit en anglais, a connu l'honneur, rare pour un livre français, de figurer sur la liste des *best sellers* du New York Times. Comment expliquer un tel succès ?

Pour le public populaire, ce livre représente d'abord la découverte d'un « récit vrai » à la première personne dont la vogue est actuellement très grande ; c'est aussi un roman dont le style narratif simple, rapide et réaliste permet de saisir toutes les nuances de l'émotion et de la pensée ; c'est enfin l'exploitation d'un thème romantique classique : la rencontre du premier amour vécu comme une transgression de la morale familiale et des conventions sociales. Mais pour le public familier de l'œuvre de Duras. L'Amant offre l'attrait supplémentaire d'une révélation des origines de la fiction. Ce roman semble en effet révéler l'origine autobiographique de la production romanesque, théâtrale et cinématographique de l'auteur. Dans L'Amant on retrouve, comme dans Un Barrage contre le Pacifique, la lutte de la mère contre la nature exotique, forêt et océan ; comme dans Des Journées entières dans les arbres, on voit les marques de l'amour excessif que cette femme porte au fils *aîné* qui la ruinera ; comme dans Hiroshima mon amour,    *eldest* on suit l'histoire d'un amour impossible entre une blanche et un asiatique.

Peu après la sortie de L'Amant, Marguerite Duras accepta de participer avec Bernard Pivot à la célèbre émission Apostrophes. Nous en présentons des extraits. Ce tête-à-tête télévisé de soixante-dix minutes a produit un des moments littéraires de notre époque et révélé à un public fasciné le visage intime d'un écrivain, en tous *points,* remarquable.    *respects*

## PRÉPARATION · À · LA · LECTURE

*1.* Pensez-vous pouvoir tomber amoureux(se) de quelqu'un d'origine et de milieu très différent du vôtre ?

*2.* Parmi les mobiles qui ont poussé les Européens à coloniser le reste du monde, y en a-t-il qui vous paraissent justifiés ?

*3.* Quels problèmes peut poser pour une fille le fait d'être élevée exclusivement par sa mère ?

# L'Amant

Quand je suis sur le *bac* du Mékong,[1] ce jour de la limousine[2] noire, la concession du *barrage* n'a pas encore été abandonnée par ma mère. De temps en temps on fait encore la *route,* comme avant, la nuit, on y va encore tous les trois,
5 on va y passer quelques jours. On reste là sur la véranda du bungalow, face à la montagne du Siam. Et puis on repart. Elle n'a rien à y faire mais elle y revient. Mon petit frère et moi on est près d'elle sur la véranda face à la forêt. On est trop grands maintenant, on ne se baigne plus dans
10 le *rac,* on ne va plus chasser la panthère noire dans les *marécages* des *embouchures,* on ne va plus ni dans la forêt ni dans les villages des *poivrières.* Tout a grandi autour de nous. Il n'y a plus d'enfants ni sur les *buffles* ni ailleurs. On *est atteint* d'étrangeté nous aussi et la même lenteur que celle
15 qui a gagné ma mère nous a gagnés nous aussi. *On a appris rien,* à regarder la forêt, à attendre, à pleurer. Les *terres du bas* sont définitivement perdues, les *domestiques* cultivent les *parcelles* du haut, on leur laisse le paddy, ils restent là sans salaire, ils profitent des bonnes *paillotes* que ma mère a fait
20 construire. Ils nous aiment comme si nous étions des membres de leur famille, ils font comme s'ils gardaient le bungalow et ils le gardent. Rien ne manque à la pauvre *vaisselle.* La toiture *pourrie* par les pluies continue à disparaître. Mais les *meubles* sont *nettoyés.* Et la forme du bun
25 galow est là pure comme un *dessin,* visible de la route. Les portes sont ouvertes chaque jour pour que le vent passe et *sèche* le bois. Et fermées le soir aux chiens *errants,* aux *contrebandiers* de la montagne.
Ce n'est donc pas à la *cantine* de Réam, vous voyez,
30 comme je l'avais écrit, que je rencontre l'homme riche à la limousine noire, c'est après l'abandon de la concession, deux ou trois ans après, sur le bac, ce jour que je raconte, dans cette lumière de *brume* et de chaleur.
C'est un an et demi après cette rencontre que ma mère
35 rentre en France avec nous. Elle vendra tous ses meubles. Et puis elle ira une dernière fois au barrage.[3] Elle s'assiéra

*ferry*

*dike*

(here) *journey*

(local word) *rivière*

*swamps* / *estuaries*

*pepper plantations*

*buffalo*

*souffre*

(incorrect) *on n'a rien appris*

*lowlands* / *servants*

*patches*

*straw huts*

*dishes* / *rotten*

*furniture* / *polished*

*diagram*

*dries out* / *stray*

*smugglers*

*cafeteria*

*fog*

---

[1] Très long fleuve d'Asie qui coule du Tibet au Viêt-nam où il forme un vaste delta.
[2] L'homme qu'elle rencontre ce jour-là possède une limousine noire.
[3] Dans la concession en Indochine où elle avait fait élever des barrages pour protéger les cultures de l'inondation.

sur la véranda face au *couchant,* on regardera une fois encore vers le Siam, une dernière fois, jamais ensuite, même lorsqu'elle quittera de nouveau la France, quand elle changera
40 encore d'*avis* et qu'elle reviendra encore une fois en Indochine pour *prendre sa retraite* à Saigon, jamais plus elle n'ira devant cette montagne, devant ce ciel jaune et vert au dessus de cette forêt.

Oui, *que je dise,* tard déjà dans sa vie, elle a recommencé.
45 Elle a fait une école de langue française, la Nouvelle École française, qui lui permettra de payer une partie de mes études et d'*entretenir* son fils aîné pendant tout le temps qu'elle a vécu.

Le petit frère est mort en trois jours d'une broncho-
50 pneumonie, le cœur *n'a pas tenu.* C'est à ce moment-là que j'ai quitté ma mère. C'était pendant l'occupation japonaise. Tout s'est terminé ce jour-là. Je ne lui ai plus jamais posé de questions sur notre enfance, sur elle. Elle est morte pour moi de la mort de mon petit frère. *De même que* mon frère
55 aîné. Je n'ai pas *surmonté* l'horreur qu'ils m'ont inspirée tout à coup. Ils ne *m'importent* plus. Je ne sais plus rien d'eux après ce jour. Je ne sais pas encore comment elle *a réussi à* payer ses dettes aux *chettys.* Un jour ils ne sont plus venus. Je les vois. Ils sont assis dans le petit salon de Sadec, habillés
60 de *pagnes* blancs, ils restent là sans un mot, des mois, des années. On entend ma mère qui pleure et qui les insulte, elle est dans sa chambre, elle ne veut pas en sortir, elle crie qu'on la laisse, ils sont sourds, calmes, souriants, ils restent. Et puis un jour il n'y en a plus. Ils sont morts maintenant,
65 la mère et les deux frères. Pour les souvenirs aussi c'est trop tard. Maintenant je ne les aime plus. Je ne sais plus si je les ai aimés. Je les ai quittés. Je n'ai plus dans ma tête le parfum de sa peau ni dans mes yeux la couleur de ses yeux. Je ne me souviens plus de la voix, *sauf* parfois de celle de la *douceur*
70 avec la fatigue du soir. Le rire, je ne l'entends plus, ni le rire, ni les cris. C'est fini, je ne me souviens plus. C'est pourquoi j'en écris si *facile* d'elle maintenant, si long, si *étiré,* elle est devenue écriture *courante.*

Elle a dû rester à Saigon de 1932 à 1949 cette femme.
75 C'est en décembre 1942 que mon petit frère meurt. Elle ne peut plus bouger *de nulle part.* Elle est encore restée là-bas, près de la tombe *elle dit.* Et puis elle a fini par rentrer en France. Mon fils avait deux ans quand nous nous sommes revues. C'était trop tard pour se retrouver. Dès le premier
80 regard on l'a compris. Il n'y avait plus rien à retrouver. Sauf avec le fils aîné c'était fini pour tout le reste. Elle est

soleil couchant

opinion
retire

il faut que je dise

to support

gave out

so did
overcome
matter to me
managed to
local creditors

loin cloth

excepté / softness

facilement
stretched out / flowing

from anywhere
(incorrect) dit-elle

allée vivre et mourir dans le Loir-et-Cher dans le faux
château Louis XIV. Elle habitait avec Dô.[4] Elle avait encore
peur la nuit. Elle avait acheté un *fusil*. Dô *faisait le guet* dans          *rifle / kept watch*
85 les *chambres mansardées* du dernier étage du château. Elle          *attic rooms*
avait acheté aussi une propriété à son fils aîné près d'Am-
boise. Il y avait des bois. Il a fait couper les bois. Il est allé
jouer l'argent dans un club de baccara à Paris. Les bois ont
été perdus en une nuit. Là où le souvenir *ploie* tout à coup,          *(here) disparaît*
90 où mon frère peut-être me fait venir des *larmes,* c'est après          *tears*
la *perte* de l'argent de ces bois. Ce que je sais c'est qu'on le          *loss*
retrouve couché dans son automobile à Montparnasse, de-
vant la Coupole,[5] qu'il veut mourir. Après, je ne sais plus.
Ce qu'elle avait fait, elle, de son château est probablement
95 inimaginable, cela toujours pour le fils aîné qui ne sait pas,
lui, l'enfant de cinquante ans, gagner de l'argent. Elle achète
des *couveuses* électriques, elle les installe dans le grand salon          *incubator*
du bas. Elle a six cents *poussins d'un coup,* quarante mètres          *chicks / all at once*
carrés de poussins. Elle s'était trompée dans le *maniement*          *handling*
100 des infra-rouges, aucun poussin ne réussit à *s'alimenter*. Les          *manger*
six cents poussins ont le bec qui ne coïncide pas, qui ne
ferme pas, ils *crèvent* tous de faim, elle ne recommencera          *meurent*
plus. Je suis venue au château pendant l'*éclosion* des pous-          *hatching*
sins, *c'était la fête*. Ensuite, la *puanteur* des poussins morts          *we rejoiced / stench*
105 et celle de leur nourriture est telle que je ne peux plus
manger dans le château de ma mère sans vomir.

Elle est morte entre Dô et celui qu'elle appelle son enfant
dans sa grande chambre du premier étage, celle où elle
mettait des moutons à dormir, quatre à six moutons autour
110 de son lit aux périodes de *gel,* pendant plusieurs hivers, les          *frost*
derniers.

C'est là, dans la dernière maison, celle de la Loire, quand
elle en aura terminé avec son *va-et-vient* incessant, à la fin          *coming and going*
des choses de cette famille, c'est là que je vois clairement la
115 *folie* pour la première fois. Je vois que ma mère est claire-          *madness*
ment folle. Je vois que Dô et mon frère ont toujours eu
accès à cette folie. Que moi, non, je ne l'avais jamais encore
vue. Que je n'avais jamais vu ma mère dans le cas d'être
folle. Elle l'était. De naissance. Dans le sang. Elle n'était
120 pas malade de sa folie, elle la vivait comme la santé. Entre
Dô et le fils aîné. Personne d'autre qu'eux n'*en avait l'enten-          *comprenait sa folie*
dement*. Elle avait toujours eu beaucoup d'amis, elle gardait

---

[4] La servante indigène de la famille.
[5] La Coupole et la Rotonde, un autre café mentionné plus loin, sont des cafés célèbres de
Montparnasse.

les mêmes pendant de longues années et elle s'en était toujours fait de nouveaux, souvent très jeunes, chez les *arrivants* *newcomers*
125 des postes de brousse, ou plus tard chez les gens de la
Touraine *parmi lesquels* il y avait des retraités des colonies *among whom*
françaises. Elle *retenait* les gens auprès d'elle, et cela à tout *kept*
âge, à cause de son intelligence, disaient-ils, si vive, de sa
gaîté, de ce naturel incomparable qui jamais ne la *lassait*. *fatiguait*
130     Je ne sais pas qui avait pris la photo du désespoir. Celle
de la *cour* de la maison de Hanoi. Peut-être mon père une *yard*
dernière fois. Dans quelques mois il sera rapatrié en France
pour raison de santé. Avant, il changera de poste, il sera
nommé à Pnom-Penh. Il y restera quelques semaines. Il
135 mourra dans moins d'un an. Ma mère aura refusé de le
suivre en France, elle sera restée là où elle était, arrêtée là.
À Pnom-Penh. Dans cette résidence admirable qui *donne sur* *overlooks*
le Mékong, l'ancien palais du roi du Cambodge, au milieu
de ce parc effrayant, des *hectares,* où ma mère a peur. La *acres*
140 nuit elle nous fait peur. Nous dormons tous les quatre dans
un même lit. Elle dit qu'elle a peur de la nuit. C'est dans
cette résidence que ma mère apprendra la mort de mon
père. Elle l'apprendra avant l'arrivée du télégramme, dès la
*veille,* à un signe qu'elle était seule à avoir vu et à savoir *jour avant*
145 entendre, à cet oiseau qui en pleine nuit avait appelé, *affolé,* *panicked*
perdu dans le bureau de la *face* nord du palais, celui de mon *(here) side*
père. C'est là aussi, à quelques jours de la mort de son mari,
en pleine nuit aussi, que ma mère s'est trouvée face à l'image
de son père, de son père à elle. Elle *allume.* Il est là. Il se *turns on the light*
150 tient près de la table, debout, dans le grand salon octogonal
du palais. Il la regarde. Je me souviens d'un *hurlement,* d'un *howling*
*appel.* Elle nous a réveillés, elle nous a raconté l'histoire, *call*
comment il était habillé, dans son *costume* du dimanche, *suit*
gris, comment il se tenait, et son regard, droit sur elle. Elle
155 dit : je l'ai appelé comme quand j'étais petite. Elle dit : je
n'ai pas eu peur. Elle a couru vers l'image disparue. Les
deux étaient morts aux dates et aux heures des oiseaux, des
images. *De là* sans doute l'admiration que nous avions pour *hence*
le savoir de notre mère, en toutes choses, *y compris* celles *including*
160 de la mort.
    L'homme élégant est descendu de la limousine, il fume
une cigarette anglaise. Il regarde la jeune fille au *feutre* *fedora*
d'homme et aux chaussures d'or. Il vient vers elle lentement. C'est visible, il est intimidé. Il ne sourit pas tout
165 d'abord. Tout d'abord il lui offre une cigarette. Sa main
tremble. Il y a cette différence de race, il n'est pas blanc, il
doit la surmonter, c'est pourquoi il tremble. Elle lui dit

qu'elle ne fume pas, non merci. Elle ne dit rien d'autre, elle ne lui dit pas laissez-moi tranquille. Alors il a moins peur.
170 Alors il lui dit qu'il croit rêver. Elle ne répond pas. *Ce n'est pas la peine* qu'elle réponde, que répondrait-elle. Elle attend. Alors il le lui demande : mais d'où venez-vous? Elle dit qu'elle est la fille de l'institutrice de l'école de filles de Sadec. Il réfléchit et puis il dit qu'il a entendu parler de cette dame,
175 sa mère, de son *manque de chance* avec cette concession qu'elle aurait achetée au Cambodge, c'est bien ça n'est-ce pas? Oui c'est ça.

  Il répète que c'est tout à fait extraordinaire de la voir sur ce bac. Si tôt le matin, une jeune fille belle comme elle l'est,
180 *vous ne vous rendez pas compte,* c'est très inattendu, une jeune fille blanche dans un *car indigène.*

  Il lui dit que le chapeau *lui va bien,* très bien même, que c'est... original... un chapeau d'homme, pourquoi pas ? elle est si jolie, elle peut *tout se permettre.*
185 Elle le regarde. Elle lui demande qui il est. Il dit qu'il revient de Paris où il a fait ses études, qu'il habite Sadec lui aussi, justement sur le fleuve, la grande maison avec les grandes terrasses aux *balustrades* de céramique bleue. Elle lui demande ce qu'il est. Il dit qu'il est chinois, que sa famille
190 vient de la Chine du Nord, de Fou-Chouen. Voulez-vous me permettre de vous *ramener* chez vous à Saigon? Elle est d'accord. Il dit au chauffeur de prendre les bagages de la jeune fille dans le car et de les mettre dans l'auto noire.

  Chinois. Il est de cette minorité financière d'origine
195 chinoise qui tient tout l'*immobilier populaire* de la colonie. Il est celui qui passait le Mékong ce jour-là en direction de Saigon.

  Elle entre dans l'auto noire. La portière se referme. Une détresse *à peine* ressentie se produit tout à coup, une fatigue,
200 la lumière sur le fleuve qui *se ternit,* mais à peine. Une *surdité* très légère aussi, un *brouillard,* partout.

  Je ne ferai plus jamais le voyage en car pour indigènes. *Dorénavant,* j'aurai une limousine pour aller au lycée et me ramener à la *pension.* Je dînerai dans les endroits les plus
205 élégants de la ville. Et je serai toujours là à regretter tout ce que je fais, tout ce que je laisse, tout ce que je prends, le bon comme le mauvais, le car, le chauffeur du car avec qui je riais, les vieilles *chiqueuses de bétel* des places arrière, les enfants sur les *porte-bagages,* la famille de Sadec, l'horreur
210 de la famille de Sadec, son silence *génial.*

  Il parlait. Il disait qu'il *s'ennuyait* de Paris, des adorables Parisiennes, des *noces,* des *bombes,* ah là là de la Coupole,

there is no point in

bad luck

you don't realize
native bus
suits her

do anything she likes

railings

to take home

working-class housing

hardly
grows dim / deafness
fog

From now on
boarding house

women who chew betel
luggage rack
inspired
missed
living it up / binges

de la Rotonde, moi la Rotonde je préfère, des *boîtes de nuit,*     *nightclubs*
de cette existence « *épatante* » qu'il avait menée pendant     *"terrific"*
215 deux ans. Elle écoutait, attentive aux *renseignements* de son     *information*
discours qui *débouchaient* sur la richesse, qui auraient pu     *ouvraient*
donner une indication sur le *montant* des millions. Il conti-     *total*
nuait à raconter. Sa mère à lui était morte, il était enfant
unique. Seul lui restait le père *détenteur* de l'argent. Mais     *owner*
220 vous savez ce que c'est, il est *rivé* à sa pipe d'opium face au     *attaché*
fleuve depuis dix ans, il *gère* sa fortune depuis son lit de     *manages*
camp. Elle dit qu'elle voit.

Il refusera le mariage de son fils avec la petite prostituée
blanche du poste de Sadec.

## REVUE · DE · VOCABULAIRE

**A. Mots associés.** *Dans le texte trouvez des mots qu'on associe avec :*

*1.* la forêt tropicale
*2.* une dette
*3.* un château
*4.* la gaîté
*5.* la folie
*6.* le barrage
*7.* la traversée du fleuve
*8.* une boîte de nuit

**B. Complétez les phrases.** *Choisissez dans le texte les mots et les expressions qui peuvent convenir pour compléter les phrases suivantes. Faites les accords nécessaires. Il y a plusieurs possibilités.*

*1.* Quand elle l'a rencontré, elle ———.
*2.* Dans son enfance elle ———.
*3.* La famille se composait de ———.
*4.* Avec son frère, elle allait ———.
*5.* Les poussins sont morts parce que ———.
*6.* Les terres de la concession étaient ———.
*7.* À Paris, l'homme avait ———.
*8.* Elle se souvient de ———.

## QUESTIONS · DE · COMPRÉHENSION

*1.* Essayez de reconstituer les différentes étapes de la vie de la mère de la narratrice. En Indochine? En France?

2. Pourquoi la mère de la narratrice a-t-elle toujours été dans une situation financière difficile?
3. Quels sentiments différents la narratrice a-t-elle éprouvés pour le « petit frère » et pour le « frère aîné »?
4. Comment s'est manifesté « la folie » de la mère?
5. Quels sont les signes de la richesse de l'homme que la narratrice a rencontré sur le bac?
6. Décrivez la rupture qui se produit dans la vie de la narratrice après sa rencontre avec l'homme (dans son mode de vie, dans ses rapports avec sa mère et ses frères).
7. Quels sont les obstacles qui vont s'opposer à l'union de l'homme et de la jeune fille?
8. Qui utilise l'expression « la petite prostituée blanche de Sadec »? À qui s'applique-t-elle?

## QUESTIONS · SUR · LA · TECHNIQUE · DU · RÉCIT

1. Duras a commencé à écrire ce texte pour commenter une série de photos de sa jeunesse. Comment cette origine se montre-t-elle ici?
2. Quels sont les mots et les éléments descriptifs qui évoquent l'univers colonial?
3. La première partie du récit est dominée par le personnage de la mère, la seconde par le personnage de l'homme. En quoi cette structure correspond-elle à l'expérience de la vie par la narratrice?
4. L'auteur intègre à son récit des phrases échangées par les personnages sans en faire un dialogue. Recherchez ces phrases et étudiez l'effet produit par l'absence de guillemets (« »).
5. Pourquoi la narratrice passe-t-elle du « je » au « elle » pour parler d'elle-même au moment de la rencontre avec l'homme? Quel est l'effet produit?

## ENTRETIEN AVEC MARGUERITE DURAS

**INT.** — Nous sommes à Saigon entre les deux guerres, les années vingt, vous avez quinze ans et demi et vous êtes sur un bac qui traverse le fleuve, le Mékong. Vous êtes drôlement *attifée,* racontez-nous.    (fam) habillée

**M.D.** — J'ai un chapeau d'homme. Un feutre, *couleur bois*    rose
*de rose* au large ruban noir et aux pieds, j'ai des *lamés-or,* des    gold shoes
souliers pour danser.

**INT.** — Vraiment, sur le bac on doit vous remarquer, aujourd'hui on ne vous remarquerait pas car c'est une mode qui se porte couramment chez les jeunes filles. Et d'ailleurs quelqu'un vous a remarquée qui est dans une grande limousine noire et vos regards se croisent. Est-ce qu'on peut dire que cet échange de regards a changé votre vie?

**M.D.** — Oui. Le livre s'appelait avant : La photographie absolue. Il m'a été commandé, ce livre. Et cette photographie absolue n'avait pas été prise, c'était celle-là, cet instant-là du bac. On n'aurait rien vu qu'un homme, une auto noire, une jeune fille et des cars pour indigènes. Mais c'est de là que tout est parti, une fois le fleuve traversé.

**INT.** — Qui y a-t-il dans la voiture noire?... Qui vous regarde?

**M.D.** — C'est un Chinois. Très riche.

**INT.** — Mais vous ne savez pas qu'il est riche, à ce moment-là?

**M.D.** — Si, je le sais, à l'automobile. Et puis au chauffeur. Je sais des choses comme ça.

**INT.** — Il a douze ans de plus que vous. Vous savez qu'il va devenir votre amant, votre premier amant?

**M.D.** — C'est-à-dire que j'ai su après qu'*il ne m'avait pas déplu,* sur le bac. Mais sur le moment je n'avais pas d'avis, sauf que j'étais étonnée par tout ça, cet *attirail* de milliardaire.

*I didn't dislike him*

*paraphernalia*

**INT.** — Qu'est-ce qui vous attire en lui?

**M.D.** — L'argent. La douceur. Et puis ce fait bizarre : je suis créole,[1] je suis née là-bas et il était un peu du même milieu que moi. C'était un peu contre ma mère. Cela a dû se passer comme ça.

**INT.** — En montant dans sa voiture, puis dans sa *garçonnière* vous commettez une transgression extraordinaire : vous êtes mineure (quinze ans et demi) et vous devenez la maîtresse d'un Chinois. C'est une double provocation. Vous avez créé un double scandale, le vôtre et puis le sien.

*bachelor pad*

**M.D.** — Le sien *quant à sa famille.* Je n'y ai pas pensé. Je n'ai pas pensé au « déshonneur » puisque je l'appelle de ce grand mot. C'est un mot de ma mère. J'ai pensé qu'il fallait y aller... Avec mes frères on était *sans gêne,* on était d'une

*as far as his family was concerned*

*without manners*

---

[1] Personne de race blanche née dans les colonies tropicales.

grande brutalité. Ma mère n'a pas élevé ses enfants. On était naturels, on était des animaux nobles. C'est le mot « *sauvage* » qui revient.

*wild*

**INT.** — Votre mère, on trouve son portrait dans Un Barrage contre le Pacifique.

**M.D.** — Elle a été institutrice en France et puis elle s'est « *engagée* dans l'armée coloniale », dans l'instruction publique. Elle a été institutrice toute sa vie, d'école indigène. Ce qui fait que nous avons vécu dans la brousse presque tout le temps.

*enlisted*

**INT.** — Pourquoi quitte-t-elle l'enseignement pour acheter une concession?

**M.D.** — Elle ne l'a pas quitté. Elle a continué à enseigner. C'était très difficile. Elle avait trois enfants. C'était peu ce qu'elle gagnait et elle a voulu devenir riche pour nous. À ce moment-là l'administration française *lotissait* la partie sud du Cambodge. Il y avait de grandes plantations de latex, des concessions. Elle a acheté une terre pour faire du riz et elle a porté au *cadastre* vingt ans d'*économies* à ces gens qui l'ont vue venir. Elle venait de la brousse, elle était sans mari, elle avait trois enfants *à charge* et elle était institutrice d'école indigène c'est-à-dire au dernier rang de la société blanche. Alors ils lui ont donné très facilement une concession complètement pourrie que la mer envahissait.

*divided in lots*

*land registry / savings*

*dependent*

**INT.** — C'est l'épisode d'Un Barrage contre le Pacifique : elle se révolte, elle ne veut pas que la mer de Chine envahisse sa plantation et elle fait dresser des barrages qui, hélas, ne vont pas tenir parce qu'ils sont *bouffés* par les crabes.

*(fam) mangés*

**M.D.** — Et puis il y avait aussi la force de la *marée*.

*tide*

**INT.** — Vous dites qu'elle était folle, de naissance, dans le sang.

**M.D.** — Oui, je crois, je ne peux pas vous dire en quoi elle l'était. Peut-être parce qu'elle avait acheté cette terre-là. Cette naïveté prouvait la folie. En tout cas, à la fin quand elle était dans la Loire, elle était folle... Elle n'avait pas d'interlocuteur. C'est à nous qu'elle racontait tout ça. L'histoire de la concession c'est mes *berceuses*. C'est avec ça qu'on a grandi, dans cette terre incroyable du barrage où on restait parfois plusieurs mois.

*lullabies*

**INT.** — Et si vous aviez eu une autre mère, par exemple une Française riche, est-ce que vous auriez écrit?

**M.D.** — Oui, je crois, oui. C'était plus fort que ma mère elle-même. C'est la seule chose qui ait été plus forte qu'elle.

**INT.** — *Est-ce qu'elle avait honte* de votre liaison avec le Chinois? *was she ashamed*

**M.D.** — Elle ne le connaissait pas. Elle ne savait pas ce qui se passait. Il y avait une chose *pire* pour elle que le barrage, *worse* c'était cette appartenance à la race blanche. Elle était raciste. Nous étions racistes, comme tous les coloniaux. Cela aurait été pire encore si elle avait appris que sa fille couchait avec un Chinois, pire que le barrage et *ce n'est pas peu dire*. Elle *that's saying a lot* ne le savait pas, elle ne l'a jamais su. Mon frère aîné, je n'ai jamais *osé* le lui dire… Il est mort sans le savoir, ma mère *dared* aussi. Le petit frère ne demandait rien. Il n'a jamais rien demandé.

**INT.** — Cette liaison avec le Chinois a duré combien de temps? Comment a-t-elle fini?

**M.D.** — Elle a duré un an et demi et puis je suis partie en France.

**INT.** — On retrouve votre mère en France dans un château, avec des meubles. Comment a-t-elle pu acquérir un château en France?

**M.D.** — Elle avait *refondé* une école, la Nouvelle École *créé une autre* française où elle avait des petits Français, des petits *métis*, *persons of mixed race* des petits Annamites[2] très riches. Et puis elle avait gagné de l'argent, avec cet argent elle avait acheté deux *propriétés*, *pieces of land* une à mon frère et une à elle. Tout a été vendu en faveur du frère… La mère est morte il y a longtemps. Je ne sais plus. Il y a une vingtaine d'années qu'elle est morte.

**INT.** — Venons-en au style de L'Amant. D'où vient sa *séduction*, son magnétisme? *charme*

**M.D.** — Vous savez je crois que c'est parce que je *ne m'en* *n'y fais pas attention* *occupe pas*. Je dis les choses comme elles arrivent sur moi, comme elles m'attaquent, comme elles *m'aveuglent*. Je pose *(here) strike me* des mots, beaucoup de fois, des mots d'abord. C'est comme si l'*étendue* de la phrase était ponctuée par des mots et par *length* la suite la phrase *s'attache* aux mots, les prend et *s'accorde à* *is linked to / agrees* eux comme elle le peut, mais moi je m'en occupe infiniment *with* moins que des mots.

---

[2] Vietnamiens originaires de l'Annam, la partie centrale de l'Indochine française, entre le Tonkin, au nord et la Conchinchine, au sud.

**INT.** — Vous avez écrit le livre avec un sentiment d'urgence ?

**M.D.** — Oui, c'était l'histoire qui était urgente. L'histoire *appelait* d'une façon urgente d'être écrite. C'est comme cela que je l'ai ressenti.

*demandait*

**INT.** — Ce livre vous l'avez écrit en combien de temps ?

**M.D.** — Trois mois... C'est *intenable* d'être un écrivain. On n'est pas là. La vie est *ailleurs*. C'est un drôle de *truc* l'écriture.

*unbearable*

*somewhere else /
(fam) chose*

Propos recueillis par Bernard Pivot au cours de l'émission *Apostrophes* (1984)

## SUJETS · DE · DISCUSSION · ET · DE · COMPOSITION

*1.* Marguerite Duras, qui est une personne âgée, semble être encore dominée par la situation familiale de son enfance. Pensez-vous qu'on puisse se libérer de ses origines ?
*2.* Dans ce livre, l'auteur fait revivre tout un monde disparu, celui des colonies françaises d'Indochine. Comment le texte rend-il à la fois la nostalgie et l'horreur de cette époque ?
*3.* D'après le texte, quels sont les sentiments que la narratrice a successivement éprouvés pour sa mère ? Cette évolution vous paraît-elle naturelle ?
*4.* L'Amant raconte l'histoire d'une rencontre qui a marqué toute la vie de l'auteur. Croyez-vous que le premier amour détermine la vie sentimentale ?
*5.* Le racisme que décrit Marguerite Duras vous semble-t-il comparable aux formes actuelles du racisme ?

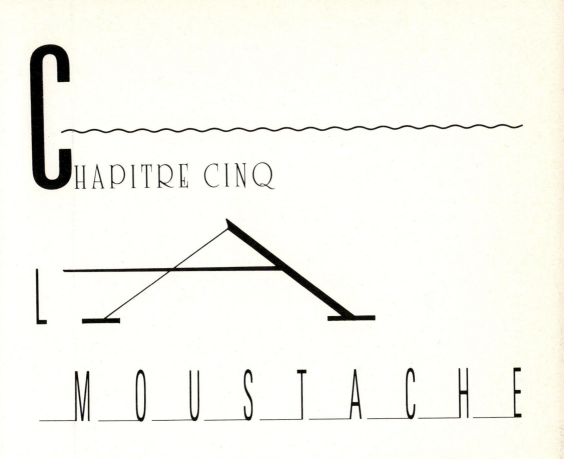

# CHAPITRE CINQ

## LA MOUSTACHE

EMMANUEL CARRÈRE

**Emmanuel Carrère** est un des plus jeunes écrivains représentés dans ce volume. Né à Paris le 9 décembre 1957, il a reçu une éducation bourgeoise et fait des études sans problèmes. En 1980, il a passé un an en Indonésie où il enseignait le français et où il a écrit un premier roman, L'Amie du Jaguar. De retour en France, il a gagné sa vie comme journaliste, faisant alterner des périodes réservées au travail personnel (deux autres romans et un essai) et des périodes de reportage. Ces derniers lui ont donné l'occasion de faire de nombreux voyages surtout en Asie du Sud-Est. Le succès de La Moustache en 1986 lui a permis de se consacrer entièrement à sa carrière littéraire. Il prépare actuellement un nouveau roman.

La Moustache est un livre qui repose entièrement sur un stratagème narratif : arriver à jeter le doute dans l'esprit du lecteur sur l'exactitude des faits rapportés par le récit. Dans les premières pages du livre on voit le héros se couper la moustache pendant que sa femme Agnès est sortie. Quand elle rentre, elle semble ne rien remarquer. Le livre nous propose deux thèses totalement incompatibles : le narrateur n'a jamais porté de moustache ; le narrateur s'est coupé la moustache. Le lecteur doit décider si c'est la femme, qui défend la première thèse, ou le mari, qui défend la seconde, qui a raison. Une chose est certaine : l'un des deux doit être fou. À partir de cette situation, qui paraît d'abord ressembler à une plaisanterie sans conséquence, l'auteur met en place une situation infernale qui explose dans une scène violente et horrible de mutilation à Macao, près de Hong-Kong. Le passage selectionné se situe au début du livre. C'est la première confrontation entre le héros et sa femme au sujet de la moustache. Ils reviennent d'une soirée passée chez leurs amis, Serge et Véronique.

Le caractère déconcertant de la situation proposée est accentué par le fait que l'histoire se déroule dans un cadre très contemporain. L'authenticité des dialogues et des détails quotidiens de la vie d'un jeune couple de « yuppies » parisiens en 1986 contribuent à faire accepter au lecteur les raisonnements délirants des personnages. L'art de l'auteur consiste à imposer un point de vue, celui du personnage central qui, dans le livre, est le seul à ne pas avoir de nom. Cette fausse objectivité est troublante parce que le lecteur ne sait jamais si le héros est capable de juger la réalité et de la décrire fidèlement. Le lecteur doit étudier les événements, construire une logique, choisir une interprétation. Cet aspect du livre rapproche La Moustache du *roman policier* mais                    *detective novel* le suspense est ici d'une nature différente. La fin du livre n'apporte pas de solution claire au problème mais donne envie au lecteur de revenir en arrière pour mieux comprendre le mécanisme du récit. En engageant ainsi le lecteur comme partenaire indispensable de la création romanesque, l'auteur illustre une tendance majeure du roman français contemporain.

## PRÉPARATION · À · LA · LECTURE

1. Vous est-il déjà arrivé d'être la victime d'une mystification (*hoax*) inventée par un ou une de vos ami(e)s? Quelles ont été vos réactions?
2. Avez-vous déjà pensé que quelqu'un que vous connaissiez était fou? Pourquoi?
3. Si vous n'êtes pas d'accord avec une personne que vous aimez, préférez-vous raisonner, ne rien dire ou vous disputer?

## La Moustache

« Tu n'as rien remarqué? demanda-t-il.

— Non. Non, je n'ai rien remarqué et tu vas m'expliquer tout de suite ce que j'*aurais dû* remarquer. »    *should have*

*C'était la meilleure*, pensa-t-il : le ton déterminé presque    *that topped it all*
5   menaçant, de la femme qui va faire une scène, sûre *de son*    *of being within her*
*bon droit. Mieux valait* abandonner, elle *se lasserait* comme    *rights / it was better /*
les enfants quand on cesse de faire attention à eux. Mais    *would grow tired*
elle n'avait plus sa voix d'enfant. Il hésita, finit par
*soupirer* : « Rien », et avança la main vers la *clé de contact.*    *sigh / ignition key*
10  Elle *la retint.*    *held it back*

« Si, ordonna-t-elle. Dis-moi. »

Il ne savait même pas quoi dire. *Enfoncer le clou*, pronon-    *(fig) to press the point*
cer les quelques mots qu'Agnès, poussée par une *lubie quel-*    *some sort of whim / by*
*conque*, voulait *à toute force* lui faire prononcer semblait sou-    *all means*
15  dain difficile, vaguement obscène.

« Mais enfin, ma moustache », finit-il par *lâcher en boulant*    *(fam) dire / mumbling*
*les syllabes.*

Voilà. Il l'avait dit.

« Ta moustache? »
20  Elle *fronça les sourcils*, mimant à la perfection la *stupeur.* Il    *frowned / étonnement*
l'aurait applaudie ou *giflée.*    *slapped*

« Je *t'en prie,* arrête, répéta-t-il.                                       *beg you*

— Mais arrête, toi! Elle criait presque : Qu'est-ce que
c'est que cette histoire de moustache? »

25     Il prit sa main, *sans douceur,* la porta à ses lèvres, appliqua      *brusquement*
les *phalanges* un peu *raides, crispées,* à la place de la mous-           *doigts / stiff / tense*
tache. À ce moment, les phares de l'autobus qui arrivait
derrière eux les *éblouirent. Lâchant* la main, il *démarra, se*           *startled / letting go of /*
*déporta* au milieu du boulevard.                                          *started / went off course*

30     « Il circule tard, ce bus… », observa-t-il bêtement, pour
faire une pause, en pensant à la fois qu'ils avaient quitté tôt
Serge et Véronique et que, *comme c'était parti,* la pause ne             *the way things were*
servait à rien. Agnès, *qui tenait sa scène,* revenait déjà à la          *going / intent on mak-*
charge. « J'aimerais que tu m'expliques. Tu veux te *faire*               *ing a scene*
35 *pousser* la moustache, c'est ça?                                       *to grow*

— Mais enfin, touche, *bon dieu!* cria-t-il en reprenant sa              *for God's sake*
main, qu'il pressa de nouveau sur sa bouche. Je viens de la
raser, tu ne sens pas? Tu ne vois pas? »

Elle retira sa main, eut un petit rire bref, moqueur et
40 sans gaieté, qu'il *ne lui connaissait pas.*                            *he didn't recognize*

« Tu te rases tous les jours, non? Deux fois par jour.

— Arrête, merde.

— C'est monotone, comme gag, observa-t-elle *sèchement.*                 *dryly*

— Ta spécialité, non? »

45     Elle ne répondit pas, et il pensa qu'il avait *touché juste.* Il    *struck home*
accéléra, *décidé à se taire* jusqu'à ce qu'elle mette fin à cette        *intent on keeping quiet*
histoire idiote. C'est le plus intelligent qui s'arrête le pre-
mier, se répéta-t-il, mais la phrase avait perdu sa nuance de
*gronderie* affectueuse, s'installait *pesamment* dans sa tête que       *scolding / lourdement*
50 les syllabes *martelaient* avec une sorte d'imbécilité *rageuse.*      *hammered out / angry*
Agnès continuait à se taire et, lorsqu'il la regarda *à la*
*dérobée,* le *désarroi* de son visage le frappa comme une               *secrètement / confu-*
*méchanceté.* Jamais il ne l'avait vue ainsi, odieuse et *apeurée.*      *sion / malice / fright-*
Jamais elle ne lui avait joué la comédie avec cette véhé-               *ened*
55 mence. Pas une fausse note, du grand art, et pourquoi?
Pourquoi faire ça?

Ils restèrent silencieux le reste du *trajet,* dans l'*ascenseur*        *way / elevator*
aussi et même une fois entrés dans la chambre où ils *se*
*dévêtirent* chacun de son côté, sans se regarder. De la salle           *took off their clothes*
60 de bains où il se brossait les dents, il l'entendit rire, d'une
manière qui appelait une question, et il ne la posa pas.

Mais au son de ce rire, sans *hargne,* presque *pouffé,* il             *agressivité / stifled*
*devina* qu'elle voulait *faire machine arrière.* Et quand il revint     *suspected / backtrack*
dans la chambre, elle lui souriait, déjà couchée, avec une
65 expression de timidité *rouée,* repentante et sûre du pardon           *cunning*
qui rendait presque inimaginable *celle* qu'il avait surprise           *(here) l'expression*

dans la voiture. Elle regrettait ; bien sûr, il allait se montrer *bon prince.* généreux

« À mon avis, dit-elle, Serge et Véronique sont déjà
70 réconciliés. On pourrait peut-être faire comme eux.

— C'est une idée, » répondit-il en souriant à son tour, et
il *se glissa* dans le lit, la prit dans ses bras, à la fois *soulagé* entra / relieved
qu'elle *dépose* les armes et soucieux d'avoir le triomphe put down
modeste. Les yeux fermés déjà, *serrée contre lui,* elle *émit* un pressed against him / fit<br>entendre / groan
75 petit *grognement* de plaisir et pressa son épaule de la main
comme pour donner le signal du sommeil. Il *éteignit* la turned off
lumière.

« Tu dors? » dit-il un peu plus tard.

Elle répondit immédiatement, à voix basse mais dis-
80 tincte :

« Non.

— À quoi penses-tu? »

Elle rit doucement, comme avant de se coucher.

« À ta moustache, bien sûr. »

85 Il y eut un moment de silence, un camion passa dans la
rue, faisant trembler les *vitres,* puis elle reprit, hésitante : windows

« Tu sais, tout à l'heure, dans la voiture…

— Oui?

— C'était drôle, mais j'ai eu l'impression que si tu conti-
90 nuais… j'allais avoir peur. »

Silence. Il avait les yeux grands ouverts, certain qu'elle
aussi.

« J'ai eu peur, » murmura-t-elle.

Il *déglutit* sèchement. swallowed
95 « Mais c'est toi qui as continué…

— S'il te plaît, implora-t-elle en *serrant* sa main aussi fort squeezing
que possible. Je t'assure, ça *me fait peur.* scares me

— Alors ne recommence pas, » dit-il en l'*enlaçant,* avec embracing
l'espoir inquiet de calmer la machine, qu'il sentait prête à
100 se remettre en marche. Elle le sentit aussi, *s'arracha à son* freed herself from his
*étreinte* d'un geste violent, *alluma* la lumière. embrace / turned on

« C'est toi qui recommences, cria-t-elle. Ne fais plus
jamais ça! »

Il vit qu'elle pleurait, la bouche *affaissée,* le dos *secoué de* sagging / shivering
105 *frissons.* Impossible de simuler ça, pensa-t-il, *affolé,* impos- in a panic
sible qu'elle ne soit pas sincère. Impossible aussi qu'elle le
soit, ou alors elle perdait *la raison.* Il la saisit aux épaules, her mind
*bouleversé* par son tremblement, par la contraction de ses perturbé
muscles. La *frange* cachait ses yeux, il *la releva, dégageant le* bangs / brushed them<br>back / baring her fore-<br>head
110 *front,* prit son visage entre ses mains, prêt à tout pour qu'elle
cesse d'avoir mal. Elle *bégaya :* stammered

« Qu'est-ce que c'est que cette histoire de moustache ?

— Agnès, murmura-t-il, Agnès, je l'ai rasée. Ce n'est pas grave, ça repoussera. Regarde-moi, Agnès. Qu'est-ce qui se passe ? »    *will grow back*

Il répétait chaque mot, doucement, *chantonnant* presque tout en la caressant, mais elle *s'écarta de nouveau,* les yeux *écarquillés,* comme dans la voiture, la même progression.    *humming*    *pulled away again*    *wide-eyed*

« Tu sais bien que tu n'as jamais eu de moustache. Arrête ça, s'il te plaît. » Elle criait : « S'il te plaît. C'est idiot, s'il te plaît, ça me fait peur, arrête ça... Pourquoi fais-tu ça ? » *chuchota*-t-elle pour finir. Il ne répondit pas, *accablé.* Que pouvait-il lui dire ? D'interrompre ce *cirque* ?    *whispered / over-whelmed / nonsense*

Pour reprendre le dialogue de sourds ? Que se passait-il ? Des *blagues déroutantes,* qu'elle faisait parfois, lui revenaient à l'esprit, l'histoire de la porte *murée*... Soudain, il repensa au dîner chez Serge et Véronique, à leur obstination à feindre de ne rien voir. Que leur avait-elle dit, et pourquoi ? Que voulait-elle ?    *unsettling jokes*    *walled-up*

Ils avaient souvent les mêmes idées en même temps. *Ça ne rata pas* et, à l'instant où elle ouvrit la bouche, il comprit que l'avantage reviendrait à celui qui poserait la question le premier. À elle, donc.    *it did not fail*

« Si tu t'étais rasé la moustache, Serge et Véronique l'auraient remarqué, non ? »

*Imparable.* Il soupira :    *a foolproof argument*

« Tu leur as dit de *faire semblant.* »    *to pretend*

Elle le *fixa,* pupilles dilatées, bouche *béante,* aussi visiblement horrifiée que s'il la menaçait avec un rasoir.    *stared at / gaping*

« Tu es fou, *siffla*-t-elle. Complètement fou. » Il ferma les yeux, *paupières serrées* au point de se faire mal sur l'espoir absurde quand il les rouvrirait, qu'Agnès serait endormie, le *cauchemar* passé. Il l'entendit bouger, *repousser* les *draps,* elle se levait. Et si elle était folle, si elle avait une hallucination, que faire ? Entrer dans son jeu, prononcer des paroles *apaisantes,* la *bercer* en disant : « Mais oui, tu as raison, je n'ai jamais eu de moustache, je *te faisais marcher,* pardonne-moi...? » Ou bien lui prouver qu'elle délirait ? L'eau coula dans la salle de bains. Quand il ouvrit les yeux, elle s'approchait du lit, un verre à la main. Elle avait *enfilé* un tee-shirt et semblait plus calme.    *chuchota*    *tightly closed eyelids*    *nightmare / move / sheets*    *soothing / soothe her*    *was kidding you*    *mis*

« Écoute, dit-elle, on va téléphoner à Serge et Véronique. »

Cette fois encore, elle le *devançait,* assurait son avantage en faisant une proposition d'une certaine façon raisonnable, qui le plaçait, lui, en position de défense. Et si elle les avait    *précédait*

persuadés de *concourir* à la mystification, s'ils avaient per-
sévéré pendant tout le dîner, rien n'assurait qu'ils *ne s'y
tiendraient pas* au téléphone. Mais pourquoi? Pourquoi? Il
160  ne comprenait pas.

« À cette heure? » demanda-t-il, conscient de commettre
une faute, d'avancer un prétexte de convention futile pour
*se dérober* à une *épreuve* qu'il *prévoyait* dangereuse pour lui.
« Je ne vois pas d'autre solution. » Sa voix, soudain, repre-
165  nait de l'assurance. Elle tendit la main vers le téléphone.

« Ça ne prouvera rien, murmura-t-il. Si tu les as *préve-
nus…* »

Il regretta, *à peine* formulée, cette précaution défaitiste
et, soucieux de reprendre l'initiative par un acte d'autorité,
170  *s'empara* lui-même de l'*appareil.* Agnès, assise au bord du
lit, le laissa faire sans protester. Ayant *formé* le numéro, il
compta quatre *sonneries,* puis on *décrocha;* il reconnut la voix
*ensommeillée* de Véronique.

« C'est moi, dit-il avec brusquerie. *Désolé* de te réveiller,
175  mais j'ai un *renseignement* à te demander. Tu te rappelles ma
tête? Tu l'as bien vue ce soir?

— Hon, fit Véronique.

— Tu n'as rien remarqué?

— Pardon?

180  — Tu n'as pas remarqué que je ne portais plus de moustache? »

— Tu *déconnes* ou quoi? »

Agnès, qui avait pris l'écouteur,[1] fit un geste qui signifiait
clairement : « Tu vois bien… » et dit, impatientée : « *Passe-
185  la-moi.* » Il lui tendit le *combiné, dédaignant* l'*écouteur* qu'elle
lui offrait en échange, pour bien marquer le peu de valeur
qu'il attachait à un test *de toute manière truqué.*

« Véronique? » dit Agnès. Un temps, puis elle reprit :
« Justement, je te le demande. Écoute : suppose que je *t'ai
190  fait jurer* de dire, quoi qu'il arrive, qu'il n'a jamais eu de
moustache. Tu me suis? »

Elle agita l'écouteur dans sa direction, comme pour lui
ordonner de le prendre et, furieux contre lui-même, il obéit.

« Bien, continua-t-elle. Si je t'ai demandé ça, considère
195  que c'est *annulé,* oublie tout et réponds-moi franchement :
oui ou non, est-ce que tu l'as déjà vu avec une moustache?

— Non. Évidemment non. Et puis… »

Véronique s'interrompit, on entendit la voix de Serge *sur*

---

[1] En France, l'appareil téléphonique comporte, en plus du combiné, un écouteur indépendant
sur lequel une troisième personne peut suivre une conversation.

participer

would not hold to it

shy away / test / antici-
pated

warned

aussitôt

grabbed / téléphone
dialed
rings / picked up
sleepy
sorry
(here) quelque chose

(vulg) dis des bêtises

let me talk to her
receiver / disregarding /
earphone
rigged anyway

promettre

canceled

*fond de grésillement,* puis une sorte d'*aparté,* main posée sur
200  le combiné, enfin Serge prit l'appareil :

« Vous avez l'air de bien vous amuser, dit-il, mais nous,
on dort. *Salut.* »

Ils entendirent le *déclic,* Agnès *raccrocha* lentement.

« On s'amuse bien, en effet, commenta-t-elle. Tu vois ? »
205  Il la regarda, *égaré.*

« Tu leur as dit.

— Appelle *qui tu veux.* Carine, Paul, Bernard, quelqu'un
à ton agence, n'importe qui. » Elle se leva, prit un carnet
d'adresses sur la table basse et le jeta sur le lit. Il comprit
210  qu'en le ramassant, en *le feuilletant,* en cherchant quelqu'un
d'autre à appeler, il reconnaîtrait sa défaite, même si c'était
absurde, impossible. Quelque chose, ce soir, s'*était détraqué,*
qui l'obligeait à prouver l'évidence, et ses *preuves* n'étaient
pas *probantes,* Agnès les avait *faussées.* Il se *méfiait* du télé-
215  phone à présent, *pressentant* sans pouvoir en imaginer les
modalités une conspiration où il tenait sa place, un gigan-
tesque *canular* pas drôle du tout. Tout en rejetant l'hypo-
thèse extravagante *selon laquelle* Agnès aurait appelé tous les
amis figurant dans son carnet d'adresses pour leur faire jurer
220  sous un prétexte *quelconque* d'assurer, quoi qu'elle dise,
même si elle les *pressait* de se rétracter, qu'il n'avait jamais
porté de moustache, il devinait qu'en appelant Carine, Bernard, Jérôme, Samira, il obtiendrait la même réponse, qu'il
*fallait repousser cette ordalie,* quitter ce *terrain miné* et se re-
225  porter sur un autre où il pourrait passer à l'initiative, aurait
une possibilité de contrôle.

« Écoute, dit-il, nous avons bien des photos quelque
part. Celles de Java, tiens. »

Sortant du lit, il *fouilla* dans le *tiroir* du *secrétaire,* en *retira*
230  le paquet des photos de leurs dernières vacances. Ils figu-
raient tous deux sur bon nombre d'entre elles.

« Alors ? » dit-il en lui tendant une.

Elle *jeta un coup d'œil,* leva les yeux sur lui, la lui rendit.
Il la regarda : c'était bien lui, *vêtu* d'une chemise de batik,
235  les cheveux collés sur le front par la sueur, souriant et
moustachu.

« Alors ? » répéta-t-il.

Elle ferma les yeux à son tour, les rouvrit, répondit d'une
voix lasse : « Qu'est-ce que tu veux prouver ? »
240  Il voulut dire « arrête », encore une fois, argumenter,
mais se rappela, soudain *épuisé* lui aussi, que tout allait
recommencer, revenir à la *case départ,* c'est le plus intelligent
qui s'arrête le premier, autant baisser les bras, attendre que
ça passe.

---

*Marginal glosses:*

with a static background noise / private conversation

au revoir

click / hung up

distraught

whomever you want

thumbing through it

had broken down

proofs

convincing / distorted / was suspicious of / sensing

hoax

according to which

some . . . or other

urged

had to fight off that ordeal / mine field

chercha / drawer / writing desk / sortit

glanced at it

habillé

très fatigué

square one

245 « O.K., dit-il en laissant tomber la photo sur la *moquette*. *wall-to-wall carpet*
— Dormons, » dit Agnès.

D'une petite boîte en *cuivre*, disposée sur la *table de chevet*, *brass / la table à côté*
elle sortit une *plaque de somnifères*, *avala un comprimé* et lui *du lit / a bottle of*
en donna un, avec le verre d'eau. Il la rejoignit sur le lit, *sleeping pills / swal-*
250 éteignit la lumière, ils ne se touchaient pas. Un peu après, *lowed a tablet*
elle *effleura* le dos de sa main, sous les draps, et il caressa la *toucha légèrement*
sienne du bout des doigts, quelques instants. Il sourit ma-
chinalement, dans le noir. Au repos, l'esprit abandonné,
glissant vers le sommeil, il ne *parvenait* plus vraiment à *lui* *arrivait / to hold it*
255 *en vouloir*, elle *y allait fort*, mais c'était elle, il l'aimait ainsi, *against her / was over-*
avec son *grain de folie*, comme quand elle téléphonait à une *doing it / streak of*
amie en disant : « Mais qu'est-ce qui se passe?... Eh bien, *eccentricity*
ta porte... oui, ta porte... comment, tu n'as pas vu?... Je
t'assure, à la place de ta porte, en bas, il y a un mur de
260 briques... Mais non, plus de porte... Mais si, je te jure, je
suis à la *cabine* du carrefour... Si, des briques..., » *et ainsi de* *phone booth / and so on*
*suite*, jusqu'à ce que l'amie, incrédule mais quand même
troublée, descende dans le hall de son immeuble, remonte
ensuite appeler Agnès chez elle et dire : « Ah, c'est *malin!* » *smart* (ironique)
265 « C'est malin..., » murmura-t-il très bas, pour lui-même,
et ils s'endormirent.

## REVUE · DE · VOCABULAIRE

**A. Mots associés.** *Dans le texte trouvez des mots qu'on associe avec :*

1. une personne en colère
2. une conversation téléphonique
3. une promenade en voiture
4. une scène d'amour
5. un cauchemar
6. une plaisanterie
7. une personne étonnée
8. une personne qui a peur

**B. Complétez les phrases.** *Choisissez dans le texte les mots et les expressions qui peuvent convenir pour compléter les phrases suivantes. Faites les accords nécessaires. Il y a plusieurs possibilités.*

1. Elle n'avait pas remarqué qu'il _____ .
2. Elle avait l'air de _____ .
3. Il était décidé à _____ .
4. Elle avait deviné qu'il _____ .
5. Elle lui a dit : « _____ ».

6. Il a répondu : « _____ ».
7. Avant de dormir, elle _____ .
8. Dans cette histoire, tout est _____ .

## QUESTIONS · DE · COMPRÉHENSION

1. À quel moment et où se passe la scène?
2. Quel est le sujet de la dispute qui oppose le couple au début du passage?
3. D'après leurs paroles, leurs gestes et leurs expressions, quel est l'état d'esprit de chacun des deux personnages?
4. Pourquoi le problème de la moustache modifie-t-il les rapports du couple?
5. Faites une liste des raisonnements que se tient le héros et étudiez son analyse des réactions de la jeune femme.
6. Pourquoi Serge et Véronique sont-ils des témoins importants et comment réagissent-ils au coup de téléphone?
7. Pourquoi le protagoniste demande-t-il à voir les photos de Java et que voit-on sur ces photos?
8. Quelles sont les manifestations de ce que le héros appelle « le grain de folie » d'Agnès?

## QUESTIONS · SUR · LA · TECHNIQUE · DU · RÉCIT

1. Du point de vue de quel personnage l'histoire est-elle racontée?
2. Y-a-t-il dans le texte des éléments qui permettent au lecteur de reconstituer une vérité objective?
3. Comment se manifeste l'aggravation progressive de l'incompréhension qui s'installe dans le couple?
4. Étudiez l'alternance des moments de malaise ou d'angoisse et des moments de détente (*easing of tension*) dans ce texte.
5. Trouve-t-on dans le texte des raisonnements et des expressions qui démontrent chez le mari un comportement enfantin?
6. Analysez pourquoi la phrase « quelque chose ce soir s'était détraqué » (ligne 212) s'applique à plusieurs niveaux du récit (le couple, la raison, la perception du réel, l'idée de vérité dans le récit).

## ENTRETIEN AVEC EMMANUEL CARRÈRE

**INT.** — Lorsque vous avez commencé à écrire La Moustache, quel a été le point de départ? À l'origine y a-t-il intérêt pour un cas clinique ou un jeu narratif?

**E.C.** — L'intérêt pour le jeu narratif a *primé*. Après la publication du livre, plusieurs psychiatres m'ont fait compliment de ce qu'ils considéraient comme la description minutieusement exacte d'un cas pathologique. L'amusant est que cet effet de *vraisemblance* clinique soit simplement la conséquence logique d'un *artifice* narratif fondé sur l'invraisemblance. On m'a souvent demandé aussi qui était fou dans cette histoire et je pense que, si la machine fonctionne, c'est précisément parce que je n'en ai aucune idée et même que je ne me suis jamais posé la question.

*dominé*

*plausibility*
*device*

**INT.** — Pourquoi la moustache *plutôt qu*'une autre partie du corps ou une autre manifestation de la folie? Est-ce un choix qui s'est imposé tout de suite ou avez-vous hésité entre plusieurs manifestations possibles?

*rather than*

**E.C.** — Le choix s'est imposé tout de suite. En fait, il n'y a même pas eu de choix ; je *suis parti sur* cette idée, j'*ignore* pourquoi, et je ne l'ai jamais remise en question. Je précise que je n'ai pour ma part jamais porté de moustache ni de barbe et que je n'associe à ces attributs aucun *sous-entendu* d'ordre psychanalytique.

*(here) started with / ne sais pas*

*underlying meaning*

**INT.** — Le dosage humour / angoisse est *soigneux* tout au long du livre. De ces deux pôles lequel est le plus important pour vous?

*careful*

**E.C.** — Le plus important, c'est le dosage. Mais dans ce livre précis, dont le *but avoué* est de perturber le lecteur, l'humour est plutôt au service de l'angoisse que le contraire.

*explicit goal*

**INT.** — Quelle a été la difficulté principale que vous avez rencontrée en écrivant ce livre? En combien de temps l'avez-vous écrit?

**E.C.** — Bizarrement, je n'ai rencontré aucune difficulté. J'étais parti à la campagne, seul, avec une mince idée de *nouvelle* (un homme se rase la moustache et personne ne semble le remarquer). Le premier jour, j'ai *rédigé* une vingtaine de pages, *je me suis aperçu* que je n'en étais qu'au début, et que ce serait sans doute plus long que je ne l'avais *prévu* — *d'autant que* l'extrême brièveté m'a vite semblé *entraîner* le risque d'une lecture allégorique, ce dont je ne voulais à aucun prix. De plus, *à partir du postulat de départ,* tout *se déroulait* de façon logique, évidente, harmonieuse, au point qu'il me semblait n'être pour rien dans ce déroulement et découvrir l'histoire plutôt que l'inventer — c'est une sensation assez *grisante*. Le *découpage* de mon travail épousait

*short story*

*écrit*
*realized*

*planned*
*surtout parce que / to entail*

*once you accepted the original situation*
*unfolded*

*exhilarating / organization*

celui du récit : chaque jour, je racontais une journée de mon héros et je me couchais le soir en *me demandant* ce qui allait lui arriver le lendemain. L'histoire *s'étendant sur* deux semaines environ, *au bout de* deux semaines passées dans une solitude parfaitement euphorique, le premier *jet* était *achevé,* je suis retourné à Paris où j'ai retravaillé le texte tout en *le tapant.* Encore trois semaines et le livre était fini. Voilà, j'en suis encore surpris moi-même, d'autant que mes deux premiers romans étaient le fruit d'un travail long et souvent fastidieux, plein de doutes, de remords, de découragements, et que le quatrième se présente de la même façon.

*wondering*

*spanning*

après

*draft* / fini

*while typing it*

**INT.** — Il paraît qu'il y a un projet de film qui serait *tiré* de votre livre. Allez-vous réaliser le scénario? La moustache est un élément visuel, comment sera-t-il traité dans le film?

adapté

**E.C.** — Il y a eu des projets, mais aucun pour l'instant n'a *abouti.* Si quelqu'un pense pouvoir tirer un bon film de ce récit, *tant mieux,* mais je ne suis pour ma part pas convaincu de ses ressources cinématographiques, puisqu'il *repose* sur un « gimmick » narratif dont j'imagine difficilement l'équivalent visuel — ainsi que sur une ambiguïté dans les processus d'identification. Je n'ai en tout cas pas l'intention de collaborer à un éventuel scénario.

*worked out*

*so much the better*

*relies*

**INT.** — L'histoire débute dans un milieu privilégié, la bourgeoisie intellectuelle française, et se termine par une scène d'une violence *inouïe* dans une culture exotique. Ce contraste est-il voulu? Cela correspond-il à l'idée qu'il y a chez tout le monde une violence latente prête à exploser?

extraordinaire

**E.C.** — Une chose que j'aime beaucoup, dans les livres et les films, c'est quand, arrivé à la fin, on repense au début et qu'on mesure avec une sorte de vertige tout *le chemin parcouru,* et de façon irréversible (je pense par exemple à Taxi Driver de Martin Scorsese, ou au Démon, de Hubert Selby, Jr.). C'est à produire ce vertige que *visait* le contraste que vous évoquez, ainsi que l'accélération et le déplacement spatial du récit.

*ground that has been covered*

*aimed*

**INT.** — Votre texte *mine* la notion classique de vraisemblance du récit. Pourquoi et comment?

*undermines*

**E.C.** — Votre remarque est très juste et touche le *ressort* du livre. Mon idée initiale était : que se passe-t-il lorsqu'il arrive quelque chose d'impossible? De vraiment impossible? (et, *si bénin que ce soit* au départ, je crois que c'est le cas.) Comment y réagit-on concrètement, avec ses *proches,*

*(here) moving force*

*no matter how trivial it is* / relatives

sa femme, ses amis? Quelles explications imagine-t-on, et comment supporte-t-on le fait, vite évident, qu'aucune ne *tienne debout?* Ainsi arrive-t-on à des situations où il est rassurant de caresser l'illusion que votre femme, que vous aimez et qui vous aime, veut vous tuer. Parce qu'au moins c'est une explication, et qu'une explication horrible *vaut mieux* que pas d'explication du tout. Aussi, en définitive, ai-je sadiquement pris soin de n'en laisser aucune au lecteur et d'accorder une *porte de sortie* au protagoniste. *En quoi,* d'une certaine façon, l'histoire finit bien pour lui.

*holds water*

*is better*

*way out / in which respect*

Paris, février 1987

---

## SUJETS · DE · DISCUSSION · ET · DE · COMPOSITION

1. Pensez-vous que dans la dispute du couple la moustache soit un prétexte, c'est-à-dire qu'elle leur permet de manifester une hostilité latente entre eux? Ou pensez-vous, au contraire, qu'il s'agit d'un couple uni?
2. Trouvez-vous le jeu narratif proposé par le texte amusant, fascinant, irritant, ou absurde? Expliquez votre réaction.
3. Essayez de raconter l'histoire du point de vue d'Agnès.
4. Au terme de la lecture, quelle est votre interprétation personnelle de la situation? Sur quels éléments se fonde-t-elle?
5. Si le film était tourné, comment pourrait-on représenter la disparition de la moustache? Imaginez un équivalent visuel.

# C HAPITRE SIX

# A VEC MON MEILLEUR SOUVENIR

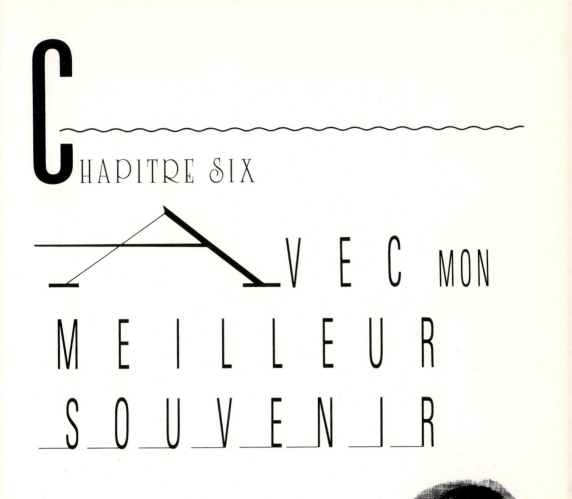

FRANÇOISE SAGAN

**Françoise Sagan** a fait une entrée spectaculaire dans le monde littéraire en 1954 avec la publication d'un petit roman de cent quatre-vingts pages intitulé Bonjour Tristesse. Âgée de dix-neuf ans et à peine sortie d'un lycée religieux, l'auteur y racontait avec élégance et cynisme l'histoire d'une jeune fille indifférente aux conventions morales de l'époque. Ce livre, qui a provoqué un scandale, a aussi étonné par la maîtrise de son style. Il a reçu le prix des Critiques et rendu célèbre le pseudonyme de l'écrivain (qui s'appelle en réalité Françoise Quoirez) dans le monde entier.

Le nom de Françoise Sagan a alors été associé à un certain style de vie dont les composantes étaient les voitures de sport, la vitesse, l'alcool, l'amour libre et la vie nocturne dans les *boîtes de nuit* ou autour des tables de *jeu*. Mariée *nightclubs / gambling* deux fois brièvement, Sagan a toujours préféré à la vie en couple une existence sans contrainte parmi un groupe d'amis qui partageaient ses goûts. Mais derrière cette façade *mondaine,* l'auteur est restée avant tout une grande travail- *fashionable* leuse qui a produit au cours de sa carrière plus de vingt ouvrages : romans, nouvelles, pièces de théâtre. Elle a été appréciée et respectée par des écrivains et des artistes importants comme Jean-Paul Sartre, Tennessee Williams, Orson Welles, Rudolph Noureev, Billie Holiday. Dans Avec mon meilleur souvenir, elle évoque ses rencontres avec eux ainsi que certaines de ses passions : le jeu, la vitesse, le théâtre, la lecture et Saint-Tropez, un petit port du Midi de la France qu'elle a découvert avant qu'il devienne un grand centre touristique. En parlant des êtres et des choses qu'elle aime, Sagan fait aussi un portrait discret d'elle-même et de son époque.

Malgré l'échec de certains de ses romans ou pièces de théâtre, Sagan a su, depuis bientôt trente ans, conserver l'attention d'un public international. N'ayant jamais appartenu à aucun mouvement littéraire, elle occupe une situation marginale dans la littérature contemporaine et prend avec humour les reproches de *légèreté* parfois adressés à son *lightness* œuvre. Son domaine privilégié est l'étude de l'amour dans toutes ses nuances et l'évocation d'un milieu social bien défini : celui de l'élite parisienne cultivée qui, loin de tout *souci* matériel, est libre de se consacrer à la recherche du *concern* bonheur ou de son illusion. L'arrière-fond de ce monde fra- *background* gile et délicat est toujours la peur de la solitude et de l'*ennui,* *boredom* et le sens mélancolique de l'éphémère. Mais la force de cette œuvre tient à l'originalité de sa langue, à ce que les critiques ont appelé « la petite musique » de Sagan et qui se carac-

térise par le don des formules, la *tournure* elliptique des    *turn*
phrases et la recherche d'un vocabulaire *insolite*. On peut    *unusual*
penser que la vérité psychologique et la rigueur stylistique
de cette œuvre vaudront à Françoise Sagan une place plus
importante que celle qui lui a été attribuée jusqu'à présent
dans l'histoire de la littérature française du XXᵉ siècle.

---

## PRÉPARATION · À · LA · LECTURE

1. D'après ce que vous savez de Jean-Paul Sartre et de Françoise Sagan (mode de vie, carrière, œuvre), quels étaient leurs points communs, leurs différences?
2. Aimeriez-vous rencontrer un artiste que vous admirez? Oui? Non? Pourquoi?
3. Quels écrivains américains ont pris, comme Sartre, des positions importantes sur les problèmes politiques et sociaux de leur pays, et servi de modèle aux jeunes générations?

## *Avec mon meilleur souvenir*

### Lettre d'amour à Jean-Paul Sartre[1]

En ne criant pas après la justice parce que vous ne vouliez
pas juger, ne parlant pas d'honneur parce que vous ne vou-
liez pas être honoré, n'*évoquant* même pas la générosité parce    *calling for*
que vous ignoriez que vous étiez, vous, la générosité *même,*    *(here) itself*
5 vous avez été le seul homme de justice, d'honneur et de
générosité de notre époque, travaillant sans cesse, donnant
tout aux autres, vivant sans luxe *comme* sans austérité, sans    *(here) et*
tabou et sans *fiesta* sauf celle *fracassante* de l'*écriture,* faisant    *celebration / exuberant / act of writing*
l'amour et le donnant, séduisant mais tout prêt à être séduit,
10 *dépassant* vos amis *de tous bords, les brûlant de vitesse* et    *surpassing / of all kinds / passing them*
d'intelligence et d'*éclat,* mais vous retournant sans cesse vers
eux pour le leur cacher. Vous avez préféré souvent être    *brilliance*
utilisé, être *joué, à* être indifférent, et aussi, souvent, être    *duped / rather than*

---

[1] Philosophe, écrivain et critique, né en 1905. Il a posé les bases de l'existentialisme et a été au centre de la vie intellectuelle française de 1945 à sa mort en 1981. Le prix Nobel de littérature a été décerné à Sartre en 1964. Il ne l'a pas accepté pour des raisons de nature politique. Nous ne reproduisons ici que la conclusion de la lettre de Sagan à Sartre.

*déçu* à ne pas espérer. Quelle vie exemplaire pour un homme qui n'a jamais voulu être un exemple!    *disappointed*

Vous voici *privé* de vos yeux, incapable d'écrire, dit-on, et sûrement aussi malheureux parfois qu'on puisse l'être. Peut-être alors cela vous fera-t-il plaisir ou plus de savoir que partout où j'ai été depuis vingt ans, au Japon, en Amérique, en Norvège, en province[2] ou à Paris, j'ai vu des hommes et des femmes de tous âges parler de vous avec cette admiration, cette *confiance* et cette même gratitude que celle que je vous *confie* ici.    *deprived* ... *trust* ... *exprime*

Ce siècle *s'est avéré* fou, inhumain, et *pourri.* Vous étiez, êtes resté, intelligent, tendre et incorruptible.    *has proved to be / rotten*

*Que grâces vous soient rendues.* J'écrivis cette lettre en 1980 et la fis publier dans L'Égoïste, le bel et capricieux journal de Nicole Wisniack. *Bien entendu,* j'en demandai d'abord la permission à Sartre, *par personne interposée.* Nous ne nous étions pas vus depuis près de vingt ans. Et même alors, nous n'avions partagé que quelques repas avec Simone de Beauvoir[3] et mon premier mari, repas vaguement contraints ; quelques *cocasses* rencontres dans des *mauvais lieux* délicieux de l'après-midi, où Sartre et moi *faisions semblant* de ne pas nous voir ; et un déjeûner avec un charmant industriel vaguement *entiché* de moi et qui lui proposa de diriger une revue *de gauche* que lui-même financerait avec joie (mais *ledit* industriel étant parti *changer son disque de stationnement* entre le fromage et le café, Sartre en fut découragé et amusé *jusqu'au fou rire ;* de toute manière, de Gaulle[4] *arriva après* et ce fut la conclusion définitive de cet irréalisable projet).    *for this you deserve our thanks* ... *of course* ... *par l'intermédiaire de quelqu'un* ... *comical* ... *disreputable places* ... *pretended* ... *infatuated* ... *left-wing* ... *cet / to put money in the parking meter* ... *to the point of wild laughter / was on the way up*

Après ces quelques contacts brefs, nous ne nous étions pas vus depuis vingt ans et tout le temps, je voulais lui dire, tout le temps, ce que je lui *devais.*    *owed*

Sartre, *aveugle,* se fit donc lire cette lettre et demanda à me voir, à dîner avec moi *en tête à tête.* J'allai le *chercher* boulevard Edgar-Quinet où je ne passe plus jamais maintenant sans un *serrement de cœur.* Nous allâmes à La Closerie des Lilas.[5] Je le tenais par la main pour qu'il ne tombe pas    *blind* ... *just the two of us / pick up* ... *pang of grief*

[2] La province est l'ensemble du pays à l'exclusion de la capitale.

[3] Auteur du manifeste féministe Le Deuxième Sexe (1949) et d'une autobiographie en plusieurs volumes, Simone de Beauvoir (1908–1986) a été la compagne de Sartre, dans le cadre d'une relation très libre.

[4] Charles de Gaulle est arrivé au pouvoir en 1958 et a institué la Cinquième République qui a diminué le pouvoir de la gauche en France.

[5] Célèbre restaurant de Montparnasse où se retrouvent écrivains et artistes.

et je *bégayais d*'intimidation. Nous formions, je crois, le plus curieux duo des lettres françaises, et les maîtres d'hôtel *voletaient* devant nous comme des *corbeaux* effrayés.

C'était un an avant sa mort. C'était le premier d'une
55 longue série de dîners, mais je ne savais rien de tout cela. Je croyais qu'il ne m'invitait que par gentillesse et je croyais aussi qu'il mourrait après moi.

Nous dînames ensemble presque tous les dix jours ensuite. J'allais le chercher, il était tout prêt dans l'*entrée,* avec
60 son duffle-coat, et nous *filions* comme des *voleurs, quelle que fût la compagnie.* Je dois *avouer* que, contrairement aux récits de ses proches,[6] aux souvenirs qu'ils ont de ses derniers mois, je n'ai jamais été horrifiée ni *accablée* par sa manière de *se nourrir.* Tout zigzaguait un peu, bien sûr, sur sa four-
65 chette, mais c'était *là le fait* d'un aveugle, non d'un *gâteux.* *J'en veux* beaucoup *à* ceux qui, dans des articles ou des livres, se sont plaints, désolés et *méprisants,* de ces repas. Ils *auraient dû* fermer les yeux si leur vue était si délicate et l'écouter. Écouter cette voix gaie, courageuse et virile, en-
70 tendre la liberté de ses *propos.*

Ce qu'il aimait entre nous, me disait-il, c'est que nous ne parlions jamais des autres et de nos relations communes : nous nous parlions, disait-il, comme des voyageurs sur un *quai* de gare... Il me manque. J'aimais le tenir par la
75 main et qu'il me tînt par l'esprit. J'aimais faire ce qu'il me disait, je *me fichais de* ses *maladresses* d'aveugle, j'admirais qu'il ait pu survivre à sa passion de la littérature. J'aimais prendre son *ascenseur,* le promener en voiture, couper sa viande, tenter d'*égayer* nos deux ou trois heures, lui faire
80 du thé, lui porter du scotch *en cachette,* entendre de la musique avec lui, et j'aimais plus que tout l'écouter. J'avais beaucoup de peine à le laisser devant sa porte, debout, quand je partais, les yeux dans ma direction et l'air *navré.* J'avais chaque fois l'impression, *malgré* nos rendez-vous pré-
85 cis et prochains, que nous ne nous reverrions pas ; qu'il *en aurait assez de* « *l'espiègle* Lili » — c'était moi — et de mes *bafouillages.* J'avais peur qu'il nous arrivât quelque chose, à l'un ou à l'autre. Et bien sûr, la dernière fois que je le vis, lui à la dernière porte attendant avec moi le dernier ascen-
90 seur, j'étais plus rassurée. Je pensais qu'il *tenait* un peu *à moi,* je ne pensais pas qu'*il lui faudrait* bientôt *tenir tant* à la vie.

*stammered out of*

*fluttered / crows*

*hall*

*scuttled away / thieves*
*no matter who else was
there / confess*

*shocked*
*manger*
*because he was / senile*
*resent*
*scornful*
*should have*

*words*

*platform*

*couldn't care less about
/ clumsiness*

*elevator*
*rendre heureuses*
*secrètement*

*désolé*
*in spite of*

*would be fed up with /
mischievous / stam-
mering*

*m'aimait*
*he would have to /
cling so hard*

---

[6] Peut-être une allusion au livre de Simone de Beauvoir <u>La Cérémonie des adieux</u> (1981), où elle raconte les dernières années de Sartre.

Je me souviens de ces étranges dîners, *gastronomiques* ou [gourmet]
pas, que nous faisions dans les restaurants discrets du
XIV^e *arrondissement*. « Vous savez, on m'a lu votre <u>Lettre</u> [district]
d'amour une fois, m'avait-il dit *au tout* début, ça m'a beau- [at the very]
coup plu. Mais comment demander qu'on me la relise pour
que je *me délecte de* tous vos compliments? J'aurais l'air d'un [savor]
paranoïaque! » Alors, je *lui avais enregistré* ma propre décla- [made a tape for him of]
ration — *il m'avait fallu* six heures *tant* je bégayais — et [it took me / because]
j'avais *collé* un *sparadrap* sur la cassette pour qu'il la recon- [stuck / band aid]
naisse au toucher. Il *prétendit* ensuite l'écouter parfois, ses [claimed]
soirs de dépression, tout seul — mais c'était sans aucun
doute pour me faire plaisir. Il disait aussi : « Vous commen-
cez à me couper des *morceaux* de steak beaucoup trop gros. [pieces]
*Est-ce que le respect se perd?* » Et comme je *m'affairais* sur son [are you losing your re-spect for me / busied myself]
assiette, il se mettait à rire. « Vous êtes quelqu'un de très
gentil, non? C'est bon signe. Les gens intelligents sont
toujours gentils. Je n'ai connu qu'un *type* intelligent et *mé-* [homme / mean]
*chant,* mais il était *pédéraste* et il vivait dans le désert. » Il en [homosexuel]
avait assez aussi des hommes, de ces anciens jeunes
hommes, de ces garçons, de ces anciens garçons qui le
*réclamaient* comme père lui qui n'aimait et n'avait jamais [claimed]
aimé que la compagnie des femmes. « Ah, mais ils me
fatiguent! disait-il ; c'est ma faute, Hiroshima… , c'est ma
faute, Staline,[7] c'est ma faute leur prétention, c'est ma faute
leur *bêtise…* » Et il riait de tous les *détours* de ces faux [silliness / antics]
*orphelins* intellectuels qui le voulaient pour père. Père, [orphans]
Sartre? Quelle idée! Mari, Sartre? Non plus! Amant, peut-
être. Cette aisance, cette chaleur que même aveugle et à
demi-paralysé il montrait envers une femme était *révélatrice.* [telling]
« Vous savez, quand il m'est arrivé cette *cécité* et que j'ai [blindness]
compris que je ne pourrais plus écrire (j'écrivais alors dix
heures par jour depuis cinquante ans, et c'étaient les meilleurs moments de ma vie), quand j'ai compris que c'était
fini pour moi, j'ai été très *frappé* et j'ai même pensé à me [affecté]
tuer. »

Et comme je ne disais rien et qu'il me sentait terrifiée à
l'idée de son martyre, il *ajouta* : « Et puis je n'ai même pas [added]
essayé. Voyez-vous, j'ai toute ma vie été si heureux, j'ai
été, j'étais jusque-là un homme, un personnage tellement
fait pour le bonheur ; je n'allais pas changer de rôle tout à
coup. J'ai continué à être heureux, *par* habitude. » Et moi, [out of]
quand il disait ça, j'entendais aussi ce qu'il ne disait pas :
pour ne pas détruire, ne pas désoler *les miens, les miennes.* [people close to me]

---

[7] Allusion aux nombreuses controverses suscitées par les prises de position politiques de Sartre.

Et surtout ces femmes qui lui téléphonaient à minuit parfois quand nous rentrions de nos dîners, ou dans l'après-midi quand nous prenions le thé et que l'on sentait si *exigeantes,* *(demanding)* si possessives, si dépendantes de cet homme infirme,
140 aveugle, et *dépossédé* de son métier d'écrire. Ces femmes *(deprived)* qui, par leur *démesure* même, lui restituaient la vie, sa vie *(excès)* *de jusqu'alors,* sa vie d'homme à femmes, *coureur,* menteur, *(till then / womanizer)* *compatissant* ou *comédien.* *(sympathizer / actor)*

Puis il partit en vacances, cette dernière année, des va-
145 cances partagées entre trois femmes et trois mois, qu'il *affrontait* avec une gentillesse et un fatalisme *sans faille.* Tout *(faced / complete)* l'été, je le crus un peu perdu pour moi. Puis il revint et nous nous revîmes. Et cette fois j'étais, je le pensais, « pour toujours », à présent : pour toujours ma voiture, son as-
150 censeur, le thé, les cassettes, cette voix amusée, parfois tendre, cette voix *sûre.* Mais un autre « pour toujours » *(firm)* était déjà prêt, hélas, pour lui seul.

J'allai à son *enterrement* sans y croire. C'était pourtant un *(funeral)* bel enterrement, avec des milliers de gens *disparates* qui *(ill-assorted)*
155 l'aimaient aussi, le respectaient, et qui l'accompagnèrent sur des kilomètres jusqu'à sa terre dernière. Des gens qui n'avaient pas eu la malchance de le connaître et de le voir toute une année, qui n'avaient pas cinquante *clichés déchirants* *(heart-rending images)* de lui dans la tête, des gens à qui il ne manquerait pas tous
160 les dix jours, tous les jours, des gens que j'enviais, *tout en* *les plaignant.* *(while I pitied them)*

Et si, par la suite, je me suis indignée de ces récits *honteux* *(shameful)* d'un Sartre gâteux, faits par quelques personnes de son entourage, si j'ai arrêté de lire certains souvenirs sur lui, je
165 n'ai pas oublié sa voix, son rire, son intelligence, son cou- rage et sa bonté. Je ne me *remettrai* jamais, je le crois vrai- *(will get over)* ment, de sa mort. Car que faire, parfois? Que penser? Il n'y avait plus que cet homme *foudroyé* qui puisse me le dire, *(struck down)* il n'y avait que lui que je puisse croire. Sartre est né le 21
170 juin 1905, moi le 21 juin 1935, mais je ne pense pas — je n'en ai pas envie d'ailleurs — , je ne pense pas que je passerai encore trente ans sans lui sur cette planète.

## REVUE · DE · VOCABULAIRE

**A. Mots associés.** *Trouvez dans la liste de gauche des adjectifs qu'on peut associer aux noms de la liste de droite. Il y a plusieurs possibilités.*

1. fou
2. pourri
3. cocasse
4. navré
5. faux
6. exigeant
7. honteux

*a.* un fruit
*b.* un sourire
*c.* un secret
*d.* un rire
*e.* une situation
*f.* un travail
*g.* un été

**B. Complétez les phrases.** *Choisissez dans le texte les mots et les expressions qui peuvent convenir pour compléter les phrases suivantes. Faites les accords nécessaires. Il y a plusieurs possibilités.*

1. À la fin de sa vie Sartre était _____ .
2. Les deux écrivains se rencontraient pour _____ .
3. Quand il mangeait, il _____ .
4. Quand il mangeait, elle _____ .
5. Autour de lui il y avait des femmes _____ .
6. Quand il est mort beaucoup de gens ont _____ .
7. Un homme intelligent ne peut pas être _____ .
8. Le vingtième siècle est _____ .

**C. Famille de mots.** *Indiquez le substantif correspondant à chacun des verbes ci-dessous :*

EXEMPLE : mourir - **la mort**

perdre
espérer
confier
chercher
nourrir

vouloir
fermer
libérer
parler
promener

plaire
couper
connaître
mentir
plaindre

## QUESTIONS · DE · COMPRÉHENSION

1. Quelle infirmité, particulièrement cruelle pour un écrivain, a frappé Sartre à la fin de sa vie?
2. Avant cette lettre, quels avaient été les contacts de Sartre avec Sagan?

3. Quelle a été la réaction de Sartre à la lettre?
4. Décrivez les dîners de Sagan en compagnie de Sartre. Que faisaient-ils? Comment le traitait-elle? De quoi parlaient-ils?
5. Que reproche Sagan aux autres récits concernant la vie de Sartre dans ses dernières années?
6. Comment Sartre a-t-il supporté son infirmité?
7. D'après ce texte, quels rapports Sartre avait-il avec les femmes?
8. Quels ont été les sentiments de Sagan pendant l'enterrement de Sartre?

## QUESTIONS · SUR · LA · STRUCTURE · DU · RÉCIT

1. Donnez des exemples du contraste entre le ton classique du texte (constructions symétriques, vocabulaire abstrait) et l'évocation de détails réalistes concernant la vie quotidienne. Comment ce mélange permet-il à Sagan de composer un portrait à la fois respectueux et intime de Sartre?
2. Ce texte évoque des souvenirs qui couvrent une vingtaine d'années. Comment l'auteur rend-elle sensible le passage du temps?
3. Recherchez dans le texte des mots qui composent un portrait de l'écrivain idéal selon Sagan.
4. La prose poétique de Sagan se caractérise par des formules, des images, des jeux de mots et une utilisation insolite des adjectifs. Trouvez des exemples de ces procédés.
5. Dans quels détails du texte se manifeste l'affection profonde de Sagan pour Sartre?

## ENTRETIEN AVEC FRANÇOISE SAGAN

**INT.** — Vous dites que vous avez commencé à lire les livres de Jean-Paul Sartre dans les années cinquante. Lesquels avez-vous lus?

**F.S.** — La Nausée, comme tout le monde. J'avais lu les nouvelles, les trois nouvelles du Mur. Et puis, j'ai surtout beaucoup aimé Les Chemins de la liberté,[1] les trois tomes, que lui aimait moins parce que c'était trop *romanesque*.     (here) *fanciful*

**INT.** — Par la suite est-ce que vous avez lu son œuvre philosophique?

---

[1] La Nausée (1938), Le Mur (1939) et Les Chemins de la liberté (1943–1949) sont les œuvres romanesques de Sartre.

**F.S.** — Très jeune j'ai lu Réflexions sur la question juive qui m'avait fascinée car la guerre m'avait rendue *sensible* à cette question. Et puis, en classe de philosophie,[2] j'ai lu les cent premières pages de L'Être et le Néant.[3]

*sensitive*

**INT.** — Vous appartenez à la génération qui a été influencée par l'existentialisme. Est-ce que cette philosophie a joué un rôle dans votre jeunesse?

**F.S.** — Non, c'était un peu avant. Quand j'avais quatorze ans j'étais impressionnée par les grands de dix-neuf ans qui *faisaient la fête* au nom de l'existentialisme. Ça *se ramenait bêtement* à tout ça, aux trompettes de jazz et à la liberté.[4]

*had a good time / boiled down / simplement*

**INT.** — *D'ailleurs* vous ne viviez pas à Paris. Vous avez été *élevée* en province.

*besides*
*brought up*

**F.S.** — Pendant la guerre, on était à Lyon. Et puis mon père a décidé d'installer son usine dans un *coin* tranquille, en plein Vercors,[5] c'est-à-dire au centre de la Résistance. Nous sommes rentrés à Paris en 1945.

*(here) place*

**INT.** — Vous n'avez jamais *appartenu* au cercle de Sartre. Le monde où vous viviez était différent du sien à l'intérieur de Paris?

*belonged*

**F.S.** — Lui avait un monde précis parce qu'il n'avait pas de temps à perdre. Il travaillait beaucoup. Il avait ses amis, des gens qui travaillaient, qui avaient un *but*. Moi, j'étais beaucoup moins sérieuse, je travaillais beaucoup moins, je *rodaillais*. J'étais beaucoup moins prise par mon travail. Moi, je n'avais pas de cercle ; lui, il avait un clan.

*purpose*

*hung around*

**INT.** — Comment l'avez-vous rencontré?

**F.S.** — Je l'ai connu quand j'avais vingt-deux ans, par mon premier mari qui travaillait dans l'*édition*. On s'est vu comme ça, pendant un an, trois ou quatre fois, très rarement, mon mari et moi, Simone de Beauvoir et lui. Nous mangions tous les quatre. Puis après, on *s'est perdu de vue*.

*publishing*

*lost touch*

---

[2] La classe de philosophie est la dernière année des études secondaires.
[3] Réflexions sur la question juive (1946) est un ouvrage de critique politique et L'Être et le Néant (1943) est un essai qui pose les fondements de la philosophie existentialiste.
[4] La génération d'après-guerre, s'inspirant de la philosophie existentialiste, avait mis à la mode un style de vie et une nouvelle morale fondés sur la liberté individuelle. Les caves *(cellars)* de Saint-Germain-des-Prés à Paris étaient le centre de ce mouvement. De jeunes artistes et intellectuels s'y réunissaient pour écouter de la musique, de la poésie et danser.
[5] Région des Alpes où les Français résistants ont combattu les Allemands pendant l'Occupation (1940–1944).

**INT.** — À cette époque-là, c'était une relation littéraire ou *mondaine?*

*social*

**F.S.** — Non, ni littéraire, ni mondaine, non, rien du tout. Une *relation de rencontre.* C'était quand même une relation assez amusante parce qu'on allait dans les mêmes maisons de passe,[6] lui avec une dame, moi avec un monsieur. Après on dînait ensemble, moi avec mon mari, lui avec Simone de Beauvoir et on se disait bonjour poliment. On s'était vu dans l'après-midi, on était complice sans dire un mot. C'était assez *rigolo* et quand Simone de Beauvoir disait : « Quand je pense que le pauvre Sartre passe toutes ses journées à travailler », moi j'*avais le fou rire,* lui ne disait rien.

*chance encounter*

*(fam) amusant*

*laughed hysterically*

**INT.** — Est-ce que vous avez eu des relations de travail ou d'amitié avec Simone de Beauvoir?

**F.S.** — Pas de travail. On s'est rencontré plusieurs fois. Moi j'*avais un mal fou* à lui parler. Elle avait un côté très *curieux,* elle demandait ce qu'on faisait et pourquoi, ce qu'on pensait et moi j'étais quelqu'un de *paresseux,* surtout nonchalante. D'ailleurs il y a un endroit dans La Force de l'âge[7] où elle parle de moi. Elle dit que je lui fais l'effet que lui font les animaux et les enfants : « des gens à qui on ne peut pas parler ».

*found it extremely difficult / nosy*

*lazy*

**INT.** — Vous aimez ce qu'elle a écrit?

**F.S.** — J'aime beaucoup L'Invitée[8] et ses mémoires, mais je n'ai pas tout lu. Je n'ai pas aimé les derniers romans et j'ai détesté ce qu'elle a dit sur Sartre. Il était diminué. Il n'était pas gâteux, il était *infirme.*

*disabled*

**INT.** — Comment avez-vous eu l'idée de faire ce livre de souvenirs?

**F.S.** — Je suis rentrée chez Gallimard[9] à ce moment-là et ils voulaient avoir un livre très vite. J'ai fait le projet de leur donner quelques articles. Françoise Verny[10] m'a dit de faire des portraits, de parler des gens que j'avais aimés et admirés dans ma vie. Elle pensait que ce serait *d'autant plus* original

*all the more*

---

[6] Hôtels qui servent de lieux de rencontre aux couples illégitimes.
[7] Deuxième volume des mémoires de Simone de Beauvoir publié en 1960.
[8] Premier roman de Simone de Beauvoir publié en 1943.
[9] Célèbre maison d'édition parisienne.
[10] Éditrice très influente.

que des écrivains qui en ont admiré d'autres et qui l'ont dit, c'est *rarissime. Se dire* admiratif ça n'existe pratiquement pas chez les écrivains.

très rare / se déclarer

**INT.** — Il y a cinq portraits dans ce livre. Vous avez connu bien sûr beaucoup plus de gens que cela, quel a été le principe de sélection ?

**F.S.** — Ce sont ceux que j'ai admirés le plus et qui étaient célèbres. J'ai admiré beaucoup plus de gens mais ils n'étaient pas célèbres alors c'était difficile de parler d'eux. Généralement les gens connus sont plutôt *insupportables.*

unbearable

**INT.** — Il nous a semblé que les cinq personnes que vous décrivez dans le livre ont deux choses en commun : elles ont un grand talent et elles ont été frappées par le malheur. Par exemple, Sartre était devenu aveugle.

**F.S.** — Je l'ai aussi connu heureux quand j'avais vingt ans. Ce n'est pas le mot malheur qui *convient,* au contraire, c'était un homme fort. De toute façon les gens qui m'intéressent ont toujours un côté *pathétique,* les gens qui prennent la vie comme ça, qui la supportent bien sans avoir aucune *secousse,* ce ne sont pas des gens...

est approprié

pitiful

shock

**INT.** — Avez-vous rencontré des gens qui aient fait des choses intéressantes dans le domaine artistique et qui n'avaient pas eu d'expérience malheureuse ?

**F.S.** — Si j'ai rencontré des artistes heureux ? C'est ça que vous me demandez ? Non, ça n'existe pas.

**INT.** — Est-ce que vous parliez de vos livres avec Sartre ?

**F.S.** — Non, on ne parlait ni de mes livres, ni des siens. On parlait comme des gens sur le quai de la gare, on parlait de nous, de la vie en général.

**INT.** — De votre passé ?

**F.S.** — Oui, pour raconter une anecdote rigolote, des choses drôles qui nous étaient arrivées *en tant que* personnes, pas en tant qu'auteurs. Nous avions des *relations* communes, mais on n'en parlait pas. Ce n'était pas du *bavardage ;* nous parlions de façon abstraite.

as

acquaintances

gossip

**INT.** — Il nous semble qu'un autre point commun entre les personnes que vous avez choisies est la bonté. Est-ce que c'est une qualité à laquelle vous êtes particulièrement attachée ?

**F.S.** — Oui, je crois comme Sartre que la bonté est une forme très raffinée d'intelligence. Les gens intelligents sont des gens essentiellement bons. La bonté n'est pas pour moi une chose *plate* et *creuse* comme on la montre d'habitude. Il faut être très intelligent pour être bon.

*flat / hollow*

**INT.** — Sartre dit dans le texte qu'il n'a rencontré qu'un seul homme intelligent et méchant. Et vous?

**F.S.** — J'en ai rencontré, mais ils n'étaient finalement pas très intelligents. Il y avait une *faille*. L'intelligence s'arrêtait. Être intelligent, ça veut dire comprendre. Si on comprend, on ne peut plus juger. Si on ne peut plus juger...

*flaw*

**INT.** — Auriez-vous envie d'écrire des livres plus directement autobiographiques?

**F.S.** — Pas du tout. Raconter ma vie? Non, jamais. C'est la fiction qui m'intéresse. C'est beaucoup plus difficile mais c'est plus amusant de créer des gens.

**INT.** — Vous n'aimeriez pas écrire vos souvenirs d'enfance comme beaucoup d'écrivains célèbres?

**F.S.** — Quand on commence à raconter son enfance, on commence à devenir plaintif, on devient *attendri* par soi-même, on *pleurniche*. Il n'y a pas un seul écrivain... Si, il n'y a que Sartre dans Les Mots.[11] C'est le seul qui ait parlé de lui comme d'un petit garçon insupportable et déplaisant. C'est rare.

*soft*

*whine*

**INT.** — La langue d'Avec mon meilleur souvenir semble très *travaillée*. Avez-vous écrit plusieurs versions?

*polished*

**F.S.** — Ce sont des souvenirs dictés au *magnétophone*. C'est le livre le plus facile que j'aie écrit. Par exemple, quand je fais des comparaisons, je suis *épouvantée*. Quand je pense *au mal que je me suis donné* pour les autres livres. Là c'était des souvenirs, il n'y avait qu'à parler. Bien sûr, je me suis corrigée, j'ai corrigé des petits *trucs*.

*tape recorder*

*appalled*

*(here) how hard I worked*

*choses*

**INT.** — Pourtant le livre *fait très écrit*.

*seems literary*

**F.S.** — Quand on écrit un livre, il faut toujours le dire sur un magnétophone, après on *se rend compte des* qualités, de ce qui manque...

*realize*

---

[11] Autobiographie de Jean-Paul Sartre, publiée en 1964.

**INT.** — Nous avons remarqué que les arrangements d'adjectifs étaient très originaux. Est-ce important pour vous?

**F.S.** — C'est ce qu'il y a de très, très beau en littérature. Ça c'est le domaine d'Aragon[12] naturellement, c'est mettre un mot et un adjectif qui apparemment n'ont rien à faire ensemble. Si on les met ensemble, c'est la poésie.

**INT.** — Comme vous le savez, vous êtes un des rares écrivains français qui soit célèbre depuis plus de vingt ans aux États-Unis. Comment expliquez-vous cela?

**F.S.** — Ça, c'est un miracle! Mes livres aux États-Unis sont très mal publiés et très mal traduits. C'est donc un miracle. Mais, personnellement, la littérature que je préfère, c'est la littérature américaine. Mes grands auteurs sont des auteurs américains. Il y en a tellement : Saul Bellow, Bill Styron...

**INT.** — Comment voyez-vous votre place dans la littérature française?

**F.S.** — Je ne la vois pas du tout.

Paris, janvier 1987

---

## SUJETS · DE · DISCUSSION · ET · DE · COMPOSITION

1. Pensez-vous, comme Sagan et Sartre, qu'il existe un rapport direct entre l'intelligence et la bonté?
2. Les livres ont influencé la jeunesse de Françoise Sagan. Parmi les media contemporains, quels sont ceux qui ont joué un rôle comparable pour votre génération?
3. Pensez-vous qu'il puisse exister une amitié profonde entre deux personnes d'âge et de sexe différents?
4. Imaginez que vous envoyez une lettre à votre auteur favori. Que lui diriez-vous?

---

[12] Écrivain communiste (1897–1982) dont l'œuvre romanesque et poétique, riche et variée, a marqué la littérature française du XX$^e$ siècle.

# CHAPITRE SEPT

# SUR LA TERRE COMME AU CIEL

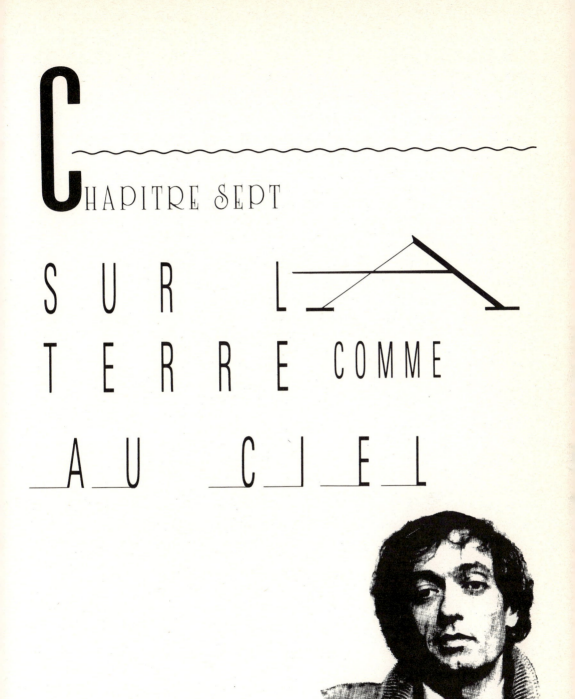

RENÉ BELLETTO

Le **roman policier,** qu'on appelle familièrement le *polar,*    *detective novel*
est un genre qui connaît depuis longtemps un grand succès
auprès du public intellectuel français. Pendant les années
cinquante, la célèbre collection de la Série Noire a fait
connaître en France les meilleurs auteurs de polars américains : Raymond Chandler, Peter Cheney, James Hadley
Chase, Charles Williams, David Goodis. Ces œuvres ont
eu une influence durable sur la littérature et le cinéma français. Dans les années 70, on a vu un renouveau du roman
policier avec l'apparition d'une autre génération d'auteurs
nés en France et dont le plus célèbre est Manchette. Ce néo-
polar se caractérise par des éléments de satire politique et
sociale qui le distinguent des romans policiers typiques de
la Série Noire. Le travail de **René Belletto** se révèle très
original par rapport à ces deux traditions. Ses romans suivent une intrigue policière et respectent les lois du genre :
suspense, actions violentes, femmes mystérieuses et fatales.
Mais ils innovent aussi par la qualité du style, le caractère
complexe et angoissé des personnages, le réalisme du décor
et le surréalisme de l'ambiance. Ils possèdent également un
trait commun remarquable : tous se passent à Lyon, souvent
l'été par un temps très chaud.

C'est dans cette grande ville de la vallée du Rhône, la
seconde ville de France par sa population, que René Belletto
est né le 11 septembre 1945. Il y a habité jusqu'à l'âge de
trente-trois ans. Après des études de littérature, Belletto est
devenu professeur de français et de guitare. Il a aussi été
critique de cinéma dans un magazine lyonnais. En 1978, il
est venu s'installer à Paris et s'est consacré entièrement à
l'écriture, romans et scénarios de films. Après Sur la terre
comme au ciel (1984), son second roman, Belletto a publié
en 1986 L'Enfer qui a obtenu le prestigieux prix Fémina.

Le héros de Sur la terre comme au ciel, Daniel Aurphet
(un jeu de mot sur Orphée, le poète grec), professeur de
guitare à Lyon, est engagé pour donner des cours à une
jeune fille, Viviane Tombsthay, dont les parents, Graham
et Julia, forment un couple riche et énigmatique. Daniel
devient rapidement l'amant de Julia Tombsthay et remarque
plusieurs fois qu'il est suivi dans la ville par un mystérieux
homme blond dans une BMW blanche. Il fera la rencontre
de ce dernier, Daniel Forest, dans la scène qui est présentée
ici : Auphret, attaqué par un voleur dans l'entrée de son
immeuble, est sauvé par l'intervention *inattendue* de Forest.    *unexpected*

L'art de Belletto consiste, comme il l'explique lucidement
dans son entretien, à prendre le prétexte d'une histoire po-

licière pour construire un roman qui a des qualités littéraires généralement absentes des polars. À travers l'*enquête* du héros, on suit l'itinéraire intérieur d'un homme hanté par des visions obsessionnelles et qui cherche à s'en délivrer. Cet itinéraire est, comme le remarque Belletto, « un peu à l'image de notre situation sur la terre ». L'humour caustique du narrateur contraste avec la nature tragique de l'histoire et crée un effet de distanciation libérateur. La langue elle-même, agressive et comique, mélange langage populaire et langage littéraire. Belletto se place ainsi dans ce mouvement de la littérature moderne qui élimine les limites des genres traditionnels pour renouveler l'art du roman.

*investigation*

## PRÉPARATION · À · LA · LECTURE

1. Comment peut-on se protéger contre une attaque éventuelle *(possible)* dans la rue? Que faut-il éviter de faire?
2. Si on est attaqué, quelle est la meilleure façon de se défendre?
3. Dans quelles circonstances laisseriez-vous un inconnu entrer chez vous?

## Sur la terre comme au ciel

J'allumai. Le voleur n'était plus là. Je ne *songeai* pas un instant à le *poursuivre.* Mon libérateur, le visage contracté, s'assit sur une marche en se tenant le ventre.

— Vous êtes blessé? m'écriai-je.

5 — Non. J'ai reçu un coup de *coude* dans l'estomac.

Il fit entendre un *gémissement.*

— Vous voulez que j'appelle un médecin?

— Non, pensez-vous. Ça va déjà mieux.

Il *s'adossa* au mur et alluma une cigarette. Il portait tou-
10 jours son *blouson de cuir marron* clair. Sa chemise ouverte laissait apercevoir une *poitrine* musclée et sans poils. Il était *costaud,* mais avait quelque chose de féminin dans le visage et dans la voix, très douce.

— Merci. Je vous remercie d'être intervenu. Dès que
15 vous vous sentirez mieux, vous viendrez *prendre un verre* chez moi, si vous voulez. Il m'a volé mon portefeuille, cet *abruti.*

*(here) pensai*

*to chase*

*elbow*

*moan*

*leaned against*
*leather jacket / brown*
*chest*
*(fam) fort*

*have a drink*

*(fam) idiot*

— Il a eu le temps? Je me promenais, je l'ai vu courir derrière vous, j'ai tout de suite compris.

20   Il se mit debout. Il était à peu près de ma *taille* mais beaucoup plus fort. Malgré l'agitation des instants précédents, ses cheveux d'un joli blond *cendré* étaient restés *bien coiffés.* Seule la *frange* sur son front *avait subi quelque boulversement.*

25   *J'appuyai sur le bouton de la minuterie.*[1]
— Ça va? On peut y aller? J'habite au troisième.
— Je veux bien. Mais je ne voudrais pas vous déranger.
— Vous plaisantez.

J'aperçus alors la *matraque,* à côté des *poubelles.* Je la *ra-*
30   *massai.* Elle était de *fabrication artisanale,* trente centimètres de *tuyau d'arrosage* vert clair aux extrémités duquel on avait *enfoncé* de force dix centimètres de *barre de fer.*

Nous montâmes.

Dans l'appartement, je *m'inquiétai* encore du coup qu'il
35   avait reçu.
— C'est fini, me dit-il. J'ai le ventre musclé, et il ne m'a pas vraiment surpris.
— Moi j'ai été surpris, dis-je en *me massant* la *nuque.* Je vous laisse une seconde, je vais aller *me passer un peu d'eau.*
40   — Il vous a frappé là? Faites voir...
— Non, seulement *empoigné.* Mais il avait des mains d'*étrangleur.*

Il s'approcha de moi et *souleva* mes cheveux. Je sentis un souffle léger dans mon *cou.*
45   — Rien de *grave.* Vous aurez un *bleu,* c'est tout.

Je le fis asseoir sur le lit et allai à la salle de bains. Je me mis *carrément* la tête sous le *robinet.* J'en ressentis un grand *soulagement.*

Je lui offris de l'*eau-de-vie de prune,* qu'il *avala* comme de
50   l'eau claire. Il alluma une autre cigarette. Ses mains et ses *ongles* étaient propres et bien *soignés.*
— Vous allez *porter plainte?*
— Je ne sais pas. Oui, si je veux récupérer mon portefeuille. Il faut que je *signale* le vol. J'avais trois cent
55   cinquante francs, et tous mes *papiers* surtout. Vous avez vu à quoi il ressemblait, ce *type?*
— Non. Il était petit et plus très jeune. J'ai à peine vu sa *figure.* Vous avez dû avoir peur?

---

[1] En France, l'éclairage des escaliers est contrôlé par un système automatique qui allume les lampes pour un nombre limité de minutes.

*Glossary (right margin):*

height

ash

tidy / bangs / had been somewhat messed up

pressed the light switch

billy club / trash cans
picked it up / homemade / hose
inserted / iron bar

worried about

massaging / nape
me laver le visage

grabbed
strangler
brushed aside
neck
serious / bruise

(here) right / tap
relief
plum brandy / swallowed
nails / groomed
to file a complaint

report
papiers d'identité
(fam) homme

visage

— Oui, j'ai eu peur. C'est la première fois que ce genre
d'aventure m'arrive.

Je l'observai plus attentivement. Mes mains tremblaient,
pas les siennes. Il était calme, sûr de lui. *Je lui donnai* le        il semblait avoir
même âge que moi, peut-être un ou deux ans de plus. Il
était *plutôt* beau garçon. Ses *traits* non absolument réguliers      *rather / features*
et l'expression de ses yeux bleus offraient un *mélange* de            *mixture*
douceur et de brutalité. Le *dessin* des lèvres était féminin.         *shape*

— Je crois que je vous ai déjà vu, lui dis-je. Au parc de
la Tête d'Or[2] et hier en voiture. Vous avez bien une BMW
blanche?

— Oui, c'était sûrement moi. Je suis à Lyon pour un
travail qui me laisse beaucoup de temps, je me promène
toute la journée. Je vais souvent au parc de la Tête d'Or.
C'est un bel endroit.

— Vous ne vous souvenez pas de m'avoir vu, lundi
dernier vers cinq heures? Vous aviez un parapluie, vous
avez regardé dans le jardin d'une des villas au bord du parc.

— Je les ai toutes regardées. Si vous étiez là à ce moment,
je vous ai sûrement vu. Oui, c'est vrai, je dois vous avoir
vu. Elles sont très jolies, ces maisons *au bord* du parc.        *alongside*

Qu'il ne me reconnaisse pas avec certitude était surprenant, mais possible après tout. Mais, pensai-je aussitôt, que
faisait-il à plus d'une heure du matin dans mon quartier
désert?

— Vous n'habitez pas Lyon, vous êtes seulement *de pas-*      *visiting*
*sage?*

— Oui. C'est une ville que je ne connaissais pas. Je n'y
suis pas depuis longtemps, mais j'ai déjà dû explorer toutes
les rues. J'adore la marche à pied. Je vais dans un quartier,
je laisse la voiture et je marche. J'habite Paris.

— Vous n'avez plus mal?

— Ça va. Je regrette de n'avoir pas pu faire mieux, c'est
dommage pour votre portefeuille.

Nos regards tombèrent en même temps sur la matraque.
Un reste de peur et un *élan de reconnaissance* me poussèrent      *burst of gratitude*
à lui dire :

— En tout cas, merci encore. Je ne sais pas comment
vous remercier. Des gens se font parfois attaquer, dans ces
rues derrière les Terreaux.[3] Mais généralement les voleurs

---

[2] Grand parc de Lyon.
[3] La place des Terreaux — près de l'Hôtel de Ville de Lyon — est dans un vieux quartier, plein
de rues étroites et sombres.

sont plus jeunes. Des *voyous*. Et ça se passe plutôt le samedi
100 soir. Sans vous, il m'aurait *assommé*.

Le vol de mon portefeuille, *fait divers insignifiant,* ne changeait en rien le caractère ordinaire de ma vie *jusqu'alors.* La
réponse de mon nouvel ami à ma remarque, *si.* C'est par
elle d'une certaine façon que tout commença.

105 — Je ne pense pas, dit-il.
— Quoi?
— Qu'il vous aurait assommé.
— Ah bon! Mais cette matraque?
— S'il avait voulu vous assommer, il l'aurait fait tout de
110 suite, et il vous aurait volé après.
— Mais enfin, quand vous êtes arrivé…
— Quand je suis arrivé, il n'allait pas vous frapper sur la
tête, mais sur la main. *Étant donné* sa position, il ne pouvait
vous frapper que sur la main. *D'ailleurs,* il avait déjà *abaissé*
115 le bras quand je l'ai *ceinturé,* vous vous souvenez? Il a *raté*
votre main de peu.

J'eus un rire *niais.*
— Mais pourquoi?
Il regarda autour de lui.
120 — Vous êtes musicien? Guitariste?
— Oui.

J'eus alors la conviction — mais non directement à cause
de ce qu'il me disait — que mon sauveur était un homme
intelligent, très intelligent. Il *s'empara de* la matraque.
125 — C'est une arme, vous savez. S'il vous avait
touché avec ça, avec la force qu'il a mise dans son coup, il
vous aurait cassé la main. Vous n'auriez pas pu jouer pendant longtemps. C'est votre métier, vous donnez des
cours?
130 — Oui. Mais le portefeuille… J'ai été volé, *quand même!*
— *Ça ne veut rien dire.* C'est peut-être une *mise en scène.*
Supposez que quelqu'un veuille vous faire du mal *sans que
vous vous doutiez* de son identité… Ce quelqu'un a pu louer
les services d'un petit *malfaiteur* chargé de vous casser la
135 main, tout en vous laissant croire à un vol.
— Mais qui?
— *Alors ça…* Une vengeance de mari jaloux, peut-être?
Dans ces cas-là, c'est la première idée qui vient à l'esprit.

S'il continuait de raisonner ainsi, il en arriverait vite à
140 penser à une mère et à un père d'élève — s'il n'y avait déjà
pensé…, et même, d'une simple question ( « Ces gens chez
qui vous étiez, quand vous dites m'avoir vu?… » ), pourrait

*thugs*
*knocked me out*
*trivial incident*
*until then*
(here) *did change it*

*given*
*besides / lowered*
*grabbed him around the
waist / missed*

*stupide*

*prit*

*after all*
(here) *that isn't the
point / cover up*
*without your suspecting*
*hoodlum*

(here) *who knows ?*

me faire parler des Tombsthay.[4] J'avais l'irritante impres- *was leading*
sion qu'il me *menait* peu à peu là où il voulait me mener.
145 — Je ne connais pas de mari jaloux, dis-je.
— Peut-être que j'ai trop d'imagination.
Je fus certain qu'il ne disait pas cela sincèrement. Il savait *cast*
qu'il avait *semé* le doute dans mon esprit, au point de pou- *apparent backing off /*
voir se permettre cette *feinte reculade* — *censée* le *mettre à* *supposed / protect*
150 *l'abri*, lui, de tout soupçon?... Qui était-il, que savait-il? Et
que me voulait-il?
— Je peux vous demander votre nom?
— Daniel. Daniel Forest, Et vous?
— David Aurphet. En tout cas, je vous trouve très *malin*. *clever*
155 Il fumait sans arrêt, de longues cigarettes brunes à la
fumée épaisse. Il *baissa* la tête et la *releva*. *lowered / lifted*
— Malin?
— Dans vos déductions et vos hypothèses, dis-je, dé-
sireux de ne pas lui montrer que j'avais *percé* son jeu. Si jeu *seen through*
160 il y avait. Et quel jeu?
— *Déformation professionnelle, sans doute.* *I must be conditioned*
— Quelle profession? *by my job*
Il me regarda avec un air d'enfant malheureux.
— Est-ce que je peux vous faire confiance?
165 — Si vous me le demandez, c'est que vous le savez déjà.
Oui, bien sûr, vous pouvez me faire confiance.
— Vous n'allez pas me croire. Vous allez penser que je
suis fou.
— Dites *quand même*. *anyway*
170 — Mon travail est d'éliminer les gens.
Je laissai passer quelques secondes.
— Vous êtes un *tueur?* dis-je comme *malgré* moi. *killer / in spite of*
— C'est un vilain mot, mais... oui.
Parfait, tout s'expliquait. J'étais *tombé sur* un fou. Il était *had hit upon*
175 beau, sympathique, courageux, immédiatement attachant
— et il m'avait à coup sûr *évité* une blessure pénible, mais *(here) sauvé de*
il était fou. Je réussis à garder un visage impassible.
— Si vous étiez vraiment un tueur, dis-je d'une voix
normale, vous ne m'en parleriez pas. Ou pas si vite.
180 — Vous vous trompez, dit-il calmement. On ne *fait* ja-
mais *ce genre de confidence,* c'est vrai. C'est d'ailleurs très dur *reveal this sort of thing*
de ne jamais en parler à personne. Mais quand on en parle,
si *on se laisse aller* à en parler, c'est justement comme main- *you allow yourself*

---

[4] Le narrateur est l'amant de Madame Tombsthay — mère d'une de ses élèves.

tenant, sans réfléchir. Parce que l'envie est trop forte. C'est
la première fois que ça m'arrive, conclut-il d'un air songeur.
— Et vous avez... quelque chose à faire à Lyon ?
— Oui.
Un fou. Riche sans doute, et sans doute fils de bonne
famille, un peu dégénéré, solitaire et *maussade,* qui a fait du    morose
sport, de vagues études qui n'ont mené à rien, et dont la
folie s'installe et *s'aggrave* avec l'âge.    worsen
Il *me fixait.*    stared at me
—Je vous comprends, dit-il. Excusez-moi. J'ai eu besoin
de parler, tout d'un coup.
Je ne savais quelle attitude prendre. Je ne voulais ni le
blesser, ni lui donner l'impression qu'il pouvait me faire
*avaler n'importe quoi.*    (fam) to believe anything
— Vous avez déjà tué des gens ?
Il hésita, ouvrit la bouche, *se ravisa,* dit enfin :    changed his mind
— Oui. C'est arrivé. Ne vous sentez pas obligé de faire
comme si vous me croyiez. Je vais vous laisser. Je suis
content d'avoir pu vous rendre service.
— Je ne me sens obligé de rien du tout, mais mettez-
vous à ma place. Après cette histoire de vengeance, vous
m'annoncez que vous êtes un tueur... Vous n'avez pas peur
que j'aille vous dénoncer ?
— Vous m'avez dit que je pouvais vous faire confiance.
Je sais quand je peux croire les gens. Je ne me trompe
jamais.
Il se leva après avoir allumé une nouvelle cigarette.
— Je m'en vais.
— Vous habitez où ?
— J'ai loué un studio à la Croix-Rousse,[5] rue Chazière.
Même si vous ne me croyez pas, réfléchissez à ce que je
vous ai dit. Soyez prudent. On a peut-être cherché à vous
casser la main. D'ailleurs... je vous note mon adresse et
mon téléphone. N'hésitez pas à m'appeler.
Il *déchira une feuille de carnet* et écrivit. Je le laissai faire.    tore a page out from his
notebook
— Et même téléphonez-moi pour rien, si vous voulez.
Je veux dire... Franchement, je serais content de vous revoir. Je suis encore à Lyon pour quelque temps, je n'y
connais personne...
Il eut un sourire terriblement séduisant :
— Vous devez vous dire que c'est risqué, de *fréquenter* un    keep company with
tueur ?

---

[5] Quartier de Lyon.

Je ne savais plus que penser. S'il était fou, il n'en avait vraiment pas l'air.

— Je vous assure qu'il n'y a pas de danger, dit-il, toujours souriant.

230  Il ouvrit la porte. « Ma petite *coccinelle en pâte d'amande,* si tu remplis cette valise, je *t'arrache* les yeux, tu peux y compter! » Les voisins du deuxième.[6] Je ne les avais jamais entendus en *pleine* nuit. La situation *se dégradait.*

Daniel me tendit la main.

235  — Au revoir, dis-je. Merci encore.

— Je vous en prie. À bientôt, peut-être?

— Pourquoi pas? dis-je prudemment.

Il *s'engagea dans* l'escalier.

Il était deux heures du matin. Je *jetai* la matraque à la
240  poubelle et me couchai après avoir *vaporisé* du *produit à moustiques* à la *virulence* intacte. Je ne sentais plus rien à la nuque, sinon un vague *engourdissement.* Les *griffures* du chat, *en revanche,* étaient *cuisantes.*

Drôle d'histoire. Graham Tombsthay m'avait-il envoyé
245  un *sbire?* Idée grotesque. *Néanmoins,* plus j'y pensais et plus je me disais que mon agresseur avait bien *visé* ma main. Et ce Daniel Forest, me suivait-il depuis quatre jours? Je le rencontrais bien souvent sur ma route... Mais pourquoi? Rien ne *tenait debout.* Un tueur! Était-il fou? Ce qui se
250  passait s'expliquait-il par un mélange de folie et de coïncidences, ou bien le petit *orteil* de mon pied gauche venait-il d'être *happé dans l'engrenage* d'une machination ténébreuse et inexorable?

Après une heure de questions sans réponses, je finis par
255  trouver le sommeil.

*almond-paste ladybug*

*pluck out*

*in the middle of / was getting worse*

*started down*

*threw away*

*spraying / mosquito repellent / force*

*numbness / scratches*

*on the other hand / burning*

*henchman / nevertheless*

*aimed at*

*held together*

*toe*

*caught in the works*

---

## REVUE · DE · VOCABULAIRE

**A. Définitions.** *Faites une phrase pour expliquer ce qu'est :*

1. un voleur
2. une matraque
3. un robinet
4. un ongle
5. une figure

---

[6] Les voisins du deuxième étage sont un couple qui se dispute tout le temps.

6. un voyou
7. un orteil
8. un tueur

**B. Complétez les phrases.** *Choisissez dans le texte les mots et les expressions qui peuvent convenir pour compléter les phrases suivantes. Faites les accords nécessaires. Il y a plusieurs possibilités.*

1. Quand on est fort, on peut _____ .
2. Dans ce quartier, les gens ont peur de _____ .
3. Si on me volait mon portefeuille, je _____ .
4. C'est un beau garçon parce que _____ .
5. Au bord du Parc il y a _____ .
6. Quand on aime la marche à pied, on _____ .
7. Quand on est attaqué dans la rue, on _____ .
8. C'est un type très malin parce qu'il _____ .

## QUESTIONS · DE · COMPRÉHENSION

1. Décrivez Daniel Forest, le libérateur du narrateur.
2. Que font les deux hommes quand ils arrivent dans l'appartement d'Aurphet?
3. Quelle est la théorie de Forest sur l'attaque?
4. Pourquoi cette théorie inquiète-t-elle le narrateur?
5. Quelle remarque donne au narrateur la conviction que Forest est fou?
6. Comment se termine la rencontre?
7. Quelle est votre impression sur Forest? Le croyez-vous?
8. Que fait Aurphet avant de s'endormir et quelles questions se pose-t-il?

## QUESTIONS · SUR · LA · STRUCTURE · DU · RÉCIT

1. Étudiez le développement progressif du portrait du tueur. Quels sont les différents aspects de sa personnalité qui se révèlent peu à peu?
2. Imaginez la même scène écrite à la troisième personne. Quels sont les avantages et / ou les désavantages du monologue à la première personne?
3. Que pensez-vous de la personnalité du narrateur d'après ses réactions et observations?
4. Quel est le rôle de l'humour dans ce passage? Trouvez des exemples de remarques comiques ou ironiques.

5. Relevez dans cette scène tous les détails qui sont des notations visuelles et correspondent à la vision du narrateur.

## ENTRETIEN AVEC RENÉ BELLETTO

**INT.** — Pour vous, qu'est-ce qui fait la différence entre un romancier et un auteur de roman policier?

**R.B.** — À mon avis, il n'y en a pas. Le roman policier se caractérise volontiers par un certain type de sujet (une énigme et sa résolution), mais cela ne suffit pas à définir un genre littéraire. L'important n'est pas le sujet mais la façon dont l'auteur le présente, le développe, l'enrichit, *l'approfondit*. Et certaines œuvres à énigme de Poe, Balzac, Dickens, Dostoïevski, Borges, Robbe-Grillet ne sont pas qualifiées de policières. C'est la qualité littéraire qui fait la différence. On a pris l'habitude, dans le langage courant, de *désigner* par « roman policier » des œuvres mineures, *voire* insignifiantes, écrites dans un style médiocre, des œuvres qui laissent leur énigme *à nu,* à l'état de problème *distrayant* dont la solution satisfait la curiosité, rien de plus. Dès qu'un récit à énigme offre des thèmes dont l'intérêt dépasse la seule résolution mécanique d'un problème, et une écriture originale, forte ou simplement *soignée,* on a moins envie de parler de « policier » . C'est une question de mot, pas de *fond*.

*goes to the heart of it*

*appeler*
*ou même*
*bare*
*entertaining*

*careful*

*content*

**INT.** — En quoi avez-vous l'impression de renouveler le genre du roman policier?

**R.B.** — Je n'ai pas l'impression de renouveler le genre du roman policier (plutôt de lui donner le *coup de grâce*…), simplement d'écrire des romans *comportant* des éléments policiers. Ces éléments correspondent à un fond psychologique plus ou moins *inavoué,* disons psychanalytique.

*death blow*
*including*

*implicit*

**INT.** — Par rapport à votre travail d'écrivain, quelle importance attachez-vous au paysage lyonnais?

**R.B.** — Je suis né et j'ai vécu trente-trois ans à Lyon, en sortant très peu de cette ville. Je n'ai pas pu *envisager* d'écrire des romans se passant ailleurs qu'à Lyon. Mais, *par ailleurs,* je n'ai pu écrire sur Lyon que lorsque je me suis installé à Paris, qu'après avoir *rompu* le cordon ombilical… les livres m'y ont aidé.

*consider*
*on the other hand*

*coupé*

**INT.** — Dans <u>Sur la terre comme au ciel</u>, le héros est un spécialiste de guitare classique et un érudit en cinéma. Cela correspond-il à vos goûts personnels ?

**R.B.** — Oui. Quand j'écris, j'ai naturellement envie de parler de ce que j'aime et connais le mieux. Je suis passionné de cinéma, surtout américain, depuis toujours, et je joue de la guitare classique et flamenco comme le héros de <u>Sur la terre comme au ciel</u>, mais moins bien que lui, je *me vante*    *am boasting* un peu dans le livre...

**INT.** — Votre tueur est un homme séduisant, fin et sympathique. Quel sens attribuez-vous à ce contraste entre son occupation et sa personnalité ? Quelle est la nature de ses rapports un peu ambigus avec le narrateur ?

**R.B.** — Je ne connais pas personnellement de tueurs, peut-être en existe-t-il comme celui du livre, fins et sympathiques ? On peut tout imaginer... Deuxièmement, est-ce vraiment un tueur, dans le livre, ou un fou qui invente des histoires pour s'attirer l'intérêt et l'affection du héros ? Le doute n'est jamais vraiment *levé,* pas à cent pour cent. *Quoi*    *dissipé* *qu'il en soit,* sa personnalité s'explique par le fait qu'il est un    *in any case* double du narrateur, un alter ego (d'où l'ambiguïté de leurs rapports, *lointainement* et symboliquement homosexuels)    *remotely* dont le narrateur devra *se débarrasser* pour être vraiment lui-    *se libérer* même.

**INT.** — Votre roman comporte beaucoup de vignettes qui ne se rattachent pas directement à l'intrigue. Quelle importance attribuez-vous à ces digressions ?

**R.B.** — J'adore les digressions, l'excès d'histoire et d'histoires, l'excès de mots. Je ressens cela comme un aspect de l'humour qui *ébranle* discrètement le sérieux *romanesque* mais    *shakes* / *du roman* sans le ruiner, bien au contraire, comme une *prise de distance*    *distancing* qui renforce finalement l'attrait du récit : si l'auteur lui-même *en rajoute* pour s'amuser, s'il est lui-même ironique    *overdoes it* *par rapport à* sa propre histoire, c'est qu'il *ne cherche pas à*    *toward* / *n'essaie pas* nous duper, qu'il nous met de son côté. On peut donc    *de* s'abandonner sans réticence à ce qu'il nous raconte...

Un peu de la même façon, les digressions *décrispent* l'in-    *relax* trigue principale, la laissent *respirer,* lui donnant ainsi une    *breathe* autonomie et une existence plus grandes, ce qui fait qu'on y « croit » davantage.

**INT.** — Avez-vous été davantage influencé par les romanciers anglo-saxons que par les auteurs français ? Lesquels ?

**R.B.** — On est influencé par les auteurs qu'on aime, *en vrac* : Kafka, Gogol, Dostoïevski, Henry James, Dickens, Raymond Chandler…

*sans ordre particulier*

**INT.** — Quel est le point de départ de vos romans : une ambiance? des personnages? un mécanisme de suspense?

**R.B.** — *À coup sûr* un mécanisme, une structure, une intrigue qui, même si elle est peu *vraisemblable* par rapport à la réalité, doit avoir une cohérence, une *circularité,* une nécessité interne implacable, à l'image des ruminations obsessionnelles des *angoissés* et des paranoïaques. Les personnages sont rigoureusement soumis à la loi de cette structure, ils apparaissent, se définissent, disparaissent par rapport à elle.

*definitely*
*plausible*
finalité

gens angoissés

**INT.** — Vos livres jouent à la fois sur le suspense et le comique. Ces deux éléments sont-ils pour vous complémentaires ou autonomes? Auquel donnez-vous la priorité dans la composition de vos romans?

**R.B.** — Les deux éléments me sont également indispensables. Plutôt complémentaires qu'autonomes, ils jouent ensemble, se corrigent l'un l'autre, se renforcent l'un l'autre. Le suspense — le mécanisme d'attente angoissée d'événements pénibles et de dissipation du mystère, un peu à l'image de notre situation sur Terre — intervient évidemment davantage *au stade de* la composition, le comique au cours de l'écriture.

*au moment de*

**INT.** — Quels sont vos habitudes et votre rythme de travail ?

**R.B.** — Comme je n'exerce pas d'autre activité, j'écris quand j'en ai envie, c'est-à-dire plutôt le matin, plus ou moins l'après-midi, et jamais le soir.

**INT.** — Quelles sont vos activités actuelles et vos projets?

**R.B.** — J'écris un nouveau roman et je travaille à l'adaptation au cinéma du roman qui a précédé <u>Sur la terre comme au ciel</u>, <u>Le Revenant</u>. En attendant que le cinéma s'intéresse au dernier, <u>L'Enfer</u>…

Paris, juillet 1987

◇◇◇◇◇◇◇◇◇◇◇◇◇◇◇◇◇◇◇◇◇◇◇◇◇◇◇◇◇◇

## SUJETS · DE · DISCUSSION · ET · DE · COMPOSITION

1. Est-ce qu'un tueur peut être quelqu'un de séduisant? Pouvez-vous trouver des exemples dans des films ou des livres?
2. Imaginez la suite de l'histoire et des relations entre Daniel Aurphet et Daniel Forest.
3. Quel genre de littérature « mineure » aimez-vous : roman policier, roman de science-fiction, etc... Pourquoi?
4. Belletto écrit des scénarios de films. Imaginez la rencontre des deux personnages comme on la verrait au cinéma, décrivez chaque image : angle, gros plan / plan éloigné, mouvement de la caméra, etc...

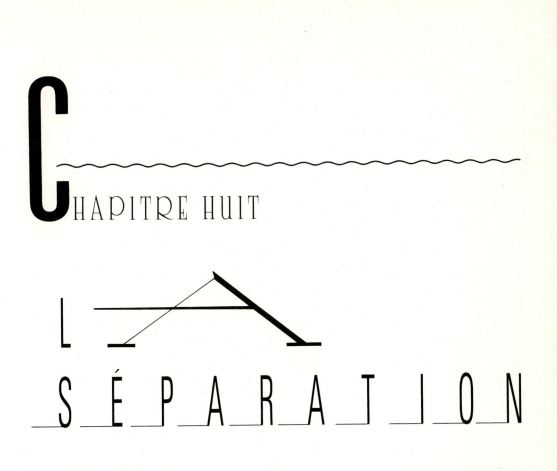

# Chapitre huit

# La séparation

*Un printemps froid*

## DANIÈLE SALLENAVE

**Danièle Sallenave** est née en 1940 à Angers, une ville des bords de la Loire dont elle utilise souvent le paysage dans ses récits. Ancienne élève de l'École Normale Supérieure,[1] elle est actuellement professeur à l'Université de Paris X. Ses activités littéraires ont été nombreuses et variées : elle a été co-éditeur de la revue Digraphe ; elle a traduit en français des œuvres d'importants auteurs italiens : Pirandello, Pasolini, Calvino. Ses recherches portent sur l'analyse des formes de la représentation, à travers la photo, le cinéma, le théâtre.

Son œuvre de fiction a été remarquée dès la publication de ses premiers ouvrages. Son roman Les Portes de Gubbio (1980) se situe dans une ville inquiétante d'Europe centrale dominée par un régime autoritaire et policier. Là, un musicien tient son *journal*. Il le confie avant de disparaître à un *diary* inconnu venu de l'Ouest. Dans une composition *magistrale*, *masterly* l'auteur retrace l'histoire de ce document et des personnages liés à la vie du musicien. Ses réflexions sur l'importance primordiale de la création individuelle, qui seule donne un sens à la vie, se placent au centre de l'œuvre. Ce roman a reçu le prix Renaudot. Le thème de la création artistique individuelle, est repris dans plusieurs nouvelles d'Un printemps froid (1983).

Dans un des récits un vieux musicien célèbre cherche la signification d'obsédantes images mentales de son enfance pendant qu'on s'agite autour de lui pour fêter son jubilé. Le protagoniste d'un autre récit est un peintre auquel le succès a permis d'acheter enfin l'*atelier* dont il rêvait. C'est *studio* alors qu'il se rend compte qu'il ne peut plus peindre, il est devenu stérile. Dans La Séparation, la nouvelle du *recueil* *collection of stories* présentée ici, un homme et une femme qui viennent de terminer leur vie commune, se retrouvent une dernière fois et marchent ensemble dans la ville.

Dans tous ses récits, l'angoisse de l'*échec,* de la vie *failure* « *manquée* », inaccomplie, s'accompagne d'une résignation *wasted* lucide à l'inévitable : le passage du temps, l'oubli, la mort. Mais pendant un bref moment, qui correspond à la durée du récit, les personnages échappent à la répétition, à la continuité. Cet intervalle exceptionnel, cette suspension de la routine de la vie courante, c'est ce que l'auteur appelle

---

[1] Prestigieuse école nationale où est formée l'élite des enseignants des écoles secondaires et des universités. On y rentre après un examen de sélection très rigoureux. De grands écrivains comme Jean-Paul Sartre ou des hommes politiques comme le Président Pompidou étaient d'anciens élèves de cette institution.

« le temps pur ». Ce concept explique que malgré une vision fondamentalement pessimiste, les textes de Sallenave soient pleins d'une vie intense. L'abondance des détails, la minutie des évocations créent une narration très dense, l'impression d'un moment extraordinaire dans une vie longue ou banale. Cet art de donner forme et vie à la quotidienneté, à l'ordinaire, apparaît de plus en plus caractéristique du style de Sallenave. Dans <u>La Vie fantôme</u> (1986) elle cultive les « riens » de l'existence d'un trio d'universitaires. Les notations multiples, l'observation *aiguë* de la vie et des mœurs contemporaines font de ce roman un exemple parfait de la vie et de l'écriture actuelles en France.

*sharp*

## PRÉPARATION · À · LA · LECTURE

1. Pensez-vous qu'il soit bon, ou même possible, de se revoir après l'échec d'une relation amoureuse?
2. Avez-vous déjà eu des expériences où vous avez l'impression que le temps s'arrêtait? Décrivez les circonstances et vos sentiments.
3. Pensez-vous qu'après une séparation ce soit l'homme ou la femme qui souffre le plus?

## La Séparation

Au téléphone ils avaient dit : cinq heures. « Cinq heures, au petit *square,* tu sais bien. » Puis : « Si tu es dans le quartier, *si cela te convient.* » *À peine* avait-il prononcé ces
5  mots que Martin les regrettait : elle allait croire qu'il se montrait curieux, comme avant. Mais non ; elle répondit simplement : « Oui, à cinq heures. » Tout était clair maintenant, il n'y avait plus de place pour *l'enquête,* pour le *soupçon,* Martin en ressentit de *l'amertume.* « Si jamais il pleut, dit-il, *au café qui fait le coin.* » « Oui, dit-elle encore,
10  mais il ne pleuvra pas. » À travers la *vitre* sale de la cabine téléphonique, Martin regardait l'avenue que cachait à demi une affiche *en lambeaux,* une sorte de tract *collé* à la hâte, avec la photographie d'une femme *renversée,* les yeux clos, les cheveux *épars,* la *gorge ouverte.* Il eut quelque peine à
15  déchiffrer les caractères à l'envers. Il sortit. D l'autre côté de

*jardin public*

*if it's all right with you / just*

*questioning*
*suspicion / bitterness*
*at the corner café*
*window*

*tattered / stuck on*
*leaning over backward*
*flowing / her breast showing*

l'avenue, le fleuriste *redressait* les *seaux* remplis de *fleurs en* *bottes* qu'un *coup de vent* avait retournés. Non, se dit-il en regardant le ciel clair, il ne pleuvra pas. Il avait froid. Pendant un moment, tandis qu'ils *fixaient* le lieu de leur ren-
20 contre, il y avait eu comme un retour illusoire à la *douceur* des premiers temps. Mais cela aussi était le signe que les choses entre eux *atteignaient leur terme.* Le bruit de l'avenue *l'étourdit ;* des *files pressées* de voitures *gagnaient* la place d'Italie dont le nom seul, il y a cinq ans, les faisait rêver
25 des voyages que maintenant ils ne feraient plus jamais ensemble. Il fit quelques pas sur le trottoir ; regardant sans les voir les *devantures* et son image *glissant parmi* les objets exposés ; et il *appuya* un instant son front contre une vitre froide que le passage des autres faisait trembler. Puis il
30 acheta le journal, et remonta vers la *colline,* toujours *en proie* à cette sensation de lucidité *fiévreuse* qui l'isolait du monde et, en même temps, le lui rendait plus *sensible,* faisait vibrer aux *carrefours* l'éclat des lumières, les reflets sur les *carrosse- ries,* le gris *étincelant* du ciel ravivait les couleurs des choses,
35 en *réveillant* les *contours.* Il ne sentait plus le froid, et cependant il *frissonnait* comme au moment d'un grand départ, lorsqu'on se retourne au *petit* matin sur l'appartement aux *volets* clos. Vers huit heures, il téléphona à son père. « Juste après Pâques, Papa, dit-il, *ça m'arrange* mieux. » Son père
40 ne répondit pas tout de suite. « Comme tu voudras, dit-il enfin. De toute façon, j'ai suffisamment à m'occuper avec mes fleurs. Mais tu me rappelleras, tu me confirmeras. » « Ce n'est pas la peine, dit Martin, je t'assure, le 7 ou le 8 *sans faute.* » De nouveau son père se taisait. Puis il dit d'une
45 voix imperceptiblement plus *grave :* « Je sais que *ça te dé- range,* tu as ta vie, je sais bien, mais qu'est-ce que c'est que deux ou trois jours ? » « Voyons, Papa » dit Martin. Mais son père ne paraissait pas l'entendre. « Je sais que ça n'est pas bien *commode,* mais je ne serai pas toujours là, vois-tu,
50 je *ne t'embarrasserai pas* bien longtemps maintenant. » Martin sentit revenir la douleur de *tantôt,* cette lucidité exaltée, tremblante. « Papa, je *t'en prie.* » Il y eut un court silence, et son père reprit sur un autre ton : « C'est ça, je viens de regarder le calendrier, il est toujours là où ta mère le mettait,
55 juste au-dessus du *buffet,* tu parles si c'est commode ! disons, mardi 8. Est-ce que tu viendras en voiture ? » « Sans doute, dit Martin, nous pourrons aller voir Gabriel, *au fait* comment va-t-il ? et *ça t'évitera de conduire.* » « Toujours pareil ! dit son père, d'une voix *enjouée,* on vient de lui
60 changer sa *pile.* Enfin... » Il hésita un instant : « Et... et

straightened up / pails / bunches of flowers / gust of wind

(here) décidaient
gentleness

were coming to an end
made him dizzy / hurried lines / arrivaient à

shop windows / sliding along / leaned

hill / agitated by
feverish
perceptible / intersections / brightness

(here) cars / shining
brightening up / outlines / shivered

early

shutters

it suits me

for sure

low / it bothers you

convenient

won't be a burden to you / de l'après-midi / beg you

sideboard

by the way
that way you won't have to drive
playful / battery for a pacemaker

Luisa? » « Bien, dit Martin, elle va bien, » et il n'aurait pas voulu se montrer aussi froid. « Alors *tant mieux*. » « Je te quitte, Papa, il est presque huit heures et demie et je n'ai rien mangé depuis ce matin. Et toi? » « Oh, moi! c'est déjà
65 fait, et vite fait. Un peu de soupe et de fromage, et *ça y est*. Je vais retourner à ma lecture. » « Qu'est-ce que tu lis? » dit Martin.

*Après avoir raccroché,* Martin alluma le poste de télévision puis il passa dans la cuisine se verser un verre de vin. Du
70 pied, il *attira* un *tabouret* à lui et s'assit dans le noir, il n'avait pas faim. Le *bourdonnement* des voix lui *parvenait* confusément et le reflet des images mouvantes colorait une large surface de parquet brillant. Demain, à cinq heures.

Ils avaient dit, cinq heures, et leur exactitude était trop
75 parfaite, comme leurs *égards* de *la veille* au téléphone. Il était cinq heures, et ils étaient face à face dans l'entrée du petit jardin ; ils se souriaient, ils se tendaient la main, ils se regardaient dans les yeux avec une *franchise feinte*. Martin regardait Luisa, et il essayait de se souvenir, mais sa présence
80 *brouillait* les images. Comment *se tenait-elle lors de* leurs premières rencontres, aussi droite, vraiment, ou bien un peu *voûtée?* N'avait-elle pas alors l'habitude de *rejeter* de la main, vivement, sa *mèche* de cheveux? *Était-elle coiffée* exactemen⁺ de la même façon? Le cœur *serré*, il cherchait, il ne
85 savait plus, déjà. L'image d'elle qu'il allait emporter aujourd'hui, la dernière, devrait-elle nécessairement supplanter toutes les autres, ou ne lui faudrait-il pas au contraire l'oublier vite pour retrouver celles du temps d'avant, où il n'y avait rien d'elle qui *ne lui fût secrètement destiné?* Mais en
90 la voyant aujourd'hui telle qu'elle était pour les autres, il comprenait dans quelle illusion il avait vécu et que rien jamais ne lui avait *appartenu, sauf* un mirage aujourd'hui dissipé. Peut-être dans le même temps *s'efforçait-elle* de le retrouver derrière l'apparence *importune* qu'il avait *revêtue?*
95 Cette pensée le réconforta un moment. Mais non, il le savait bien, elle *ne se souciait pas de* ces choses ; elle lui laissait comme d'habitude ces évaluations improbables, ces *supputations* douteuses. Et il s'obstinait cependant, jetait autour de lui des regards furtifs et anxieux pour découvrir dans le
100 ciel, sur les murs, dans les allées du petit jardin, ce qui resterait pour toujours associé à leur séparation, et suffirait dans quelque temps pour éveiller leur nostalgie et peut-être pour ranimer leur amour. Cet enfant qui pleurait *en frottant* son genou *écorché?* la *moisissure* qui *tachait* la joue de la
105 statue au centre de la fontaine? le brusque *envol* d'un pi-

*so much the better*

*it's done*

*after hanging up the telephone*

*pulled out / stool*
*buzz / reached*

*considération / le jour avant*

*feigned candor*

*blurred / held herself / during*

*hunched over / to throw back / strand / was her hairdo done / heavy*

*was not secretly intended for him*

*belonged / except*
*essayait*
*(lit) disturbing / (here) assumed*

*didn't worry about*

*calculs*

*rubbing scraped / mildew / stained flight*

geon? la couleur vive d'un forsythia *dressant* dans le froid    *raising*
ses branches *raides?* Mais non, il ne pouvait pas les avoir ;    *stiff*
et il leva vers le ciel pâle un regard troublé.

Il faisait un peu trop froid pour s'asseoir sur un *banc,* et    *bench*
110 pas assez pour entrer dans un café. D'un commun accord :
« *Si nous marchions* un peu? » dirent-ils et « Je veux bien. »    *how about walking*
Martin regarda Luisa. « Oui, répéta-t-il, marchons. » En
cet instant, le temps *avait fait une boucle,* il *s'était ramassé en*    *had come full circle /*
une petite sphère dense et lourde qui allait et venait, indocile    *had become*
115 et tremblante, comme une goutte de mercure qu'on tente-
rait vainement de *saisir* entre ses doigts.    *to grasp*

Ils firent quelques pas en silence, et Martin sentit que les
*larmes* lui montaient aux yeux. Il laissa Luisa continuer sans    *tears*
lui ; arrivée à l'angle du square, elle s'arrêta à son tour, et
120 l'attendit *posément,* sans cette *ombre* d'irritation qu'elle mon-    *calmement / shadow*
trait toujours lorsqu'il *s'attardait* devant la *vitrine* d'un li-    *lingered / shop window*
braire ou les *dessins* exposés d'une galerie. Ses yeux étaient    *drawings*
calmes, son visage absent, elle ne souriait pas ; ses pieds
dans les bottes faisaient un angle *sage* et précis ; elle *avait*    *proper / had thrust*
125 *enfoncé* profondément ses mains dans les grandes poches de
son imperméable vert. Martin fit lentement les quelques pas
qui le séparaient d'elle. « Qu'est-ce que tu as? » dit-elle.
« Rien », dit Martin, et il *souffla* ironiquement un peu d'air    *breathed out*
par le nez. « Tu pleures? » reprit-elle et il y avait cette fois
130 dans son ton un peu d'*agacement.* Martin se sentit heureux:    *irritation*
elle continuait d'être la même avec lui. Maintenant, elle
élevait sa main droite à la hauteur du visage de Martin.
Mon Dieu, pensa-t-il, est-ce qu'elle allait faire comme au-
trefois, *glisser* l'un de ses doigts *habilement* derrière les lu-    *slip / skillfully*
135 nettes de Martin et le passer sur ses *paupières,* doucement,    *eyelids*
doucement, comme d'habitude, comme autrefois, comme
toujours? Sa main continuait d'avancer vers lui, et il ferma
les yeux sous la caresse des doigts froids ; puis il retira ses
lunettes, sourit faiblement, les remit, enleva et passa sa main
140 deux ou trois fois dans ses cheveux ; ils marchaient *de nou-*    *once again side by side,*
*veau côte à côte, il n'y aurait pas de suite,* elle n'avait pas pris    *there would not be*
son bras, *ni lui le sien,* de nouveau leurs mains étaient *enfouies*    *anything after that*
au fond de leurs poches. Ils firent quelques pas, et quelques    *nor did he take hers /*
pas encore. Martin regardait droit devant lui ; rien n'avait    *thrust*
145 changé, sauf eux ; tout était comme avant, eux seuls
n'étaient plus les mêmes. Et cette immobilité des choses
n'avait rien qui pût rassurer, au contraire : c'était comme
d'aller à l'hôpital voir un ami condamné et de lire la certitude de sa mort dans les promesses partout *étalées* de la vie,    *spread out*
150 dans la *flânerie* de deux petites filles rentrant de l'école, dans    *stroll*
le geste *las* d'une femme posant près d'elle son *filet* à pro-    *fatigué / net*

vision.[1] La mort et les *ruptures* ne faisaient pas de *brèche* dans la continuité de la vie ; au contraire, son unité n'était faite que d'une succession de changements invisibles, et la *trom-*
155 *peuse* uniformité d'une vie routinière était *tissée* de *sépara-*tions, de vides aussitôt *comblés, parmi* lesquels il importait peu qu'eux deux *cessassent* de se voir. Ce qu'ils appelaient leur rupture, ou qu'ils appelleraient bientôt ainsi en y re-pensant afin de donner un terme commode à ce moment
160 de leur vie (mais comment disait-elle déjà, lorsqu'elle en parlait à des amis, à un autre homme? Disait-elle, nous nous sommes quittés, nous *avons rompu,* nous ne sommes plus ensemble, Martin et moi, c'est fini?), cela n'était rien d'autre *en fin de compte* qu'une manière de susciter de nou-
165 veaux arrangements, qui paraîtraient à leur tour *immuables* et impossibles à rompre. Ainsi de ces changements qu'un matin notre rue nous propose (un mur *abattu,* un immeuble reconstruit, une façade repeinte, de nouvelles vitrines) et que notre faiblesse, notre ingratitude, ont *tôt* fait d'adopter,
170 rejetant le monde d'hier dans une nuit impénétrable, don-nant à la moindre métamorphose une figure d'éternité. Le monde est *lisse* comme une mer, se disait Martin : à condi-tion de le voir d'en haut, *de là où ses rides s'effacent,* ou de se projeter dans un temps à venir où le souvenir aboli de la
175 douleur aurait fait place à une remémoration heureuse. Mais moi, pensait Martin, je ne le peux pas, je ne le peux pas.

Le pire était sans doute de penser que la fin de son amour pour Luisa (et de l'amour qu'elle avait pour lui) voudrait dire à coup sûr dans peu de temps le début d'un autre
180 amour. *Au reste* ce temps-là était déjà peut-être venu pour elle, et en y pensant, Martin *éprouva* moins de la jalousie qu'une forme violente de compassion pour elle et pour les souffrances *dont elle s'était déjà plus que lui rapprochée.* En ce qui le concernait, cette probabilité lui paraissait inconce-
185 vable et révoltante, et il en ressentait déjà la lassitude, comme si tout le temps qui lui restait à vivre *se déployait* devant lui, et *dévoilait* la fin *prévisible* de ce qui n'était même pas encore commencé. Poussé *à son corps défendant* vers un avenir dont il ne voulait pas, il avait déjà sous les yeux,
190 dans leur succession obligée, les *étapes* d'un amour encore fictif : comment ils s'embrasseraient pour la première fois devant sa porte, ou dans l'ombre propice d'une voiture arrêtée au bord du trottoir, le moteur *tournant,* dans la lumière intermittente des *phares ;* comment il viendrait chez
195 elle tard dans la nuit, et repartirait au petit matin pour ne

---

[1] Pour porter leurs provisions les Français utilisent parfois un sac fait en filet.

*break-ups / breach*

*deceptive / woven*
*filled / among*
(impf. du subj. de cesser)

*have broken up*

*in the end*
*invariables*

*knocked down*

*soon*

*smooth*
*from where its wrinkles fade away*

*moreover*
*felt*

*which she had already endured more than he had*

*opened out*
*unveiled / foreseeable*
*against his will*

*stages*

*running*
*headlights*

pas rencontrer les enfants ; comment il se tourmenterait
devant un téléphone muet ou *faute de* monnaie, dans une
*cabine* publique, sur un trottoir pluvieux. Et leurs adieux
dans le couloir *tandis que* les doigts *s'égarent* le long du mur
à la recherche de la *minuterie ;* et les départs en voyage, les
petits déjeuners dans un restaurant d'autoroute, d'obscures
querelles dans la voiture *surchauffée,* la réconciliation le soir
sur la place monumentale d'une ville d'Italie, la chaleur des
vieilles pierres ocre et le vin blanc qui tremble dans les
carafes. Comme il détestait déjà ses *propres* souffrances, et
celles qu'il infligerait à une femme qu'il ne connaissait pas
encore, et les circonstances futures de leur séparation !

Arrivés au coin de la rue, ils *ralentirent* le pas, attentifs
chacun aux signes de fatigue ou d'*ennui* que lentement
l'autre pourrait laisser paraître, *redoutant* plus que tout
d'avoir à entrer dans un café, de s'asseoir à une table, de se
retrouver, face à face, la tasse vide, la cigarette *éteinte.*
« Veux-tu marcher encore un peu ? » dit l'un. Et il y avait
un *soulagement* dans la voix de l'autre : « Oui, et toi ? » Ils
continuèrent. Ils n'avaient pas échangé trois mots, et il
aurait fallu parler un peu pourtant, demander par exemple
des nouvelles des enfants, se dit Martin. Mais il ne le fit
pas : il ne les reverrait sans doute jamais, *à quoi bon charger*
son cœur d'une tendresse inutile ? Très haut dans le ciel, un
avion passa, visible dans une *trouée* de nuages, puis de nouveau absorbé par leur *épaisseur.* Il y avait quelque chose de
familier dans son *grondement* comme celui d'un orage qui
s'éloigne, qui *ébranlait sournoisement* la douceur de la rue
silencieuse ; quelque chose aussi de solennel, de grave, de
menaçant presque, qui finit par sembler à Martin comme
le *rappel* d'une vérité inévitable : tout allait vers son *but,*
comme cet avion le faisait, avec une certitude *aveugle.* Et
eux de même, se dit-il, *malgré* leur douleur, malgré leurs
hésitations. Même si la décision de se séparer lui paraissait
déjà *lointaine,* comme étrangère (de fait ne marchaient-ils
pas côte à côte, *ainsi qu'*ils l'avaient toujours fait ?), il fallait
*s'y confier* sans murmure. Et quelque chose en lui se sou-
mettait déjà à cette nécessité inconcevable avec soulagement, puisqu'elle avait pris en charge leur destinée et *retirait*
*à* leurs actes le poids du remords. Il se rappela soudain un
tableau qu'ils avaient vu ensemble, ou une fresque peut-
être, il ne savait plus bien, et qui montrait sur le *fond* d'une
ville *incendiée* un jeune *guerrier* en armure et, près de lui,
une femme blonde au visage sévère, absent. L'homme, les
yeux *noyés* de douleur, posait la main sur l'*arçon* de la selle
et *s'apprêtait* au départ. Elle ne le *chassait* pas, elle ne le

*for want of*
*phone booth*
*while / wander*
*timer light switch*

*overheated*

*own*

*slowed down*
*boredom*
*dreading*

*extinguished*

*relief*

*why burden*

*opening*
*thickness*
*rumble*
*shook stealthily*

*reminder / goal*
*blind*
*despite*

*distant*
comme
*to trust it*

*withdrew from*

*background*
*on fire / warrior*

*flooded with / saddle-*
*bow / se préparer /*
*chased away*

rappelait pas et lui, qui ne voulait pas partir, il obéissait *sans*
*mot dire.* Martin aurait voulu retrouver le titre du tableau,
le nom du peintre, mais sa mémoire *se brouillait,* il cessa d'y
245 penser.

 « Vraiment, tu ne veux pas qu'on s'arrête un peu? » dit-
elle à ce moment-là. « Oui, dit Martin, je veux bien. »
Mais le café le plus proche était fermé, il aurait fallu chercher, s'aventurer un peu plus loin. Ils hésitèrent, et sans
250 s'être consultés, dans un accord silencieux ils prirent en
même temps le chemin qui menait à la station de métro où
ils allaient se quitter. *Amorcé* depuis longtemps, le processus
de la séparation allait prendre fin. De cette *scission indolore,*
deux corps nouveaux allaient naître, *rendus* au froid de
255 l'existence, et à l'*attente* de la mort. Assise sous l'*horloge* du
carrefour, une vieille femme *serrait* contre elle des sacs *in-*
*formes.* Elle leva vers eux son visage aux *pommettes noires*
et ouvrit sa bouche sans dents sur un *sourire de connivence :*
« Ah, les amoureux, les amoureux! » dit-elle. Martin fit une
260 pause ; leur route s'arrêtait là, sur ce trottoir *encombré,* devant la *bouche* du métro où il allait descendre dans un instant,
et il savait qu'elle dirait, non, je rentre à pied. Ils regardaient
tous deux sans rien dire le carré d'asphalte *souillé.* Sans doute
un *mourant* regarde-t-il la chambre où il est couché avec la
265 même indifférence, la même résolution. Comme les autres
fois, mais cette fois c'était la dernière, Martin acheta deux
numéros du Monde[2] et *tendit* à Luisa celui du *dessous* que la
pluie n'avait pas touché. « Alors, les amoureux? » dit encore
la vieille femme, et Luisa la regarda pensivement.
270 « Je vais prendre le métro, » dit Martin. Et Luisa : « Non,
je préfère rentrer à pied. »

 Quand il sortit du métro, Martin leva la tête vers le ciel,
et il y retrouva le même train de nuages *fuyant* sous le vent
d'ouest, et les mêmes brèches aux *bords dentelés.* Et c'était
275 comme si rien *n'avait eu lieu.*

*Glossary (right margin):*
- sans dire un mot
- was becoming confused
- initiated
- painless schism
- brought back to
- waiting / clock
- held tight / shapeless
- dirty cheeks
- knowing smile
- cluttered
- entrée
- soiled
- dying person
- held out / underneath
- fleeing
- lace-edged
- had happened

---

## REVUE · DE · VOCABULAIRE

**A. Complétez les phrases.** *Choisissez dans le texte les mots et les expressions*
*qui peuvent convenir pour compléter les phrases suivantes. Faites les accords nécessaires.*
*Il y a plusieurs possibilités.*

1. À Paris, on peut se rencontrer au _____ .
2. Dans la rue, il y avait _____ .

---

[2] Journal quotidien publié à Paris et lu par un public cultivé.

*3.* Il a téléphoné à son père pour ＿＿＿ .
*4.* Quand Martin a dit : « ＿＿＿ » Luisa a répondu : « ＿＿＿ ».
*5.* Quand il a commencé à pleurer, elle ＿＿＿ .
*6.* Il pensait à l'avenir, à ＿＿＿ .
*7.* Il se rappelait ＿＿＿ .
*8.* Ils ne sont plus ensemble, ils sont ＿＿＿ .

**B. Dialogue.** *Composez un dialogue dans lequel vous utiliserez les réponses suivantes :*

*1.* Cela ne me convient pas.
*2.* Cela m'arrange mieux.
*3.* Ce n'est pas la peine.
*4.* Cela me dérange.
*5.* Ce n'est pas bien commode.
*6.* Ça y est.
*7.* Tant mieux.
*8.* Je t'en prie.

## QUESTIONS · DE · COMPRÉHENSION

*1.* Que savons-nous de la situation personnelle et familiale de Martin et de Luisa?
*2.* Dans quelle ville se trouve le couple? Décrivez le cadre de leur rencontre (saison, lieu, les gens qu'ils rencontrent).
*3.* Pourquoi Martin téléphone-t-il à son père? Réussit-il à communiquer avec lui?
*4.* Quels sont les détails de la scène dont Martin veut se souvenir (lignes 103-107)?
*5.* Quel geste fait Luisa? Pourquoi Martin est-il ému?
*6.* Comment Martin imagine-t-il le déroulement d'une liaison future?
*7.* Quels sont les rapports entre la situation décrite par le tableau (lignes 235-243) et celle de Martin?
*8.* Comment se termine la rencontre?

## QUESTIONS · SUR · LA · TECHNIQUE · DU · RÉCIT

*1.* L'adjectif « froid » revient plusieurs fois dans cette nouvelle. En quoi ce mot établit-il un rapport entre la séparation et la mort?
*2.* Ce texte contient-il des éléments qui nous permettraient de savoir ce que Luisa pense de la situation?

3. En quoi le choix du vocabulaire de ce texte reflète-t-il de la part de l'auteur la volonté d'exprimer en termes concrets des idées abstraites? Que révèle le contraste entre le style des dialogues et celui des descriptions?

4. Au début Martin remarquait l'image d'une femme sur une affiche (lignes 13-14); à la fin il observe une vieille femme près du métro (lignes 255-259). Quel est le rapport entre ces deux visions?

5. Retracez l'évolution des sentiments de Martin (espoir, nostalgie, déception, résignation) à travers la succession des choses qu'il regarde au cours du récit.

## ENTRETIEN AVEC DANIÈLE SALLENAVE

**INT.** — À l'origine de La Séparation, qu'y a-t-il : une image, une situation, un souvenir, des mots?

**D.S.** — Comme toujours : une situation incarnée dans une scène visuellement très précise. Un homme et une femme marchent côte à côte, et ils ne savent pas quoi faire de leurs mains parce qu'ils vont se séparer. *Tout* geste d'af- *any* fection serait de trop. Tout geste de *retenue* aussi. Je voyais *réticence* cette *raideur,* ces bras *ballants, empruntés,* et leur douleur. Le *stiffness / dangling /* tout sous un ciel d'automne ou de printemps, *balayé* de *awkward / swept by* nuages et de vent. Comme une image de la grande circu- lation du monde, *en regard de quoi* leur drame n'est rien. *compared to which* Mais pour eux, il est tout.

**INT.** — Martin, le personnage principal est un homme, en tant qu'écrivain femme cela vous pose-t-il des problèmes particuliers de le faire parler?

**D.S.** — J'ai *honte* d'avouer que cela ne me pose pas le *am ashamed* moindre problème. L'angle sous lequel j'envisage les per- sonnages est plus métaphysique que social ou psycholo- gique, et de ce point de vue là, nous sommes tous sem- blables. Nous sommes tous le lieu d'interrogations communes qui touchent au sens de l'existence, à la répéti- tion, aux *engagements* successifs et successivement *périmés.* *commitments / outdated*

**INT.** — Martin éprouve un moment de « lucidité fiè- vreuse » (l. 31-38). Vos personnages connaissent souvent ces moments privilégiés. La forme courte de la nouvelle ne correspond-elle pas particulièrement bien à ces expériences?

**D.S.** — Dans la nouvelle ou le court récit j'ai aimé pou- voir montrer comment un personnage à l'occasion d'un événement, petit ou grand, va connaître une expérience du temps différente de celle qu'on a tous les jours. D'ordinaire, on est *emporté* par un *flux,* des illusions de *durée* et de continuité vous protègent. Puis tout à coup quelque chose fait une brèche et on entrevoit un peu de « temps pur ». Ce n'est pas *forcément* réconfortant. En Martin, la douleur de la séparation va faire naître des images de répétition où le temps à venir est *pressenti* sur le modèle du temps passé. Cette vision le décourage, puis elle engendre à son tour comme un bonheur, une consolation. Il y a dans le même recueil d'autres occasions comparables : les personnages ne le comprennent pas toujours mais ils en éprouvent toujours une sorte de bonheur.

*carried away / flow / duration*

*nécessairement*

*ascertained*

**INT. —** Dans le titre Un printemps froid vous associez des mots et des éléments qui ont des sens opposés. Comment êtes-vous arrivée à la composition de ce titre?

**D.S. —** *Sur le plan sonore,* le titre me plaisait : « un printemps », un, deux, trois, la voix monte. « Froid » marque une rupture tonique. Sur le plan sémantique, c'est presque une alliance des contraires. L'idée de germination est associée à celle d'un retard, d'une suspension. Et il est vrai que dans ces récits je voulais parler des vies « *manquées* », *inachevées,* inaccomplies. Mais pas uniquement. Le « froid » ce n'est pas seulement le thème de l'inaccompli, mais aussi celui de l'arrêt, de la suspension du temps. Arrêter le mouvement pour mieux voir.

*on the level of sounds*

*failed / unfinished*

**INT. —** La Séparation c'est un récit qui relate la fin d'un amour, sans grand drame, mais avec une tristesse fataliste qui correspond à une vision moderne où les passions sont des moments fugitifs et répétés dans une vie. Est-ce pour vous un thème personnel ou plutôt une observation de la vie contemporaine?

**D.S. —** Ce thème apparaît très fortement — comme une fatalité qui ne le rend pas heureux lorsque l'homme pense à l'affection qu'il avait pour les enfants de sa compagne (qui n'étaient pas les siens). *Désormais,* ce sentiment n'a plus de sens. Il éprouve visiblement du regret pour ce qui aurait pu constituer une continuité, *au delà* de leur enfance. Pour ma part, oui, c'est vrai, cette répétition du même (conçue de plus comme normale, naturelle, inévitable) me *gêne* un peu. Je préfère de beaucoup la continuité avec ses *aléas,* ses événements. Ce n'est pas une position de moraliste. Je ne prêche pas contre « *la décadence des mœurs* ». Je suis seulement *déçue* et triste qu'on accepte si facilement que la vie soit faite d'amours successives. Dans le récit, l'homme est découragé

*(here) maintenant*

*beyond*

*embarrasses*
*hazards*

*moral decay*
*disappointed*

lorsqu'il entrevoit déjà une nouvelle rencontre, et la sépa- *terminer*
ration qui viendra la *clore* (pense-t-il) inéluctablement. Il en
ressent comme une fatigue : une fatigue de vivre, si vivre
ce n'est que répéter. On en revient toujours à l'idée du
printemps froid : à l'idée qu'il faut suspendre ce cours,
rompre cette chaîne, cette suite de répétitions. C'est un peu
ce qu'on trouve dans la philosophie hindoue : suspendre la
chaîne des générations, le « karma », parce qu'il ne mène
qu'à la mort.

Paris, 23 juin 1986

---

## SUJETS · DE · DISCUSSION · ET · DE · COMPOSITION

1. Approuvez-vous la résignation de Martin — et de l'auteur — à la succession inévitable « d'arrangements » dans la vie moderne ? Que feriez-vous si vous étiez dans la situation de Martin ?
2. Voyez-vous une différence entre une rupture et une séparation ?
3. Quels problèmes peut poser la représentation des sentiments d'un homme par un écrivain femme, ou vice versa ?
4. Pour vous quels sont les éléments qui définissent une « vie comblée » et / ou une « vie manquée » ?

# Chapitre Neuf

# POISSON D'AMOUR

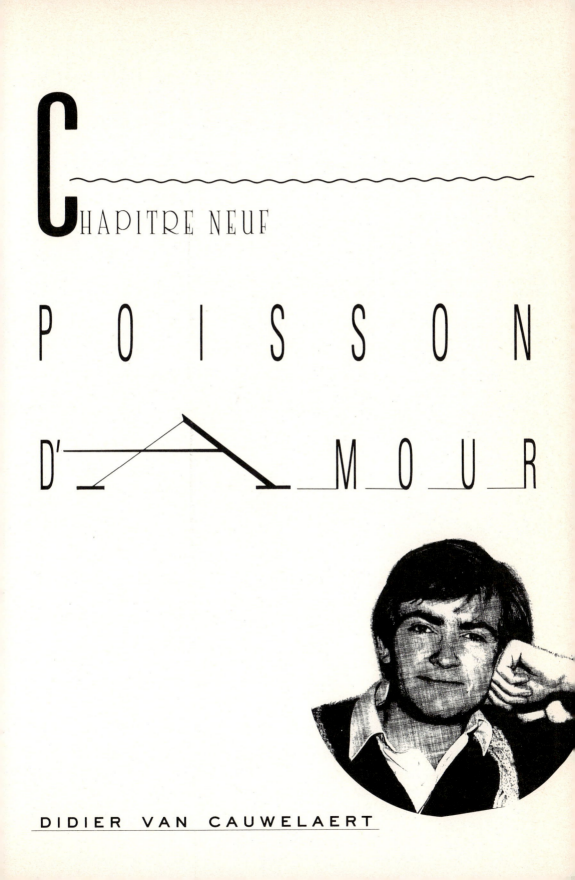

DIDIER VAN CAUWELAERT

Dans Poisson d'amour (1984), les épisodes comiques se succèdent à un rythme rapide. Après le *coup de foudre* que nous reproduisons ici, Philippe et Béatrice, les deux jeunes gens, connaissent une suite d'aventures tragi-comiques et inattendues qui les conduisent jusqu'à la forêt amazonienne sur les traces du père de la jeune fille. En mémoire de lui, elle conserve pieusement un poisson dans un *bocal* de *formol* car, dit-elle, « c'est un des piranhas qui l'ont mangé… c'est tout ce qui me reste ». L'amoureux suit donc sa folle passion et se trouve chez les Indiens Yanomani qui sont cannibales mais qui « n'attaquent plus à la saison des pluies, depuis le *congélateur* », le rassure Béatrice. L'humour, la bizarrerie des situations et des personnages dominent ce petit livre qui a été remarqué pour son aisance et sa vivacité. Il y a là aussi une surprise enfantine devant la vie et l'amour, le héros vit son histoire comme un conte dont Béatrice est la *fée*. L'amour est la passion qui humanise et justifie les actions folles des personnages.

*love at first sight*

*jar / formaldehyde*

*freezer*

*fairy*

L'esprit *désinvolte,* la jeunesse rieuse de **Didier van Cauwelaert** imprègnent ses romans et son théâtre. Né à Nice en 1960, il a déjà publié trois romans et deux pièces. Le Nègre (The Ghostwriter) a obtenu un grand succès sur une scène parisienne en 1986. La rapidité des dialogues que l'on peut observer chez le romancier fait naturellement de van Cauwelaert un *auteur dramatique.* Parce qu'il fait rire, l'auteur a été qualifié de léger, limité au *divertissement*. Cette critique néglige l'ironie et l'imagination que van Cauwelaert déploie dans l'invention des situations. Il place de multiples personnages, à la fois grotesques et réalistes dans un univers mécanique où les absurdités se multiplient et sont parfaitement acceptées. Par exemple, son troisième roman, Les vacances du fantôme (1986), a un point de départ fantastique : la métamorphose d'un garçon-boucher qui se réveille un matin dans le corps d'un *avocat* célèbre. L'avocat se retrouve lui dans celui du garçon-boucher. Les conséquences de cet échange sont évidemment surprenantes. L'auteur *maîtrise* la suite rapide de problèmes familiaux et professionnels qui résultent de ce transfert de personnalités. Totalement inadaptés à leur nouvel environnement, les deux personnages déconcertent leur *entourage* qui ignore ce qui s'est passé. L'étonnement, les découvertes, les angoisses des protagonistes sont décrits avec finesse. Van Cauwelaert profite d'ailleurs des circonstances pour faire la satire du monde politique et littéraire parisien : le garçon-boucher gagne les procès, triomphe au cours de son passage dans une émission

*flippant*

*playwright*
*entertainment*

*lawyer*

*contrôle*

*family circle*

littéraire télévisée et, finalement, se retrouve ministre. À travers le bon sens et le langage direct de son héros, l'auteur dénonce en riant des aspects abusifs, corrompus et incohérents de la société.

Il y a une tradition française de littérature satirique qui critique et se moque du pouvoir et de l'esprit de sérieux. Molière quand il ridiculise les médecins du XVII^e siècle, Voltaire quand il raconte les malheurs de Candide victime des despotes du XVIII^e siècle, utilisent le rire pour faire remarquer les défauts de leurs sociétés. Le ridicule tue, dit-on en France. Les satiristes le savent bien.

## PRÉPARATION · À · LA · LECTURE

1. Imaginez l'endroit idéal pour un coup de foudre.
2. Pensez-vous que les circonstances particulières d'une rencontre amoureuse soient déterminantes pour l'avenir d'une relation?
3. À votre avis, les jeunes hommes sont-ils plus naïfs et maladroits que les jeunes filles dans une relation amoureuse?

## Poisson d'amour[1]

Il y a des gens qui ne partent jamais, et qui vont rêver dans les aéroports. Moi, je n'achète rien, et depuis trois mois je passe mes jeudis à la *salle des ventes*.

— Nous vendons à présent sous le numéro 132 cette *commode* Empire. Un *preneur* à neuf mille.

Je *me faufile, enjambe* des chaises pour aller m'asseoir au second *rang.* J'aime bien le Nouveau Drouot,[2] ce décor de métal, *velours* et plastique, le bruit des escalators dans la *cohue,* les *vieilleries* qui *défilent,* sur des *chariots,* dans des paniers. Les marchands *se mêlent* aux *curieux,* ceux qui viennent d'acheter *bousculent* ceux qui s'en vont, *le front bas.*

— Onze mille.

— Cinq cents.

— Douze mille. Cinq cents. Ce n'est plus vous, madame. L'*enchère au fond,* par une moustache. Treize mille. Cinq

*auction room*

*chest of drawers / buyer*

*sneak by / step over*

*row*

*velvet*

*crush / old things / pass by / carts*

*mingle with / onlookers*

*jostle / their heads down*

*a bid in the back*

---

[1] Jeu de mots sur « Poisson d'avril » (*April fool's day prank*).

[2] Grande salle des ventes installée dans un immeuble de style très moderne à Paris.

cents, à ma gauche. Personne ne *couvre* l'enchère de treize
mille cinq cents? C'est bien vu, à ma droite? C'est vrai?

*raise*

Parfois, je lève la main, je *hoche la tête, je lance un chiffre,*
comme on met les doigts dans une *prise de courant,* pour
20 voir. Au milieu d'un passé[3] qu'on *disperse,* je me donne
pour quelques secondes l'impression d'être *joueur,* l'impression d'être libre.

*nod / throw out a figure*

*socket*

*scatters*

*gambler*

— *Adjugé.* Maintenant nous passons au numéro 136. Une
*chaise à porteurs,* fin dix-septième, garnie de *cuir fauve,* des
25 *armoiries comtales* sont peintes sur la porte, nous commen-
çons à douze mille. Cinq cents, au fond. Treize mille, à ma
gauche, par un *bonnet.*

*gone*

*sedan chair / tawny
    leather / coat of arms
    of a count*

*hat*

Le silence tombe sur la salle. Je *me penche* pour voir qui
est le bonnet. À cinq chaises de moi, une jeune femme aux
30 cheveux longs, couleur *paille,* des lunettes à *monture* bizarre,
un bonnet *en croissant.* Elle *se mord* un doigt, la jupe *fendue.*
Ses jambes sont *bronzées,* nerveuses, ses *mollets* cachés sous
des chaussettes noires. Elle est *enroulée* dans un châle, porte
*en bandoulière* un sac à *franges.*

*lean forward*

*straw / frame*

*crescent-shaped / is bit-
    ing / slit / tanned /
    calves / wrapped up*

*on her shoulder /
    fringes / stresses*

35 — Une pièce exceptionnelle, *souligne* l'expert à la droite
du *commissaire-priseur.*

*auctioneer*

— L'enchère à treize mille, rappelle le crieur.

La salle se tait. Quelquefois les enchères cessent brusquement, parce qu'elles ont commencé trop bas. Certains
40 connaisseurs profitent de ces moments de *flottement* pour
*rafler* des lots à un prix *dérisoire,* et quand le *marteau* est
tombé les gens *se dévisagent,* incertains.

*hésitation*

*snatch / ridicule /
    hammer / stare at one
    another / dit / irrité*

— Alors? *lance* le crieur, *agacé* par le silence qui se pro-
longe.

45 — Cinq cents!

J'ai *sursauté.* Mes yeux allaient de ses chaussettes noires à
son bonnet. Elle a parlé, très vite, trop fort. Elle me regarde.

*jumped*

— Mais… c'est déjà vous, mademoiselle.

50 — Ah bon.

Il y a une sorte de panique dans ses yeux bleus, derrière
les lunettes. Sa main s'agite sur son genou.

— Treize mille, *soupire* le crieur. L'enchère est à mademoiselle au bonnet. Allons, allons! Une fois, deux fois…

*sighs*

55 Elle *se détourne* soudain, la bouche *crispée,* ferme les yeux
et je me retrouve à sa place, lorsque j'ai lancé une enchère.
Un sentiment d'urgence me *cloue* sur ma chaise.

*turns away / tense*

*nails*

— Quatorze mille!

---

[3] L'auteur désigne ainsi les objets anciens qui sont vendus.

Mes paroles *ont claqué,* des gens se retournent. La fille | resounded
60 rouvre les yeux et me sourit, hoche brusquement la tête.
— Cinq cents, lance le crieur qui se tourne vers moi.
Les yeux bleus sont dans les miens.
— Quinze mille!
Elle a un mouvement.
65 — Cinq cents, traduit le crieur.
Les *spots* du plafond m'*éblouissent,* je n'ose pas *cligner des* | spotlights / dazzle /
*yeux,* je dis : | blink
— Seize mille!
Elle *abaisse les paupières,* lentement, et c'est comme si elle | lower her eyelids
70 me disait oui.
— Cinq cents.
Son visage m'hypnotise. J'imite ses mouvements, les *de-* | anticipe
*vance,* le crieur tourne la tête *à toute allure,* pour nous suivre. | très vite
— Dix-neuf... Vingt... et un. Vingt-deux.
75 Je ne pense pas à ce que je suis en train de faire. Seul
compte ce visage que je fais bouger, à chaque enchère, qui
me répond. Son sourire *s'allonge* et le crieur lance un chiffre. | becomes wider
Le moindre de nos mouvements, le plus petit *battement de* | blinking of her eye-
*cils est comptabilisé.* Je n'écoute plus. Je souris moi aussi et il | lashes is counted
80 n'y a plus que nous dans la salle. Elle sursaute.
— Pardon?
Le crieur répète et elle *avale* un cri, la main sur la bouche, | suppresses
fait signe que non.
— *C'est vu?* | all right
85 Quoi, c'est vu? Qu'est-ce qu'il raconte? Le marteau hésite un instant, s'abaisse.
— *J'adjuge,* au *blouson* vert. | sold / jacket
Le crieur s'avance, me tend un ticket.
— Votre nom, monsieur?
90 Je *balbutie,* il me demande de répéter. Tout le monde me | mumble
regarde. Mais ce n'est pas moi, c'est...
— Monsieur Lachaume, clame le crieur en se dirigeant
vers le bureau.
Il fait des calculs sur un papier, revient m'annoncer :
95 — Quarante-deux mille huit cents,[4] monsieur.
Déjà il est reparti, le commissionnaire apporte un vase,
des voix *s'élèvent,* la vente reprend. La fille est debout, au- | are heard
dessus de moi, les doigts *serrés* sur son sac. | clenched
— *Ben dites donc...* | (here) wow!
100 Son sourire *s'affaisse* devant mon air *catastrophé.* | tombe / stunned

---

[4] Avec un dollar à six francs, ceci représente un peu plus de sept mille dollars.

— Écoutez, je suis *navrée*... Attendez, je vais essayer     *sorry*
d'arranger. Monsieur!
    Elle *attrape* le crieur par le bras, au milieu d'une phrase.     *grabs*
    — Voilà : si je retire mes enchères, vous pouvez... — je
105 ne sais pas, *lui soustraire,* non?     *cut down on the price*
    Le type *hausse les épaules,* et tend le doigt vers un homme.     *shrugs*
    — Cinq cents.
    Elle revient vers moi. C'est comme si les *enchères s'étaient*     *bidding had closed with*
*refermées sur nous,* et on se regarde sans rien dire. Son châle     *us*
110 s'est *écarté,* découvrant un tee-shirt, les *seins tendus* sous des     *ouvert / breasts / firm*
*majuscules.* ISABELLE.     *capitals*
    — Adjugé à madame en rouge. Messieurs, mesdames, la
*vacation* est terminée.     *session*
    Les gens se lèvent dans un *raclement* de chaises, le *brouhaha*     *scraping / hubbub*
115 se déplace vers le couloir. Les *acquéreurs font la queue* devant     *acheteurs / wait in*
la chaire du commissaire-priseur, comptant des billets, *li-*     *line*
*bellant* des chèques. Isabelle cherche autour d'elle, pro-     *écrivant*
pose :
    — Écoutez, on peut... Je ne sais pas... On va partager.
120     — Non, non.
    Je sors mon *chéquier,* m'avance vers la caisse. Elle me     *checkbook*
retient.
    — *Vous m'en voulez?*     *Are you angry at me?*
    Elle a *ôté* ses lunettes, son visage est penché, ses *mèches*     *removed / (here) hair*
125 *rebiquent* sur son châle. Je dis non. Son sourire *se détend*     *sticks up / relaxes*
aussitôt.
    — Vous aimez les chaises à porteurs?
    Elle *ajoute :*     *adds*
    — Je *suis bien tombée.*     *was lucky*
130     Puis elle baisse les yeux.
    — Remarquez, vous pouvez la revendre.
    La *femme qui encaisse* a dû me répéter plusieurs fois la     *cashier*
même chose. Il s'agit de *livraison.* Je lui donne mon adresse     *delivery*
et je signe le chèque, *d'un air désinvolte,* puisque de toute     *in an offhand manner*
135 manière c'est trop tard. Je le détache et le pose sur le
comptoir, avec une pensée pour ma sœur qui ne sait pas *ce*
*qui l'attend.*[5]     *what's in store for her*
    — Qu'est-ce que vous allez en faire? demande Isabelle
en montrant la chaise qu'on a *coincée là-bas* entre une armure     *stuck over there*
140 et un *bahut.*     *sideboard*
    — Je ne sais pas. Je vais *me faire porter.*     *have myself carried*
                                                                        *around / approves*
    Elle *acquiesce,* pensive. Ses yeux sont longs, très clairs,
immobiles. Je *tousse* dans ma main. J'ai *l'air malin* avec mon     *cough / (here) look like*
                                                                        *an idiot*

---

[5] Le narrateur vit chez sa sœur qui paie toutes ses dépenses.

vieux pantalon et mon blouson d'aviateur. Elle *me fixe*  ·  stares at me
145  comme s'il y avait quelque chose d'intéressant dans mon
visage rond, mes cheveux bouclés, mes jambes courtes. Je
n'ai jamais ressemblé à mon physique : je *soulève* cent kilos,  ·  lift
et je passe en m'excusant. Je *plie négligemment* le *reçu,* comme  ·  fold casually / receipt
si je faisais ça tous les jours, comme si j'étais quelqu'un.

150  — Vous voulez un *cachou?* demande-t-elle en *tirant* de  ·  bonbon / pulling
son sac un *mouchoir* qui *fait tomber* un peigne, deux *trousseaux*  ·  handkerchief / carries with it / sets
de clés, des pièces.

Je *ramasse* le tout en disant non merci. La foule *nous*  ·  pick up
*entraîne* vers le couloir. Elle rajuste la *bretelle* de son sac,  ·  carries us / strap
155  rentre une mèche blonde sous son bonnet. Son parfum sent
*la verveine.*[6] Elle s'arrête au bord de l'escalator, regarde à  ·  of verbena
ses pieds, attendant une marche. Les gens poussent derrière
nous. Elle finit par *se lancer,* une branche de lunettes à la  ·  steps in
bouche, *agrippe la main courante. À mi-étage,* je demande :  ·  grabs the handrail / half way down
160  — Vous vous appelez Isabelle?
— Non, c'est celui d'une amie. J'ai *déchiré* le mien.  ·  ripped

Elle croise son châle sur le tee-shirt et *trébuche* à l'arrivée.  ·  trips
Des gens passent avec des *lampadaires,* des trophées *de chasse,*  ·  floor lamps / hunting
des *piles* d'assiettes. Elle m'explique qu'elle adore Drouot à  ·  stacks
165  cause de l'atmosphère, que cette agitation fiévreuse lui fait
penser à un départ pour la guerre, sans destination, sans
adieux et que *bong,* elle *s'est cognée.* Elle met la main sur son  ·  (noise) / bumped into something / going around / pillar / lenses
nez, me sourit *en contournant* le *pilier.*
— Normalement je porte des *lentilles,* mais ça m'irrite
170  les yeux si je les garde trop longtemps. Je suis très myope.

Elle prend sa respiration, *pousse un grand soupir,* me de-  ·  sighs heavily
mande ce que je fais dans la vie. Je réponds « rien », ce qui
est vrai, mais sur un ton léger qui est un *mensonge.*  ·  lie
— *Au chômage,* traduit-elle, la voix de circonstance.  ·  unemployed
175  — Non.
— Ah bon.
Elle paraît *soulagée.*  ·  relieved
— Alors vous êtes riche.
— Je suis *paresseux.*  ·  lazy
180  — C'est bien. Moi aussi, si j'avais le temps...
— Et vous?
— Moi?
La question l'a surprise. Il lui vient aussitôt un air mys-
térieux.
185  — Ça dépend, dit-elle avec un petit mouvement de tête.
— Et bien, nous n'avons pas intérêt à *fonder un foyer.*  ·  start a family

---

[6] Plante qui sent très bon et dont on fait une boisson chaude.

Elle me regarde bizarrement.

— Pourquoi dites-vous ça?

J'ai rougi, *ça y est*. Je *n'y suis pour rien* : c'est elle qui est *[that's it / I can't help it]*
190 belle. Je ne suis brillant qu'avec des *boudins*. *[dogs (unattractive women) / I was kidding]*

— *C'était une boutade*.

— Il ne faut pas *plaisanter* avec ça. *[joke]*

*Allons bon*. Elle ajoute : *[What now?]*

— J'ai connu quelqu'un qui était...

195 Elle s'interrompt, *fronce les sourcils,* lèvres *pincées,* hausse *[frowns / tight]*
les épaules avec un sourire :

— Oh, remarquez...

Nous arrivons sur le trottoir de la rue Drouot, dans les
fumées, la cohue. Un homme nous bouscule, s'avance pour
200 *héler* un taxi, tient par le *socle* un *aigle empaillé,* l'œil *farouche*. *[appeler / base / stuffed eagle / fierce / raise]*

— Vous savez comment les aigles *élèvent* leurs petits?
demande-t-elle. D'abord, ils les nourrissent, ils leur don-
nent des forces et puis ils les *affament*. Ensuite, ils les *jettent* *[starve / throw them into midair / fly]*
*dans le vide,* pour leur apprendre à *voler*. Ceux qui n'ont pas
205 *assez maigri s'écrasent*. *[lost enough weight / crash / (idiom) like a horse / nest]*

Je hoche la tête. Moi, je mange *comme quatre,* et je reste
au *nid*. Elle regarde soudain sa montre.

— Moins dix!

Elle mord ses lèvres, ouvre son sac, me demande si j'ai
210 un papier. Je n'en ai pas. Une 2 CV[7] rouge est *garée* sur le *[parked]*
trottoir près de nous. Elle hésite, ôte la *contravention glissée* *[parking ticket]*
sous *l'essuie-glace,* sort un crayon, *griffonne* une adresse. *[placé / windshield wiper / scribbles]*

— Si un jour vous passez... enfin, si vous vous faites
porter dans le *quartier*... *[neighborhood]*
215 Elle me tend la contravention, *grimpe* dans la 2 CV, *dé-* *[climbs]*
*marre* et disparaît. Elle a écrit : 6 ter, rue de l'Abreuvoir. Je *[drives off]*
reste au bord du trottoir, tenant dans une main le reçu d'un
*chèque sans provision* et, dans l'autre, une *amende* pour *sta-* *[bad check / contravention / "no parking"]*
*tionnement interdit,* avec l'adresse d'une fille dont je ne
220 connais pas le nom.

---

## REVUE · DE · VOCABULAIRE

**A. Mots associés.** *Dans le texte trouvez des mots qu'on associe avec :*

*1.* les meubles et objets pour la maison
*2.* une belle femme

---

[7] La deux chevaux Citroën est une petite voiture bon marché.

3. les enchères
4. les vêtements à la mode
5. le budget d'un jeune homme
6. un lieu où il y a beaucoup de monde
7. ce qu'on dit quand on se rencontre pour la première fois
8. une personne pressée

**B. Complétez les phrases.** *Choisissez dans le texte les mots et les expressions qui peuvent convenir pour compléter les phrases suivantes. Faites les accords nécessaires. Il y a plusieurs possibilités.*

1. Les aéroports sont des lieux où ____ .
2. Quand on est joueur on aime ____ .
3. Quand les enchères commencent, les gens ____ .
4. Dans la salle il y avait ____ .
5. Devant la jeune fille, il voulait avoir l'air ____ .
6. Dans le sac de la jeune fille il y avait ____ .
7. Il a payé avec ____ .
8. Elle est partie sans ____ .

**C. Famille de mots.** *Indiquez le substantif correspondant à chacun des verbes ci-dessous :*

EXEMPLE : attendre — **attente**

| | | |
|---|---|---|
| acheter | découvrir | respirer |
| vendre | détendre | maigrir |
| mordre | ressembler | nourrir |
| répondre | finir | élever |
| soustraire | déchirer | plaisanter |

## QUESTIONS · DE · COMPRÉHENSION

1. Pourquoi le narrateur aime-t-il aller au Nouveau Drouot?
2. Quel est l'objet mis aux enchères?
3. Décrivez la jeune fille que le narrateur remarque.
4. Pourquoi le narrateur fait-il monter les enchères?
5. Quelles sont les réactions du narrateur quand la chaise lui est adjugée?
6. Comment le narrateur paie-t-il la chaise?
7. Qu'est-ce que la conversation des deux personnages nous apprend sur eux?
8. Quels sont les deux papiers qui restent au narrateur après le départ de la jeune fille?

## QUESTIONS · SUR · LA · TECHNIQUE · DU · RÉCIT

1. L'auteur a placé un coup de foudre dans le cadre d'un monde d'argent et d'affaires. Quel effet obtient-il ainsi?
2. Relevez dans le texte les éléments satiriques ou comiques.
3. Trouvez des détails qui montrent que la personnalité de la jeune fille est étrange et contradictoire.
4. À la lumière des remarques faites par chaque personnage, comment le texte suggère-t-il le type de rapport qui va se développer dans ce couple?
5. D'après ses commentaires et ses réactions, quel genre d'homme est le narrateur? Correspond-il à l'image classique du héros?

# ENTRETIEN AVEC D. VAN CAUWELAERT

**INT.** — Quel est le point de départ de vos romans? Avez-vous l'idée d'une intrigue précise en tête ou improvisez-vous des scènes en écrivant?

**D.v.C.** — Il est toujours difficile de retrouver le point de départ d'un roman. C'est une situation, un personnage ou une *réplique* qui fermentent, vous obsèdent et font leur chemin. Un roman se développe au *volant,* dans les *embouteillages,* dans un dîner où l'on s'ennuie, dans sa *baignoire,* ou, en *surimpression,* pendant la lecture des livres *d'autrui.* Le romancier qui donne l'impression de ne rien faire est ainsi en période de « *grossesse* », ce qui incite les autres à le laisser tranquille. Dire qu'on travaille à un livre est l'un des derniers *remparts* contre les *raseurs,* les médias, les invitations à dîner. Comme alibi, c'est plus glorieux que la *grippe.* Mais un jour on se retrouve en train d'écrire *pour de bon.* En fait, je crois qu'on ne doit plonger dans le papier que lorsqu'on ne peut plus *retenir* ses personnages, son histoire et ses phrases. J'écris toujours en état *d'urgence,* avec une idée très précise de ce que sera mon livre. Heureusement, j'ai des surprises *en cours de* route.

**INT.** — Vos personnages sont souvent *saugrenus.* Sont-ils inspirés par certaines personnes réelles ou sont-ils entièrement imaginaires?

**D.v.C.** — Mes personnages ne sont jamais entièrement imaginaires, ni pris *tout crus dans* la réalité, et je le regrette : la vie serait plus drôle.

*line*

*steering wheel (of a car)*
*traffic jams / bathtub*
*superimposition /*
*(here) d'autres au-*
*teurs*
*"pregnancy" (gestation)*

*(here) défenses / bores*
*flu*

*for real*

*hold back*
*emergency*

*pendant*

*ludicrous*

*(here) straight from*

**INT.** — Les œuvres comiques sont souvent considérées comme du pur divertissement ; aimeriez-vous qu'il en soit autrement pour vous? Estimez-vous que vous *abordez* des sujets aussi importants que ceux des auteurs « sérieux »?

*approach*

**D.v.C.** — Un romancier « sérieux » est un mauvais romancier. Mais comme ils sont *majoritaires,* on ne s'en rend pas toujours compte. Le sérieux est généralement un signe de prétention, de *sécheresse* ou d'*impuissance,* ce qui est très *prisé* dans la France *des lettres.* La liberté d'écrire, *pourtant,* s'accommode mieux de la frivolité profonde, et de cette *gravité sur fond de* fantaisie qui *entraîne* le lecteur du rire aux larmes, *sans lui passer de menottes.* Le monde n'étant pas bien gai, c'est notre devoir et notre luxe d'être drôles. Mais nous ne sommes pas nombreux à penser cela. Pourtant, la comédie est le seul genre qui permette *d'aborder* tous les sujets, et les plus angoissants, sans que le lecteur soit notre élève ou notre otage ou notre victime.

*in the majority*

*dryness / helplessness / apprécié / littéraire / however / agrees better with / sérieux (here) mixed with / takes / without handcuffing him (l'emprisonner)*

*traiter*

**INT.** — Comment définiriez-vous le genre de comique que vous cultivez? Le rattachez-vous à une tradition littéraire? À certains films?

**D.v.C.** — Si je dois me rattacher à une tradition d'humour, c'est celle qui en littérature va de Diderot[1] à Marcel Aymé, et qui au cinéma passe par Billy Wilder et Dr. Strangelove de Kubrick.

**INT.** — Pensez-vous que votre sensibilité soit représentative de votre génération ou est-ce purement individuel?

**D.v.C.** — *En tant que* romancier, je me promène dans la tête des autres et je fais l'expérience de tous les âges. Mais je suis plus intéressé par le fait de toucher chez mes lecteurs la sensibilité du moment, que d'exprimer la mienne *en fonction de* ma date de naissance.

*comme*

*according to*

**INT.** — Quelles personnes ou choses suscitent particulièrement votre ironie? Quelles sont vos *cibles* favorites?

*targets*

**D.v.C.** — Je ne pense pas que les gens soient plus idiots qu'au siècle précédent, mais ils ont davantage de *moyens* à leur disposition pour l'exprimer. Aussi l'époque moderne est-elle un excellent *vivier,* si l'on considère la satire comme un devoir social, en même temps qu'une politesse. Essayer

*means*

*(here) source*

---

[1] Philosophe français (1713–1784). Parmi ses œuvres, la plus connue est Le Neveu de Rameau.

de faire rire les gens en les *vengeant* de ce qu'ils *subissent* dans la vie courante est une de mes raisons d'écrire. C'est pourquoi les hommes politiques *passent souvent sous mon stylo.* En règle générale, couper les *fils* des *pantins* qui nous gouvernent en essayant de voir qui *tire* ces fils est une chose que j'aime bien. *[avenging / are subjected to; (here) are often my targets / strings / puppets; pulls]*

**INT.** — Est-ce que le héros de <u>Poisson d'Amour</u> vous ressemble?

**D.v.C.** — Oui et non. Écrire, en fait, c'est *se donner des rallonges.* *[enlarge oneself]*

**INT.** — Béatrice est une excentrique. On trouve le même type de femme dans <u>Les Vacances du fantôme</u>. Est-ce un archétype féminin de notre époque ou correspond-il à vos préférences personnelles?

**D.v.C.** — J'aime bien les excentriques *blessées,* les femmes qui *tourbillonnent* et vous *épuisent,* mais laissent voir leurs *fissures,* parfois. Elles ont toujours existé, mais à notre époque l'excentricité chez une femme est moins blâmée, plus banale, et donc il y a moins d'excentriques. C'est au romancier de *réveiller* l'espèce. *[wounded; swirl around / exhaust; (here) failings; (here) revive]*

**INT.** — Comment vous est venue l'idée de la chaise à porteurs?

**D.v.C.** — J'avais envie d'un symbole amoureux *encombrant,* j'ai donc choisi une chaise à porteurs, objet *hors de prix* et *inlogeable* qui, envahissant la vie de Philippe, l'oblige à *déménager, bouleverser* ses habitudes, et vivre sans *un sou,* ce qui est une excellente manière d'aborder une relation amoureuse. À un moment, pour *renflouer* son compte en banque, il place la chaise *en gérance* dans un jardin public. Deux laquais promènent façon *grand-siècle* les touristes japonais dans cet équipage « *new-look* ». Ainsi la chaise à porteurs, qu'il avait *arrachée* aux enchères de Béatrice pour *l'éblouir,* à la salle des ventes, devient-elle *rentable.* Tout cela n'est pas vraiment romantique. *[cumbersome; très cher / impossible à placer dans un appartement; move out / upset / argent; credit; (here) on loan (XVIIe siècle); snatched away / dazzle; profitable]*

**INT.** — Quels sont vos habitudes et votre rythme de travail?

**D.v.C.** — Dans le travail, ma seule discipline est le plaisir. J'écris quand j'en ai envie, c'est-à-dire quand je ne peux pas faire autrement, et cela m'arrive souvent. J'aime me réveiller à cinq heures du matin et travailler jusqu'à la nuit, sans téléphone ni *courrier,* pendant dix jours, et revenir sur terre *[mail]*

une semaine, et puis repartir. J'écris sur du papier à l'*épais-*   *thickness*
*seur* variable suivant le *stade* du roman. Je *rature* beaucoup,   *stage* / corrige
je *déchire*, je recommence, et quand je suis arrivé *au bout*, je   *tear up* / à la fin
tape sur une machine Brother EP 44 électronique portable,
qui ne fait pas de bruit, et c'est indispensable parce que
j'écris toujours *à haute voix*. Cette machine est *du reste* ré-   *aloud* / en fait
servée à la fiction.

**INT.** — Quels sont vos activités actuelles et vos projets?

**D.v.C.** — En ce moment, je termine ma troisième pièce de
théâtre qui s'appelle <u>Le Candidat</u>, et raconte comment on
fabrique un homme politique. J'ai écrit les dialogues du
prochain film de Georges Lautner, <u>La Maison assassinée</u> et
je travaille sur des adaptations cinématographiques de mes
trois premiers romans. Le quatrième *ressort* de temps en   *comes out*
temps de son *tiroir*.   *drawer*

Paris, juillet 1987

---

## SUJETS · DE · DISCUSSION · ET · DE · COMPOSITION

---

*1.* Quels sont les sujets (personnes et situations) qui vous paraissent bien
s'adapter à un traitement comique? Y a-t-il des sujets que vous n'aimez pas
voir traiter de façon ironique?
*2.* Pensez-vous qu'on rencontre beaucoup de personnes excentriques à notre
époque? Trouvez-vous leur fréquentation agréable ou pénible?
*3.* Croyez-vous au coup de foudre en amour? Pensez-vous que les relations
qui commencent par un coup de foudre puissent être durables?
*4.* Imaginez la vie du couple après la rencontre. Se marient-ils? Sont-ils heureux? Où vivent-ils? etc…

#  Chapitre Dix

# Enfance

## NATHALIE SARRAUTE

**Nathalie Sarraute** est connue aujourd'hui comme l'un des écrivains français les plus importants. Née en 1902 à Ivanovo, en Russie, elle est venue très jeune en France où son père s'était installé pour fuir l'Okhrana, la police politique du Tsar. Ses parents étant divorcés, elle a passé sa petite enfance entre Saint-Pétersbourg (Leningrad) où résidait sa mère, la Suisse où elle allait en vacances avec son père et Paris où elle a fait ses études. C'était une excellente élève, elle a appris facilement l'anglais qu'elle parle toujours avec aisance. Plus tard, elle a fait une carrière de juriste internationale. Elle a d'ailleurs une *connaissance* et une apprécia- *knowledge* tion internationale de la littérature. Elle a défini la nature innovatrice des romans de Virginia Woolf, de Franz Kafka, de Dostoïevsky dans L'Ère du soupçon (1956), un livre d'essais qui a eu une grande influence sur le développement du Nouveau Roman. Dès son premier livre (Tropismes, 1939) Nathalie Sarraute a mis au centre de son œuvre l'exploration de sensations rapides, violentes et secrètes, qu'on ne remarque pas habituellement. Le nom de « tropisme » qu'elle a donné à ces manifestations est emprunté au langage scientifique, par exemple pour décrire le mouvement des plantes vers la lumière. Dans les livres de Sarraute le mot caractérise des réactions élémentaires à une cause extérieure, par exemple, dans le texte ci-dessous, l'effet provoqué sur la fillette par le mot « malheur ». En décrivant ces mouvements intérieurs l'auteur montre que sous la banalité des conventions sociales et des phrases stéréotypées il existe une vie intense de sentiments violents et de rapports humains complexes.

Dans Enfance (1983) ce sont les souvenirs d'un mot, d'une phrase, d'une impression momentanée qui sont à l'origine des scènes que l'auteur reconstitue. Il s'agit de fragments, de passages isolés de la vie d'une petite fille au début du vingtième siècle. Elle est partagée entre ses parents, son père remarié avec Véra à Paris, sa mère remariée avec Kolia en Russie. La petite fille découvre le monde, l'angoisse et la joie de vivre, les sentiments *trahis,* les mots *betrayed* qui trahissent.

On trouve dans ce livre une évocation puissante et nostalgique d'un monde disparu : le milieu des émigrés russes à Paris, les promenades en *calèche* dans la campagne russe, *(a kind of carriage)* la vie des petits Parisiens dans les écoles et au jardin du Luxembourg. Il y a là des scènes et des personnages très vivants. La vie compliquée des parents, les attitudes des domestiques, des institutrices sont décrites à travers une suite de moments significatifs. Pour recréer avec exactitude des souvenirs vieux de soixante-dix ans, l'auteur présente dans le texte un dialogue avec elle-même. L'écrivain et son double parlent des événements, les commentent et essaient de les reconstituer. Ce dialogue établit un rapport entre le passé de la mémoire et le présent du travail de l'écrivain. Ces deux *niveaux* sont unis pour exprimer la vérité de l'enfance comme histoire des origines d'une vie et d'une œuvre.

*levels*

## PRÉPARATION · À · LA · LECTURE

1. Décrivez vos sentiments quand vous avez été séparé(e) de vos parents pour la première fois.
2. Vous est-il arrivé d'avoir l'impression d'être traité(e) injustement par vos parents? Quelles ont été vos réactions?
3. Quand les parents divorcent, quel est l'arrangement le moins pénible pour l'enfant?

## *Enfance*

Je ne sais pas si quelqu'un est venu *nous chercher,* je ne me souviens de mon père que dans le petit appartement *triste* et comme pas complètement habité de la rue Marguerin[1]... et de son *accueil* étrange, si différent de tous ses accueils précédents... un peu froid, *compassé...* et la jeune femme... « Tu reconnais Véra? tu t'en souviens? » Je dis oui, mais j'ai du mal à reconnaître cette très jeune femme aux *joues* rondes et roses, si svelte et agile dans son *costume* d'homme, une *mèche échappée* du *chapeau melon,* qui me *faisait tourner,* me soulevait, tombait avec moi, *essoufflée,* s'*éventant* avec son mouchoir, *riant aux éclats...* elle ne ressemblait pas à cette dame aux cheveux *disposés en rouleaux* de chaque côté de la tête, sagement *lissés,* pas une mèche ne *dépasse,* son visage allongé est très pâle, ses *lèvres minces* et droites, les dents du bas *avançant* et recouvrant celles du haut, s'*étirent* comme pour *faire semblant* de sourire et il y a dans ses yeux très clairs, très transparents, quelque chose... il n'y avait

*meet us*
*(here) dreary*

*welcome*

*stiff*

*cheeks*
*suit*
*wisp of hair escaped / bowler / whirled around*
*out of breath / fanning*
*roaring with laughter*
*rolled back*
*smooth / sticks out*
*thin lips*
*protruding / stretch*
*to pretend*

[1] À Paris, dans le XIVᵉ arrondissement, près du parc Montsouris.

*rien de pareil* dans les yeux encore plus clairs et transparents — *nothing like that*
de Gacha[2]… oui, quelque chose que je n'avais remarqué
20  chez personne… comme une petite flamme *inquiétante*… — *alarming*
      J'occupe ici comme à Pétersbourg une des chambres sur
la rue. Il n'y a plus dehors de lumière *argentée,* ni *quelque* — *silvery / somewhere*
*part* plus loin de vastes *espaces* de glace, de neige scintil- — *expanses*
lante… mais une lumière un peu sale, enfermée entre des
25  *rangées* de petites maisons aux façades *mornes*… — *rows / gloomy*
      — Mortes, devrais-tu dire, sans avoir peur d'exagérer.
      — Oui, sans vie. Il est curieux que ces mêmes maisons,
quand j'habitais rue Flatters[3] m'aient paru vivantes, je me
sentais protégée, enveloppée doucement dans leur *grisaille*
30  *jaunâtre*… et elles conduisaient aux amusements, à l'*insou-* — *yellowish grayness*
*ciance* des jardins du Luxembourg où l'air était lumineux, — *carefree spirit*
vibrant.
      Ici les petites rues compassées *menaient* au parc Montsou- — *allaient*
ris. Son *seul* nom me semblait *laid,* la tristesse *imbibait* ses — *very / ugly / seeped*
35  vastes *pelouses* encerclées de petits *arceaux,* elles étaient — *from / lawns / arches*
comme *plaquées* là pour rappeler de vraies prairies et vous — *stuck*
en donnaient une nostalgie par moments *déchirante*… tu — *heartrending*
*m'accorderas* que le mot n'est pas trop fort. — *will grant me*
      C'est là que j'allais faire semblant de jouer, auprès de
40  Véra, aux *pâtés,* au *cerceau,* ou en courant sur le *gravier* des — *sand castles / hoop /*
allées bordées d'arceaux. Même les *chevaux de bois* ici ne me — *gravel / merry-go-*
tentaient pas. — *rounds*
      Mes soirées, quand j'étais dans mon lit, étaient consacrées
à maman, à pleurer en sortant de sous mon *oreiller* sa photo, — *pillow*
45  où elle était assise auprès de Kolia, à l'embrasser et à lui
dire que je *n'en pouvais plus* d'être loin d'elle, qu'elle vienne — *could no longer bear*
*me chercher*… — *fetch me*
      Il avait été *entendu* entre maman et moi que si j'étais — *agreed*
heureuse je lui écrirais : « Ici je suis très heureuse, » en
50  soulignant « très ». Et seulement « Je suis heureuse », si je
ne l'étais pas. C'est ce qu'un jour je m'étais décidée à lui
écrire à la fin d'une lettre… Je n'avais plus la force d'attendre
encore plusieurs mois, jusqu'en septembre, qu'elle vienne
me reprendre. Je lui ai donc écrit : « Je suis heureuse ici ».
55  Quelque temps après, mon père m'appelle. Je le voyais
très peu. Il partait le matin vers sept heures, quand je dor-
mais, et rentrait le soir très fatigué, préoccupé, le repas
*s'écoulait* souvent en silence. Véra parlait très peu. Les mots — *was spent*

---

[2] La domestique qui s'occupait de Nathalie Sarraute à Saint-Pétersbourg et à Ivanovo en Russie, quand elle y vivait avec sa mère et son beau-père, Kolia.
[3] À Paris, près du jardin du Luxembourg — célèbre parc du quartier Latin.

qu'elle *proférait* étaient toujours brefs, les voyelles comme *uttered*
60 *écrasées* entre les consonnes, comme pour que chaque mot *squashed*
prenne moins de place. Même mon nom, elle le prononçait
*en supprimant* presque les a. Ce qui devenait un son — ou *deleting*
plutôt un bruit étrange — N't'che...

Après le dîner, mon père, je le sentais, était content que
65 j'aille me coucher... et moi-même je préférais aller dans ma
chambre.

— Tu ne faisais pas qu'y pleurer...

— Non, je devais lire, comme toujours.

Je me souviens d'un livre de Mayne Reid,[4] que mon père
70 m'avait donné. Il l'avait aimé quand il était petit... moi il
ne m'amusait pas beaucoup... peut-être étais-je trop jeune...
huit ans et demi... je *m'évadais des* longues descriptions de *(here) escaped from*
prairies vers les *tirets libérateurs,* ouvrant sur les dialogues. *freedom of dashes*

Donc quelques jours après *mon envoi* de cette lettre à *sending off*
75 maman, mon père *me retient* après le dîner et m'amène dans *keeps me*
son *bureau* qu'une porte *vitrée* sépare de la salle à manger... *study / glass*
Il me dit : Tu as écrit à ta mère que tu étais malheureuse
ici. Je suis stupéfaite : Comment le sais-tu ? — Eh bien j'ai
reçu une lettre de ta mère. Elle me fait des reproches, elle
80 me dit qu'*on ne s'occupe pas bien de toi,* que tu te plains... *we aren't taking good*
*care of you*
Je suis *atterrée, accablée* sous le coup d'un pareille trahison. *shattered / overwhelmed*
Je n'ai donc plus personne au monde à qui me plaindre.
Maman ne songe même pas à venir me délivrer, ce qu'elle
veut c'est que je reste ici, en me sentant moins malheureuse.
85 Jamais plus je ne pourrai me confier à elle. Je devais montrer
un si total, si profond désespoir que tout à coup mon père
abandonnant cette réserve, cette distance qu'il montre tou-
jours ici *à mon égard,* me *serre* dans ses bras plus fort qu'il *toward me / clasps*
ne m'avait jamais serrée, même *autrefois...* il sort son mou- *in the past*
90 choir, il *essuie* avec une *maladresse* tendre, comme trem- *wipes / awkwardness*
blante, mes *larmes,* et il me semble voir des larmes dans ses *tears*
yeux. Il me dit *juste :* « Va te coucher, ne t'en fais pas... *(here) simply*
une expression qu'il a souvent employée en me parlant...
rien dans la vie *n'en vaut la peine...* tu verras, dans la vie, *is worth it*
95 *tôt ou tard,* tout *s'arrange...* » *sooner or later / sorts it-*
*self out / despite*
À ce moment-là, et pour toujours, *envers et contre* toutes
les apparences, un *lien* invisible que rien n'a pu détruire *bond*
nous a attachés l'un à l'autre... Je ne sais pas exactement ce
que mon père sentait, mais moi, à cet âge-là, je n'avais pas
100 neuf ans, je suis sûre que tout ce qui petit à petit s'est révélé
à moi, au cours des années qui ont suivi, je l'ai perçu d'un

---

[4] Auteur anglais qui a écrit des romans d'aventures à la fin du XIX^e siècle.

coup, *en bloc*... tous mes *rapports* avec mon père, avec ma mère, avec Véra, leurs rapports entre eux, n'ont été que le *déroulement* de ce qui s'était *enroulé* là.

> *in one piece / relations*

> *unraveling / (here) happened / guest house*

105    Nous passons le mois de juillet dans une *pension de famille* à Meudon pour que mon père, qui maintenant essaie de fonder à Vanves[5] une petite usine fabriquant les mêmes produits chimiques que son usine d'Ivanovo, puisse chaque soir venir nous rejoindre. La maison est située dans un vaste
110  parc sans pelouses, *jonché d'aiguilles* de pin, planté de grands arbres sombres... Dans la salle à manger vient s'asseoir à une autre table un homme au visage *bouffi* et *blafard* que me rappellera plus tard l'acteur qui jouait l'assassin dans le film allemand <u>M</u>.[6] Dès que je le regarde, il me *fixe* comme pour
115  me faire peur de ses yeux très brillants. Son regard immobile, inexpressif, me fait penser au regard des *fauves*.

> *strewn with needles*

> *puffy / pallid*

> *stares*

> *wildcats*

Véra est de plus en plus maigre, son visage est tout jaune, son ventre *pointe,* j'apprends je ne sais plus comment qu'elle attend un enfant. Et un matin, peu de temps après notre
120  retour à Paris, mon père, qui n'est pas allé travailler, me dit que Véra est depuis la *veille au soir* dans une clinique et qu'une petite fille est née, une petite sœur pour moi... je la verrai dès que Véra se sentira mieux, elle a énormément souffert et le bébé est encore très faible.

> *is sticking out*

> *previous evening*

125    Nous marchons dans une morne rue longue comme son nom, Ver-cin-gé-to-rix, pour arriver enfin à la clinique. Véra me sourit gentiment, auprès de son lit dans un *berceau,* je vois un petit *être* hideux, rouge, violet, avec une énorme bouche *hurlante,* il paraît qu'il hurle ainsi *à* s'étrangler jour
130  et nuit. Véra a l'air inquiet, la main posée sur le *rebord* du berceau, elle le *balance.* On me dit d'embrasser le bébé, mais j'ai peur d'y toucher, enfin je me décide à poser mes lèvres sur son *front plissé* que ses cris stridents menacent de faire *éclater*... Comment va-t-elle s'appeler? — Hélène... C'est
135  en souvenir de la petite fille qui était née trois ans avant moi et qui est morte de la *scarlatine* avant ma naissance. J'avais vu sa photo à Ivanovo. Elle était dans les bras de sa *nourrice coiffée* d'un haut *bonnet brodé* de perles... Elle ressemblait à maman, mais ses yeux étaient immenses, comme
140  *emplis* d'étonnement... On m'avait dit que papa *l'avait lui-même soignée, bercée* dans ses bras et que sa mort lui avait fait tant de *chagrin* qu'il en était tombé malade.

> *cradle*

> *creature*

> *howling / to the point of / edge*

> *rocks*

> *furrowed brow*

> *shatter*

> *scarlet fever*

> *nurse wearing / embroidered hat*

> *full / took care of her himself, rocked*

> *grief*

— C'est vrai qu'il avait énormément souffert de sa mort,

---

[5] Meudon et Vanves sont des banlieues au sud-ouest de Paris.
[6] <u>M</u>, Le Maudit de Fritz Lang (1931).

mais il était tombé malade parce qu'il avait *attrapé* d'elle la
145 scarlatine.

    — Je le sais maintenant, mais ce n'est pas ce qu'on m'avait
dit et que je croyais encore...

    Quelques jours avant que Véra revienne avec le bébé, je
suis surprise en voyant que les *objets qui m'appartiennent* ne
150 sont plus dans ma chambre, une assez vaste chambre donnant sur la rue. La grande et grosse femme qui s'occupe de
tout dans la maison m'apprend que j'habiterai *dorénavant*
dans la petite chambre qui donne sur la *cour,* tout près de
la cuisine... « Qui va habiter dans ma chambre? — Ta
155 petite sœur avec *sa bonne*... — Quelle bonne? — Elle va
arriver... »

    Si quelqu'un avait pensé à m'expliquer qu'il n'était pas
possible de loger un bébé et une *grande personne* dans ma
nouvelle chambre, qu'il n'y avait pas *moyen de faire autre-*
160 *ment,* je crois que je l'aurais compris. Mais *enlevée* ainsi,
brutalement, de ce qui petit à petit était devenu pour moi
« ma chambre » et jetée dans ce qui m'apparaissait comme
un sinistre *réduit,* jusqu'ici *inhabité,* j'ai eu un sentiment qu'il
est facile d'imaginer de *passe-droit,* de préférence injuste.
165 C'est alors que la brave femme qui *achevait* mon *déménage-*
*ment* s'est arrêtée devant moi, j'étais assise sur mon lit dans
ma nouvelle chambre, elle m'a regardée d'un air de grande
pitié et elle a dit : « Quel malheur *quand même* de ne pas
avoir de mère. »

170     « Quel malheur! »... le mot *frappe,* c'est bien le cas de le
dire, *de plein fouet.* Des *lanières qui s'enroulent* autour de moi,
m'*enserrent*... Alors c'est ça, cette chose terrible, la plus
terrible *qui soit,* qui se révélait au-dehors par des visages
bouffis de larmes, des voiles noirs, des *gémissements* de dé-
175 sespoir... le « malheur » qui ne m'avait jamais approchée,
jamais *effleurée,* s'est *abattu* sur moi. Cette femme le voit.
Je suis dedans. Dans le malheur. Comme tous ceux qui
n'ont pas de mère. Je n'en ai donc pas. C'est évident, je
n'ai pas de mère. Mais comment est-ce possible? Comment
180 ça a-t-il pu m'arriver, à moi? Ce qui avait fait couler mes
larmes que maman effaçait d'un geste calme, en disant :
« Il ne faut pas... » aurait-elle pu le dire si ç'avait été le
« malheur »?

    Je sors d'une *cassette* en bois peint les lettres que maman
185 m'envoie, elles sont *parsemées* de mots tendres, elle y évoque
« notre amour », « notre séparation », il est évident que
nous ne sommes pas séparées pour de bon, pas pour toujours... Et c'est ça, un malheur? Mes parents, qui savent

---

*Marginal glosses (right column):*

*caught* — line 144

*my belongings* — line 149

*from now on* — line 152
*courtyard* — line 153

*nursemaid* — line 155

*grown-up* — line 158
*other solution* — line 159
*removed* — line 160

*cubbyhole / uninhabited* — line 163
*favoritism* — line 164
*was completing / re-moval* — line 165

*though* — line 168

*strikes* — line 170
*like a whiplash / straps / wind themselves* — line 171
*grip* — line 172
*possible* — line 173
*groans* — line 174

*touched / fallen* — line 176

*box* — line 184
*strewn* — line 185

mieux, seraient stupéfaits s'ils entendaient ce mot... papa
serait *agacé, fâché...* il déteste ces grands mots. Et maman    *irrité, angry*
dirait : Oui, un malheur quand on s'aime comme nous nous
aimons... mais pas un vrai malheur... notre « triste séparation », comme elle l'appelle, *ne durera pas...* Un malheur,    *won't last*
tout ça? Non, c'est impossible. Mais pourtant cette femme
si ferme, si solide, le voit. Elle voit le malheur sur moi,
comme elle voit « mes deux yeux sur ma *figure* ». Personne    *visage*
d'autre ici ne le sait, ils ont tous autre chose à faire. Mais
elle qui m'observe, elle l'a reconnu, c'est bien lui : le malheur qui s'abat sur les enfants dans les livres, dans Sans
Famille,[7] dans David Copperfield. Ce même malheur a
*fondu* sur moi, il m'enserre, il me tient.    *poured*

Je reste quelque temps sans bouger, *recroquevillée* au bord    *hunched up*
de mon lit... Et puis tout en moi se *révulse, se redresse,* de    *révolte / rises up*
toutes mes forces je repousse ça, je le *déchire, j'arrache* ce    *tear off / pull away*
*carcan,* cette carapace. Je ne resterai pas dans ça, où cette    *from / yoke*
femme *m'a enfermée...* elle ne sait rien, elle ne peut pas    *shut me in*
comprendre.

— C'était la première fois que tu avais été *prise* ainsi,    *(here) trapped*
dans un mot?

— Je ne me souviens pas que cela me soit arrivé avant.
Mais combien de fois depuis ne me suis-je pas *évadée* ter-    *escaped*
rifiée *hors des* mots qui s'abattent sur vous et vous enfer-    *out of*
ment.

— Même le mot « bonheur », chaque fois qu'il était tout
près, si près, prêt à *se poser,* tu cherchais à l'*écarter...* Non,    *to alight / to ward it off*
pas ça, pas un de ces mots, ils me font peur, je préfère *me*
*passer d'eux,* qu'ils ne s'approchent pas, qu'ils ne touchent    *to avoid them*
à rien... rien ici, chez moi, n'est pour eux.

---

## REVUE · DE · VOCABULAIRE

**A. Mots associés.** *Dans le texte trouvez des mots qu'on associe avec :*

1. un jardin public
2. une personne méchante
3. un enfant malheureux
4. une naissance
5. une trahison
6. une scène de reproches

---

[7] Roman très célèbre d'Hector Malot (1830–1907) qui raconte les malheurs d'un orphelin.

7. les rapports familiaux
8. les parties d'un récit

**B. Complétez les phrases.** *Choisissez dans le texte les mots et les expressions qui peuvent convenir pour compléter les phrases suivantes. Faites les accords nécessaires. Il y a plusieurs possibilités.*

1. À Paris les façades des maisons sont ———— .
2. En Russie en hiver on voit ———— .
3. Son père disait souvent ———— .
4. L'enfant a reçu un accueil ———— .
5. Dans le film <u>M. le Maudit</u> il y a ———— .
6. À cause du divorce de ses parents, l'enfant ———— .
7. Elle voyait peu son père parce que ———— .
8. Entre la narratrice et son double il y a ———— .

## QUESTIONS · DE · COMPRÉHENSION

1. Décrivez la vie de l'enfant avec son père et Véra.
2. Pourquoi la fillette préférait-elle passer ses soirées dans sa chambre?
3. Pourquoi a-t-elle écrit à sa mère et quel était le code de communication qui avait été arrangé entre la mère et l'enfant?
4. Quelle a été la réaction du père ? En quoi cette scène a-t-elle profondément modifié les rapports de l'enfant avec chacun de ses parents?
5. Comment apprend-on que Véra attend un enfant?
6. Pourquoi a-t-on appelé le bébé Hélène?
7. Qui dit à la petite fille qu'elle doit quitter sa chambre? Comment réagit-elle à cette nouvelle?
8. Comment l'enfant a-t-elle compris le sens du mot « malheur »? Que lui suggère ce mot?

## QUESTIONS · SUR · LA · TECHNIQUE · DU · RÉCIT

1. Les souvenirs de Nathalie Sarraute sont présentés sous forme de fragments. Quels sont les avantages et les inconvénients pour le lecteur de cette forme de narration?
2. Par quelles techniques (répétitions, ellipses, images) l'auteur parvient-elle à exprimer l'intensité des sentiments liés à son enfance?
3. Trouvez des exemples du dialogue de l'auteur avec son double. Quelles précisions ce dialogue ajoute-t-il au récit?
4. Montrez par des exemples dans le texte que le langage joue un rôle impor-

tant dans la vie de l'enfant. Quelle différence y a-t-il entre le sens ordinaire du mot et la signification qu'il prend pour l'enfant?

5. Quand et pourquoi l'auteur passe-t-elle dans le texte d'un récit au passé à une description au présent?

# ENTRETIEN AVEC NATHALIE SARRAUTE

**INT.** — Comment votre dernier livre s'intègre-t-il à l'ensemble de votre œuvre?

**N.S.** — J'ai eu peur de commencer. J'ai hésité pendant assez longtemps. J'ai écrit dans un cahier un dialogue entre moi et moi-même et finalement ça a été le *début* de mon livre. Je m'étais déjà servi de ce procédé dans mon roman, <u>Entre la vie et la mort</u>, dans lequel l'écrivain *se dédouble* comme ça arrive à beaucoup, à presque tous les écrivains quand ils écrivent. Il y a toujours un double de nous-même, plus raisonnable, qui nous relit. Quand j'écrivais <u>Enfance</u> ce double me disait : « Non, là tu exagères, là ce n'était pas comme ça, mais comment est-ce possible que tu aies déjà *ressenti* cela…, Mais est-ce que là tu n'es pas en train d'inventer quelque chose? »

*commencement*

*acquires a dual personality*

*felt*

**INT.** — Pourquoi, dans ce dialogue, vous adressez-vous à votre double au masculin?

**N.S.** — Il me semble que quand on écrit on n'a ni âge, ni sexe — on est quelque chose de neutre. Si j'avais mis le féminin je me serais vu *en tant que* femme, en tant qu'écrivain en train d'écrire. C'était tout à fait hors de tout ce que j'imagine quand je suis en train de travailler.

*as*

**INT.** — Dans <u>Enfance</u>, vous semblez vous intéresser davantage à l'étude de ces sensations que vous appelez « tropismes », qu'au récit autobiographique.

**N.S.** — Vous avez tout à fait raison, je n'ai pas voulu d'abord écrire une autobiographie, parce qu'alors j'aurais raconté toute ma vie *tout au long,* raconté tout ce qu'on raconte dans les autobiographies. J'ai voulu prendre certains moments dans lesquels se développent ces mouvements que j'ai appelé « tropismes », *faute de mieux,* parce que ce sont des mouvements instinctifs qui ne sont pas sous *l'empire* de notre *volonté,* qui se développent sous l'influence de facteurs extérieurs comme la présence d'autrui ou les paroles d'autrui ou les objets du monde extérieur. Cela ne m'aurait pas intéressée de décrire ma vie ou mon enfance, ce qui m'in-

*entire*

*for lack of a better word*
*control*
*will*

téressait c'est de retrouver des mouvements comme ceux-là. J'ai donc pris *exprès,* choisi surtout des moments où ces mouvements *se produisent.*

*on purpose*
*prennent place*

**INT.** — Ces sensations que vous décrivez dans <u>Enfance</u>, les ressentiez-vous quand vous étiez enfant?

**N.S.** — Ce n'est pas du tout que je ressentais cela comme des tropismes quand j'étais petite. J'étais exactement comme tous les autres enfants. C'est après en y repensant, que je retrouve ces mouvements intérieurs.

**INT.** — Avez-vous l'impression d'avoir approfondi dans <u>Enfance</u> vos propres rapports avec vos parents?

**N.S.** — Oh! Non, si j'avais voulu décrire tous mes rapports avec mes parents et pendant tout l'espace de mon enfance et de ma jeunesse, j'aurais eu besoin d'une bibliothèque entière. Les rapports avec les gens sont d'une extrême complexité et on ne peut en *saisir* que de petits *bouts.* J'ai pris quelques petites *parcelles* dans lesquelles il me semblait qu'il y avait des tropismes et des choses qui pourraient vivre et qui feraient bouger les phrases, qui feraient bouger et vivre la forme, c'est tout. Je suis incapable de vous décrire les caractères, le caractère, par exemple, de mes parents parce que je l'ignore. Je ne le connais pas, et chaque fois que des critiques ont voulu interpréter d'après mon livre le caractère de mes parents, c'était aberrant. Chaque fois qu'ils disaient quelque chose, ça ne correspondait absolument pas à ce que moi j'avais ressenti, à ce que j'avais imaginé.

*capture / bits*
*fragments*

**INT.** — Vous avez dit *plus haut* qu'écrire c'est toujours être neutre. Pouvez-vous développer cette idée?

*earlier*

**N.S.** — Je disais cela à propos d'une femme écrivain. J'ai toujours l'impression que si on utilise le féminin, ce qu'on montre devient spécifiquement féminin. C'est malheureux mais c'est comme cela. Quand on utilise le masculin, *der mensch* en allemand, on évoque l'être humain en général. Quand vous dites l'homme, vous voulez dire l'être humain : l'homme a deux jambes, deux bras, etc… La femme a aussi deux jambes et deux bras… Mais quand vous dites l'homme vous pensez à l'être humain : à l'homme et à la femme. Le masculin est un neutre simplement.

**INT.** — Pour revenir à la narratrice, est-ce qu'elle est spécifiquement une petite fille?

**N.S.** — Moi je ne le percevais pas comme ça. Je la percevais comme un enfant. On ne se sent pas… enfin moi en

écrivant je ne me suis jamais sentie... être une fille, ou ceci
ou cela. Je ne me vois pas du dehors. Je ne me suis jamais
dit : « C'est une petite fille qui est en train de faire ceci ou
cela ». D'ailleurs après la *sortie* du livre, des garçons m'ont     (here) *publication*
dit qu'ils avaient eu les mêmes sensations. Quand j'écris je
ne sais pas qui écrit. Je disparais complètement dans ce que
je suis en train de faire et, là, il n'y a ni sexe ni âge ni rien.
Je n'existe pas à ce moment là.

Wellesley, Octobre 1986

## SUJETS · DE · DISCUSSION

*1.* Dans l'interview, Nathalie Sarraute dit être incapable de décrire le caractère
de ses parents. Le texte nous donne-t-il assez d'informations pour reconstituer leur personnalité? Quelle est votre opinion sur le caractère du père,
de la mère, de Véra?

*2.* Quels sont les différents éléments du caractère de l'enfant que l'on peut
distinguer dans ces extraits? Vous paraît-elle être exceptionnelle? maltrai-
tée? bien équilibrée?

*3.* Pensez-vous, comme Nathalie Sarraute, que l'emploi du masculin (il) suffit
à représenter le genre humain en général?

*4.* Quels autres récits d'enfance connaissez-vous dans la littérature et au cinéma? Racontez-les et comparez-les au texte de Sarraute.

# VOCABULAIRE

The vocabulary contains all the words in the text except for articles, proper names and obvious cognates. Definitions given are only those applicable to the text. Irregular verb forms are listed alphabetically, not under the infinitive form. When not otherwise specified, the subjunctive form listed is the present. Feminine forms of adjectives, whether regular or irregular, are listed. The following abbreviations are used:

| | | | |
|---|---|---|---|
| *f* | féminin | *p p* | participe passé |
| *fam* | familier | *pré* | présent |
| *idiom* | idiomatique | *p s* | passé simple |
| *imp* | imparfait | *qqun* | quelqu'un |
| *lit* | littéraire | *subj* | subjonctif |
| *m* | masculin | *vulg* | vulgaire |
| *n* | nom | | |
| *p* | pluriel | | |

## A

**à** to, at
**abaisser** to lower
**abattre** to knock down, fall
  **s'abattre** to fall on
**aborder** to approach
**abruti, e** (*fam*) idiot
**abusif, ve** improper, excessive
**accabler** to overwhelm, shock
**accomplir** to carry out
**accord** *m* agreement, understanding
**accorder** to grant
  **s'accorder à** to agree with
**s'accouder** to lean on one's elbow
**accrocher** to hang
**accueil** *m* welcome

**acheter** to buy
**achever** to complete
**acquéreur** *m* buyer
**adieu** *m* farewell
**adjuger** to knock down, auction
**s'adosser** to lean one's back (against)
**affaire** *f* business
  **monter une affaire** to start a business
**s'affairer** to busy oneself
**s'affaisser** to collapse, sag
**affamer** to starve
**affiche** *f* poster
**affolé** in a panic
**affronter** to face
**agacé** irritated, annoyed
**agacement** *m* irritation
**s'aggraver** to worsen

**agrandir** to enlarge
**agripper** to grab
**aide** *f* help
**aider** to help
**aigle** *m* eagle
**aigrir** to embitter
**aigu, aiguë** keen, sharp
**aiguille** *f* needle
**aile** *f* wing
**aille** (*subj* **aller**: to go)
**ailleurs** elsewhere
   **d'ailleurs** besides
**aîné, e** eldest
**ainsi** so, thus
   **ainsi de suite** and so on
**air** *m* air, manner
   **avoir l'air** to appear
**aisance** *f* ease
**ajouter** to add
**album** *m* picture book
**alentours** *m p* surroundings
**aligner** to line up
**s'alimenter** to feed oneself
**aller** to go
   **aller bien à** to suit well
   **aller de soi** to be taken for granted
**allonger** to stretch out, lie down
**allumer** to light, turn on the light
**allumette** *f* match
**allure** *f* gait
   **à toute allure** speedily
**alors** then
**amande** *f* almond
   **pâte d'amande** almond paste
**amant, e** lover
**amende** *f* fine, ticket
**amertume** *f* bitterness
**amorcer** to initiate
**amour** *m* love
**amoureux, se** in love; (*n*) lover
**s'amuser** to have fun
**an** *m* year
**ancrage** *m* anchorage, home base
**angoisse** *f* anguish, distress
**anniversaire** *m* birthday
**annuler** to cancel
**aparté** *m* private conversation
**apercevoir** to see, catch sight of
   **s'apercevoir** to realize
**apéritif** *m* drink
**appareil** *m* apparatus
   **appareil téléphonique** phone
**appartenir** to belong
**appel** *m* call

**appeler** to call, demand
**applaudir** to applaud, clap
**apporter** to bring
**apprendre** to learn
**apprentissage** *m* apprenticeship
**s'apprêter** to prepare oneself
**apprivoiser** to tame
**s'approcher de** to come near, approach
**approfondir** to deepen
**appuyer sur** to lean on, press
**arbre** *m* tree
**arbuste** *m* small tree
**arceau** *m* arch
**archiprêtre** *m* archpriest
**argent** *m* money, silver
**argenté** silvery
**arracher** to tear off
**armoiries** *f p* coat of arms
**arranger** to arrange
   **s'arranger** to sort out, get better
**arrêter** to stop
**arrivant, e** newcomer
**arrivée** *f* arrival
**arrondissement** *m* district
**artifice** *m* trick, device
**artisanal, e** made by hand
   **de fabrication artisanale** homemade
**ascenseur** *m* elevator
**assassin** *m* murderer
**assentiment** *m* approval
**asseoir** to seat
   **s'asseoir** to sit down
**assez** rather, enough
**assiette** *f* plate, dish
**assistant, e** person attending an event
**assombrir** to darken
**assommer** to knock out
**atelier** *m* studio
**attacher** to tie
   **s'attacher à** to be linked to
**s'attarder** to linger
**atteint, e** affected
**attendre** to wait
   **attendre un enfant** to expect a child
**attendri, e** soft
**attente** *f* waiting
**atterré, e** shattered
**atterrir** to land
**atterrissage** *m* landing
**attifé, e** dressed
**attirail** *m* paraphernalia
**attirer** to attract
**attrait** *m* attraction
**attraper** to catch

**aucun, e** none
**auparavant** before
**aussitôt** immediately
**autant** as much
   **d'autant plus** all the more
**auteur** *m* author
   **auteur dramatique** playwright
**autocuiseur** *m* pressure cooker
**autoroute** *f* expressway
**autour** around
**autre** other
**autrefois** in the past
**autrui** *m* other people, others
**avaler** to swallow; (*fam*) believe
**avancer** to advance
**avant** before
**avec** with
**avéré, e** proved
**avertir** to inform
**aveugle** blind
**aveugler** to blind
**avion** *m* plane
   **avion à réaction** jet plane
**avis** *m* opinion
   **changer d'avis** to change one's mind
**avocat** *m* lawyer
**avoir** to have
   **avoir lieu** to take place, happen
   **en avoir assez** to be fed up
**avouer** to confess

## B

**bac** *m* ferry; planter
**bafouillage** *m* stammering
**bagage** *m* luggage
   **porte-bagage** *m* luggage rack
**bahut** *m* sideboard
**bain** *m* bath
**se baigner** to bathe
**baisser** to lower
   **baisser la tête** to look down
**se balader** to stroll
**balancer** to rock; weigh
   **se balancer** to swing
**balayer** to sweep
**balbutier** to mumble
**ballant** dangling
**ballon** *m* balloon
**balustrade** *f* railing
**banc** *m* bench
**bande** *f* strip
**barrage** *m* dike

**barre** *f* railing
**barrer** to cross, run across
**bas, se** low
   **au bas** at the foot
**bâtard, e** hybrid
**battre** to beat, pound
**bavardage** *m* gossip
**béant, e** gaping
**beaucoup** many
**beau-père** *m* stepfather; father-in-law
**bégayer** to stammer
**bénévolement** voluntarily
**bénin, nigne** benign, trivial
**berceau** *m* cradle
**bercer** to rock; soothe
**berceuse** *f* lullaby
**besoin** *m* need
   **avoir besoin** to need
**bête** stupid, simple
**bêtise** *f* silliness
**bien** well; very; really
   **bien que** although
**bientôt** soon
**bijou** *m* jewel
**billet** *m* bill, ticket
**bizarre** strange, odd, peculiar
**blafard, e** pallid
**blanc, che** white
**blesser** to hurt, wound
**bleu** *m* bruise
**blouson** *m* jacket
**boire** to drink
**bois** *m* wood
**bombe** *f* binge
**boîte** *f* box
   **boîte de nuit** nightclub
**bonheur** *m* happiness
**bonne** *f* maid
**bonté** *f* kindness
**bord** *m* edge
**border** to line, edge
**bordure** *f* edge
**bourdonnement** *m* buzz
**bourgeois, e** middle-class, conventional
**bouche** *f* mouth
   **bouche de métro** subway entrance
   **bouche en cul de poule** (*fam*) pouting mouth
**bouclé, e** curled
**bouffer** (*fam*) to eat
**bouffi, e** puffy
**bouger** to move
**bouleverser** to upset, perturb
**bourrer** to fill, stuff

**bousculer** to jostle
**bout** *m* end, piece
  **bout à bout** end to end
  **petit bout** bit
**boutade** *f* joke, jest
**bouton** *m* button; switch
**bras** *m* arm
**brèche** *f* breach
**bretelle** *f* strap
**breton, ne** from Brittany
**briller** to shine, glitter, twinkle
**broder** to embroider
**bronzer** to tan
**brouhaha** *m* hubbub
**brouillard** *m* fog
**brouiller** to blur
**brousse** *f* bush
**bruit** *m* noise
**brûler** to burn
  **brûler de vitesse** to pass
**brume** *f* haze, mist, fog
**brun, e** brown, dark
**brusquement** suddenly
**buffle** *m* buffalo
**buisson** *m* bush
**bureau** *m* study; office
**but** *m* goal; purpose

## C

**cabane** *f* shack
**cabine** *f* cabin
  **cabine téléphonique** phone booth
**cacher** to hide
**cachette** *f* hiding place
  **en cachette** secretly
**cadastre** *m* land registry
**cadre** *m* setting
**café** *m* coffee, café
**cahier** *m* notebook
**caillou** *m* pebble, stone
**caisse** *f* cashier; crate
**camion** *m* truck
**camionnette** *f* small truck
**cantine** *f* cafeteria
**canular** *m* hoax
**caoutchouc** *m* rubber
**car** *m* bus
**caractère** *m* temper, print
**carcan** *m* yoke
**carnet** *m* notebook
**carré, e** square
**carrefour** *m* crossroads, intersection

**carrément** straight, flatly
**carrosserie** *f* body of a car
**casquette** *f* cap
**casser** to break
**casserole** *f* pan
**cassette** *f* box, tape
**catastrophé, e** stunned
**cauchemar** *m* nightmare
**cécité** *f* blindness
**céder à** to give in to
**ceinturer** to seize around the waist
**célèbre** famous
**cellier** *m* storeroom
**cendre** *f* ash
**cendré, e** ash-colored
**être censé, e** to be supposed to
**centaine** *f* about a hundred
**cerceau** *m* hoop
**cercueil** *m* coffin
**cesse** *f* ceasing
  **sans cesse** continually
**cesser** to stop
**chacun, e** each
**chagrin** *m* grief
**chaise** *f* chair
  **chaise à porteurs** sedan chair
**châle** *m* shawl
**chaleur** *f* heat, warmth
**chambre** *f* bedroom
  **chambre mansardée** attic room
**champ** *m* field
**chance** *f* luck, opportunity
**chandail** *m* sweater
**chant** *m* song
**chanter** to sing
**chantonner** to hum
**chaparder** to pilfer
**chapeau** *m* hat
  **chapeau melon** bowler hat
**chapelet** *m* rosary
**chaque** each
**charentaise** *f* popular kind of slipper
**charger** to load, burden
**chariot** *m* cart
**chasser** to hunt
**château** *m* castle
**chaud, e** hot
**chauffeur** *m* driver
**chaussette** *f* sock
**chaussure** *f* shoe
  **chaussure à talon** high-heel shoe
**chemin** *m* path, way
  **chemin de fer** railway
**chemise** *f* shirt

**chenille** *f* track
**chèque** *m* check
**chéquier** *m* checkbook
**chercher** to look for
  **chercher à** to try to
**cheval** *m* horse
  **à cheval** straddled
  **chevaux** *p* **de bois** merry-go-round
**cheveu** *m* hair
**chez** at the house of, in, among
**chiffon** *m* rag
**chiffre** *m* figure, digit
**chinois, e** Chinese
**chiqueur, se** tobacco chewer
**chômage** *m* unemployment
**choquant, e** shocking, appalling
**chuchoter** to whisper
**chute** *f* fall
**cible** *f* target
**ciel** *m* sky
**cil** *m* eyelash
**cinquante** fifty
**cirque** *m* circus, nonsense
**citer** to quote
**clair, e** clear
**clamer** to shout
**claquer** to resound
**cliché** *m* image
**cligner** to blink
**clos, e** shut
**clou** *m* nail
**clouer** to nail
**coassement** *m* croaking
**cocasse** comical
**coccinelle** *f* ladybug
**cœur** *m* heart
**cohue** *f* crowd, crush
**cogner** to knock
**coiffer** to do someone's hair
  **être coiffé, e** to have a hairdo
  **être coiffé en brosse** to have a crew cut
**coin** *m* corner, place, region
**coincé, e** stuck
**collège** *m* high school
**coller** to stick on
**colline** *f* hill
**combattre** to fight
**combler** to fill in, fulfill
**comédien, ienne** actor
**commander** to order
**comme** as, like
**commerce** *m* trade, shop
**commissaire-priseur** *m* auctioneer
**commode** convenient

**commode** *f* chest of drawers
**compassé, e** stiff
**compatissant, e** compassionate
**se complaire à** to revel in
**comportement** *m* behavior
**comporter** to include
**complet** *m* suit
**comprendre** to understand
  **y compris** including
**comprimé** *m* tablet
**compter** to count, intend
**comptoir** *m* counter
**se concentrer** to concentrate
**concourir** to compete
  **concourir à** to participate in, work toward
**conduire** to drive, lead
**confiance** *f* trust
  **faire confiance à** to trust
**confidence** *f* secret
  **faire une confidence** to reveal, confide
**confier** to confide
  **se confier à** to trust, confide in
**confondre** to mix up
**congélateur** *m* freezer
**connaissance** *f* knowledge
**connaître** to know
**se consacrer à** to devote oneself to
**construire** to build
**se contenter de** to be satisfied with
**contour** *m* outline
**conserver** to keep
**conte** *m* tale
**contemporain, e** contemporary
**contre** against
**contrebandier** *m* smuggler
**convaincre** to convince
**convenable** decent
**convenir** to be appropriate
**coopérative** *f* co-op store
**corbeau** *m* crow
**corde** *f* rope
**coriace** tough
**corps** *m* body
  **prendre à bras le corps** to pick up by the waist
  **à son corps défendant** against his will
**corrompu, e** corrupt
**corsage** *m* blouse
**costaud, e** (*fam*) strong
**costume** *m* suit
**côté** *m* side
  **côte à côte** side by side
  **à côté de** next to

**cotisation** *f* dues
**cou** *m* neck
**couchant** *m* sunset
**couche** *f* bed
**coucher** to spend the night, sleep, lie
**coude** *m* elbow
**couler** to run, flow
**couleur** *f* color
**couloir** *m* corridor, hallway
**coup** *m* blow
    **coup d'œil** glance
    **coup de foudre** love at first sight
    **coup de grâce** death blow
    **à coup sûr** surely, definitely
    **d'un coup** all at once
    **tout à coup** suddenly
**couper** to cut
**coupure** *f* cut
    **coupure de journal** newspaper clipping
**cour** *f* yard
**courant, e** ordinary
**coureur** *m* womanizer
**courir** to run
**courrier** *m* mail
**cours** *m* course
    **au cours de** during
**court, e** short
**couvercle** *m* cover
**couveuse** *f* incubator
**couvrir** to cover
**craindre** to fear
**crâne** *m* skull, head
**creusé, e** hollowed
**creuser** to hollow (out)
**creux, se** hollow
**crever** (*fam*) to die
**croire** to believe, think
**croiser** to cross
    **se croiser** to meet
**cru, e** raw; blunt
**cruche** *f* pitcher
**crus** (*p s* **croire**: to believe)
**cuir** *m* leather
**cuire** to cook
**cuisant, e** burning
**cuisine** *f* kitchen
**cuisse** *f* thigh
**cuivre** *m* brass; copper
**culpabilité** *f* guilt
**curieux, se** curious, nosy

## D

**dauphin** *m* dolphin
**se débarrasser de** to get rid of

**déboucher** to open
**debout** standing
**début** *m* beginning
**décharger** to unload
**déchiffrer** to decipher
**déchirant, e** heartrending
**déchirer** to tear off, rip
**décider** to decide
    **se décider à** to make up one's mind
**déclic** *m* click
**décoller** to take off
**déconner** (*vulg*) to blunder, talk nonsense
**découper** to carve
    **se découper** to be outlined
**découvrir** to discover, reveal
**décrire** to describe
**décrisper** to relax
**décrocher** to take down
    **décrocher le téléphone** to pick up the phone
**déçu, e** disappointed
**dédaigner** to disregard
**dedans** inside
**défaut** *m* defect
**défiler** to pass, parade
**déglutir** to swallow
**se dégonfler** (*fam*) to cop out
**dégoût** *m* disgust
**se dégrader** to worsen
**dehors** *m* outside
**déjà** already
**délaisser** to neglect
**se délecter** to savor
**délirer** to be delirious
**demander** to ask
**démarche** *f* gait, administrative step, process
**démarrer** to start
**déménagement** *m* move, removal
**démesure** *f* excess
**démuni, e** deprived
**dent** *f* tooth
**dentelé, e** lace-edged; frayed
**départ** *m* leaving; departure
**dépassé, e** overwhelmed
**dépasser** to stick out
**se dépêcher** to hurry up
**déplacé, e** out of place
**déplaire** to displease
**déplier** to unfold
**se déployer** to open out
**déposer** to lay down
**déposséder** to deprive
**depuis** since; from
**dérangement** *m* disorder, disturbance

**déranger** to bother
  **se déranger** to go out of one's way
**dériver** to drift
**dernier, ière** last
**dérober** to steal
  **se dérober** to shy away
**déroulement** *m* development
**dérouler** to unroll
  **se dérouler** to take place
**déroutant, e** unsettling
**derrière** behind
**dès** from; since; as early as
  **dès que** as soon as
**désarmé, e** helpless
**désarroi** *m* confusion, disarray
**descendre** to go down
**déserter** to go awol, desert
**désespoir** *m* despair
**se déshabiller** to undress
**désigner** to point to; call
**désinvolte** casual, off-hand
**désolé, e** sorry
**désormais** from now on, from then on
**dessin** *m* drawing, shape
**dessous** underneath
**dessus** above
**détente** *f* easing of tension
**détenteur** *m* owner
**détourner** to divert
  **détourner la conversation** to change
    the topic
  **se détourner** to turn away
**se détraquer** to break down
**détruire** to destroy
**deuil** *m* mourning
**devancer** to precede, anticipate
**devant** in front of
**devanture** *f* window display
**deviner** to guess, suspect
**devinette** *f* guessing game, riddle
**dévisager** to stare
**dévoiler** to unveil
**devoir** to owe; to have to
**devoir** *m* duty
**digue** *f* sea wall, dike
**dire** to say
  **vouloir dire** to mean
  **soi-disant** supposedly
**disparate** ill assorted
**disperser** to scatter
**disposer sur** to set on
**distanciation** *f* distancing
  **prise de distance** distancing
**distraire** to entertain
**distraitement** absentmindedly

**distrayant, e** entertaining
**divers, e** various
**divertissement** *m* entertainment
**dizaine** *f* about ten
**doigt** *m* finger
**domestique** *m f* servant
**dommage** *m* damage
  **c'est dommage** it is too bad
**don** *m* gift
**donner** to give
  **donner sur** to overlook
  **étant donné** given
**dorénavant** from now on
**dormir** to sleep
**dos** *m* back
**doucement** softly; slowly
**douceur** *f* gentleness, sweetness
**douleur** *f* pain, suffering
**douloureux, se** aching
**se douter de** to suspect
**doux, ce** sweet; soft, fresh (water)
**drap** *m* sheet
**dresser** to raise
**droit** *m* law; right
**droit, e** straight
**drôle** funny; strange
**dû** (*p p* **devoir:** to have to)
**dur, e** harsh, hard
**durer** to last

# E

**eau** *f* water
  **eau de vie** brandy
**éblouir** to dazzle
**ébranler** to shake
**écarquiller (les yeux)** to stare wide-eyed
**écart** *m* distance, space
  **à l'écart** out of the way
**écarter** to ward off
  **s'écarter** to pull away
**échange** *m* exchange
**échec** *m* failure
**éclaircissement** *m* clarification
**éclairer** to light
**éclat** *m* brightness
**éclater** to burst, shatter
**éclosion** *f* hatching
**école** *f* school
**économie** *f* saving
**écorcher** to scrap
**s'écouler** to pass
**écouter** to listen
**écouteur** *m* earphone

**écraser** to crush, run over
  **s'écraser** to crash
**écrire** to write
**écriture** *f* writing; writing style
**écrivain** *m* writer
**édition** *f* publishing
**effacer** to erase
  **s'effacer** to fade away
**effet** *m* effect
  **effets personnels** personal possessions
  **en effet** in fact, indeed
**effleurer** to touch lightly
**effrayant, e** frightening
**effrayer** to frighten
**égard** *m* consideration
  **à mon égard** toward me
**égaré, e** lost; distraught
**égarer** to lose
  **s'égarer** to wander
**égayer** to lighten up
**église** *f* church
**élan** *m* burst of energy or feeling
**élever** to raise
**éloge** *m* praise
  **éloge funèbre** eulogy
**éloigner** to remove
  **s'éloigner** to move away
**embouchure** *f* estuary
**embouteillage** *m* traffic jam
**embrasser** to kiss
**émerveiller** to fill with wonder
**émettre** to emit; give out
**émission** *f* broadcast
**emmener** to take; to bring
**émouvant, e** moving
**empailler** to stuff
**s'emparer** to grab, seize, take
**empli, e de** full of
**empoigner** to grab
**emporter** to take or carry away
**emprunté, e** awkward
**emprunter** to borrow
**enchère** *f* bid
**encombrant, e** cumbersome
**encombré, e** cluttered
**encore** again; even
**s'endormir** to fall asleep
**endroit** *m* place
**enfance** *f* childhood
**enfant** *m f* child
  **enfant unique** only child
**enfantin, e** childish
**enfermer** to shut in
**enfiler** to put on
**enfoncer** to drive, thrust; insert

**enfoncer le clou** to press the point
**s'engager** to enlist
**engourdissement** *m* numbness
**s'enhardir** to venture, grow bolder
**énigme** *f* riddle, enigma
**enjamber** to step over
**enjoué, e** playful
**enlacer** to embrace
**enlever** to remove
**ennui** *m* boredom
**s'ennuyer** to be bored
  **s'ennuyer de** to miss
**enquête** *f* questioning, investigation
**enregistrer** to tape
**s'enrichir** to get richer
**enroué, e** hoarse
**enrouler** to roll up
**enseignement** *m* teaching
**enseigner** to teach
**ensemble** together
**enserrer** to grip
**ensoleillé, e** sunny
**ensommeillé, e** sleepy
**ensuite** afterward
**entendement** *m* understanding
**entendre** to hear
  **entendre parler de** to hear about
  **bien entendu** of course
**entiché, e** infatuated
**enterrement** *m* funeral, burial
**entourage** *m* family circle
**entouré, e** surrrounded
**entraîner** to entail
**entre** between
**entrée** *f* entrance
**entretenir** to support
**entrevoir** to have a glimpse of
**envahir** to invade
**envers** toward
  **à l'envers** upside down
  **envers et contre** despite
**envie** *f* desire
  **avoir envie de** to feel like
**environ** about
**envisager** to consider
**envoi** *m* sending off
**envoyer** to send
**épais, aisse** thick
**épaisseur** *f* thickness
**épars, e** flowing
**épatant, e** terrific
**épaule** *f* shoulder
**épier** to spy on
**épouvantable** terrible, dreadful
**épouvanter** to frighten, horrify

épouse *f* wife
épreuve *f* test
éprouver to feel
épuisé, e exhausted
équipage *m* gear
équipe *f* team
errer to stray
escalier *m* staircase
espace *m* expanse, space
espèce *f* species
espérer to hope
esprit *m* mind
essayer to try
s'essouffler to get out of breath
    essouflé, e out of breath
essuyer to wipe
estival, e summery
estuaire *m* estuary
étage *m* floor
étaler to spread
étape *f* stage
éteindre to extinguish, put out
étendre to spread out
étendue *f* expanse, length
étinceler to sparkle
étirer to stretch out
étonnement *m* surprise
étonner to surprise
étouffer to smother
étourdir to make dizzy
étrange strange
étranger, ère foreign
étrangleur, euse strangler
être *m* being, creature
être to be
étreinte *f* embrace
étrenner to wear for the first time
étroit, e narrow
étudiant, e *m f* student
s'évader to escape
éveiller to wake up, arouse
événement *m* event
évidemment evidently
évident, e obvious
éviter to avoid; save from
exigeant, e demanding
expliquer to explain
exprès on purpose
exprimer to express

# F

face *f* side
    face à facing

fâché, e angry
façon *f* way
    de toute façon anyway
faible weak
faiblement weakly, faintly
faiblesse *f* weakness
faïence *f* china
faille *f* fault
faim *f* hunger
    avoir faim to be hungry
faire to do; make
    faire le guet to keep watch
    faire machine arrière to back track,
        back up
    faire mal to hurt
    faire marcher qqun to kid someone
    faire part to announce
    faire partie to belong
    faire semblant to pretend
    faire vivre to support
    s'en faire to get upset; worry
    être fait pour to be meant for
faire-part *m* announcement
fait *m* fact
    au fait by the way
falloir to be necessary; to have to; need;
        require
famille *f* family
fantastique uncanny, fantastic
farouche fierce
fatigué, e tired
se faufiler to sneak by
faute *f* mistake
    faute de for want of
    sans faute for sure
fauve *m* wild animal
fauve tawny
fée *f* fairy
feindre to feign, pretend
feint, e feigned, apparent
femme *f* woman; wife
fendu, e slit
fenêtre *f* window
fer *m* iron
    barre de fer iron bar
fermeture *f* closing
    fermeture éclair zipper
fête *f* feast, celebration
    faire la fête to party, have a good
        time
fêter to celebrate
feuille *f* leaf; page
feuilleter to thumb through
feutre *m* fedora
ficher (*fam*) to do; give

**ficher le camp** (*fam*) to leave
**se ficher de** (*fam*) not to care about
**fidèlement** faithfully
**fiesta** *f* celebration
**fièvre** *f* fever
**figure** *f* face
**fil** *m* string
　**fil de fer** wire
**file** *f* line
**filer** to scuttle away
**filet** *m* net
　**filet à provisions** shopping bag
**fin** *f* end
**fis** (*p s* **faire**: to do)
**fixer** to stare
**flanc** *m* side
**flânerie** *f* stroll
**flaque** *f* puddle
**fleuriste** *f* florist
**fleuve** *m* river
**flottement** *m* hesitation
**flux** *m* flow
**fois** *f* time
　**à la fois** at the same time
　**une fois** once
**folie** *f* madness; eccentricity
**fond** *m* bottom; background; content
　**au fond** in fact
**fondement** *m* foundation
**fonder** to create, start
**fondre** to melt; pour; drop
**force** *f* strength
　**à toute force** by all means
**forêt** *f* forest
**formalité** *f* formality
**forme** *f* form; shape
**fort, e** strong
**fou, folle** mad
**foudroyer** to strike down
**fouet** *m* whiplash
**fouiller** to search
**foule** *f* crowd
**fourmi** *f* ant
**foyer** *m* family; home
**fracassant, e** dazzling, smashing
**franchir** to get over, clear, cross
**franchise** *f* candor
**frange** *f* bangs; fringe
**frapper** to strike
**fréquenter** to keep company
**frisson** *m* shiver
**froid** *m* cold
　**il en avait froid dans le dos** it sent
　shivers down his spine

**froisser** to crumple
**front** *m* forehead
**frotter** to rub
**fuir** to flee
**fumer** to smoke
**fus** (*p s* **être**: to be)
**fusil** *m* rifle

# G

**gagner** to win, earn, reach
　**gagner sa vie** to make a living
**gaffe** *f* blunder
**gaité** *f* cheerfulness
**galet** *m* pebble
**garçon** *m* boy
　**garçon-boucher** butcher's help
**garçonnière** *f* bachelor pad
**garde-chiourme** *m* prison guard
**garder** to keep; watch over
**gare** *f* station
**garer** to park
**gâteux, se** senile
**gauche** *f* left; left wing
**géant, e** giant
**gel** *m* frost
**gémissement** *m* groan, moan
**gencive** *f* gum
**gêne** *f* embarrassment
　**sans gêne** without manners
**gêner** to embarrass
**genou** *m* knee
　**se mettre à genoux** to kneel
**gens** *m p* people
**gentil, ille** nice
**gérant** *m* manager
**gérer** to manage
**geste** *m* gesture
**glace** *f* ice cream
**glisser** to slide; slip; glide
**glissant, e** slippery
**gonfler** to swell
**gorge** *f* throat; breast
**gorgée** *f* mouthful
**goudronner** to tar
　**papier goudronné** tar paper
**goût** *m* taste
**goutte** *f* drop
**gouvernement** *m* government
**grand, e** tall, big
**grandir** to grow
**grave** serious
**gravier** *m* gravel

**gratuit, e** free
**gravité** *f* seriousness
**grésillement** *m* static (noise)
**grève** *f* strike
**griffure** *f* scratch
**grimper** to climb
**grippe** *f* flu
**gris, e** gray
**grisaille** *f* grayness
**grognement** *m* groan
**grondement** *m* rumble
**grossesse** *f* pregnancy
**grossir** to get fat; increase
**gué** *m* ford
**guerre** *f* war
**guerrier** *m* warrior
**guêtre** *f* gaiter
   **traîner ses guêtres** to travel around
**guetter** to watch out (for)

## H

**habile** skilled
**habilement** skillfully
**habit** *m* outfit, clothes
**habiter** to live in, occupy
**habitude** *f* habit
**habitué** *m* regular customer
**hâle** *m* tan
**happer** to catch
   **happé dans l'engrenage** caught in the
     works
**hargne** *f* aggressiveness
**hasard** *m* chance, accident
**hausser** to raise
   **hausser les épaules** to shrug
**haut** *m* top
**haut, e** high
**hauteur** *f* height
**hectare** *m* acre
**héler** to call
**heure** *f* hour
**heureux, se** happy
**histoire** *f* story; history
**hocher (la tête)** to nod
**honte** *f* shame
   **avoir honte de** to be ashamed of
**honteux, se** shameful
**horloge** *f* clock
**hors de** out of
**humide** damp
**hurlant, e** howling

**hurlement** *m* howling
**hurler** to shout, howl, scream

## I

**ici** here
**ignorer** to not know, be unaware of
**imaginaire** *m* imagination
**imbiber** to impregnate; moisten
**immeuble** *m* building
**immobile** still
**immobilier** *m* real estate
**imparable** foolproof
**imperméable** *m* raincoat
**importer** to matter
   **n'importe qui** anyone
   **n'importe quoi** anything
**s'imposer** to emerge; become obvious
**imprégner** to permeate
**impuissance** *f* helplessness
**inachevé, e** unfinished
**inattendu, e** unexpected
**inavoué, e** implicit
**incendié, e** on fire
**incohérent, e** inconsistent
**inconnu** *m f* stranger
**inconnu, e** unknown
**inconscient** *m* subconscious
**inconvénient** *m* disadvantage
**indélicat, e** tactless
**infirme** disabled
**infliger** to inflict
**informe** shapeless
**inouï, e** unprecedented, extraordinary
**inquiet, ète** worried
**inquiétant, e** alarming
**s'inquiéter** to worry
**insolite** unusual
**insouciance** *f* carefree spirit
**installer** to install
   **s'installer** to settle down
**instituteur, trice** *m f* schoolteacher
**insupportable** unbearable
**intenable** unbearable
**intérieur** *m* inside
**interpeller** to call out to
**intituler** to entitle
**intrigue** *f* plot
**intrus** *m* intruder
**inutile** useless
**invalidité** *f* disability
**invité, e** *m f* guest

**invraisemblance** *f* implausibility, unlikeli-
  hood
**issu, e de** born of

# J

**jaloux, se** jealous
**jambe** *f* leg
**jaunâtre** yellowish
**jaune** yellow
**jet** *m* stream, puff
**jeter** to throw
**jeu** *m* game, gambling
  **avoir percé son jeu** to have seen
    through his game
**jeune** young
**jeûner** to fast
**jeunesse** *f* youth
**joli, e** pretty
**joncher** to strew with
**joue** *f* cheek
**jouer** to play; gamble; dupe
**jour** *m* day, daylight
**journal** *m* newspaper; diary
**juif, ve** Jewish
**jumelle** *f* binoculars
**jupe** *f* skirt
**jurer** to swear
**jusqu'à** until
**justement** precisely

# L

**là** there
**là-bas** over there
**laid, e** ugly
**laisser** to leave
  **se laisser aller** to let oneself go
**lamé-or** gold lamé
**lampadaire** *m* floor lamp
**lancer** to throw
**lanière** *f* strap
**large** wide
**larme** *f* tear
**se lasser** to get tired
**laver** to wash
**lecteur, trice** *m f* reader
**lecture** *f* reading
**léger, ère** light
**lent, e** slow
**lentement** slowly
**lenteur** *f* slowness

**lentille** *f* lens
**lever** to lift, raise
  **se lever** to get up
**lèvre** *f* lip
**liaison** *f* affair
**liasse** *f* roll, bundle
**libeller** to write
**libellule** *f* dragonfly
**liberté** *f* freedom
**lien** *m* bond
**lier** to link
**lieu** *m* place
**linge** *m* cloth
**liquider** (*fam*) to kill
**lisse** smooth
**lit** *m* bed
  **lit à deux places** double bed
**livraison** *f* delivery
**loi** *f* law
**loin** far
**lointain, e** distant
**lointainement** remotely
**longer** to run along
**lotir** to divide into lots
**louer** to hire
**lu** (*p p* **lire:** to read)
**lubie** *f* whim
**lueur** *f* glimmer, gleam
**lumière** *f* light
**lune** *f* moon
**lunettes** *f p* glasses
**lutte** *f* fight
**luxe** *m* luxury

# M

**machinalement** mechanically
**maçon** *m* mason
**magasin** *m* store
**maigre** skinny
**maigrir** to reduce
**maillot** *m* bathing suit
**main** *f* hand
**maintenant** now
**mairie** *f* city hall
**maison** *f* house
**maîtriser** to master
**majestueux, se** majestic
**mal** badly
  **pas mal de** many, quite a lot of
  **avoir mal** to hurt (feel pain)
  **faire mal à** to hurt (someone)

**mal** *m* (*p*: **maux**) harm, evil
  **avoir du mal à** to have difficulty (doing something)
  **avoir un mal fou** to have a hard time
**malade** sick, ill
**maladie** *f* disease
**maladresse** *f* awkwardness, clumsiness
**malchance** *f* misfortune
**malfaiteur** *m* lawbreaker, thief
**malgré** despite
**malheur** *m* misfortune, unhappiness; tragedy
**malheureux, se** unhappy
**malin, igne** clever
**manche** *f* sleeve
**manger** to eat
**maniement** *m* handling
**manière** *f* way
  **à sa manière** in its own way
**manifestation** *f* demonstration
**manquer** to miss; fail
**mante religieuse** *f* praying mantis
**manuel** *m* textbook
**marais** *m* swamp
**marbrure** *f* botch
**marchand, e** *m f* merchant
**marche** *f* step; walk
**marché** *m* market
  **bon marché** cheap
**marcher** to walk
**mare** *f* pond
**marécage** *m* swamp
**marée** *f* tide
**mari** *m* husband
**marin** *m* sailor
**marquant** striking
**marron** brown
**marteau** *m* hammer
**masser** to massage
**matin** *m* morning
**matraque** *f* billy club
**maussade** dismal, morose
**méchanceté** *f* meanness
**méchant, e** mean, nasty
**mèche** *f* strand, wisp of hair
**méconnaissable** unrecognizable
**médicament** *m* medicine
**méfiant, e** suspicious
**se méfier de** to distrust, be suspicious of
**mélange** *m* mixture
**se mêler** to mingle
**même** same, even, very, self
  **de même** likewise, in the same fashion
**menacer** to threaten

**ménage** *m* household
  **faire le ménage** to clean house
**mener** to lead
**menottes** *f p* handcuffs
**mensonge** *m* lie
**menteur, se** *m f* liar
**menton** *m* chin
**méprisant, e** scornful
**mer** *f* sea
**merde** (*vulg*) shit
**merle** *m* blackbird
**mésange** *f* titmouse
**messe** *f* mass
**messieurs** *m p* gentlemen
**métier** *m* profession
**métro** *m* subway
**metteur en scène** *m* film director
**mettre** to put
  **mettre en marche** to start off
  **mettre en route** to start up
  **mettre en train** to start up
  **se mettre à** to set about, begin
**meubles** *m p* furniture
**meurt** (*prés.* **mourir**: to die)
**milieu** *m* middle; social class
**millier** *m* thousand
**mince** thin
**miné, e** mined, undermined
**ministre** *m* minister (government)
**minuit** midnight
**minuterie** *f* timer light switch
**miroir** *m* mirror
**mis** (*p p* **mettre**: to put on)
**mise en scène** *f* staging, cover up
**mode** *f* fashion
**modèle** *m* pattern, model
  **modèle réduit** small-scale model
**moindre** less
  **le moindre** least, smallest
**moineau** *m* sparrow
**moins** less
  **à moins que** unless
**moisissure** *f* mildew
**mollet** *m* calf, leg
**mondain, e** social
**monde** *m* world
**monnaie** *f* small change
**montagne** *f* mountain
**montant** *m* amount
**monter** to climb; set up
**montre** *f* watch
**montrer** to show
**monture** *f* frame
**se moquer de** to make fun of

**moquette** *f* wall-to-wall carpet
**morceau** *m* piece
**mordre** to bite
**morne** dismal, gloomy
**mort** *f* death
  **mort, e** *m, f* dead person
  **mort** (*p p* **mourir:** to die)
**mot** *m* word
  **à mots couverts** in veiled terms
**moteur** *m* engine
**mou, molle** soft
**mouche** *f* fly
**mouchoir** *m* handkerchief
**mourant** dying
**mourir** to die
**moustique** *m* mosquito
  **produit à moustique** mosquito repellent
**mouton** *m* sheep
**moyen** *m* mean, way
**muni** provided, well off
**mur** *m* wall
  **être au pied du mur** to have one's back to the wall
**mûr, e** mature
**muré** walled
**musclé** muscular

### N

**naissance** *f* birth
**naître** to be born
**natte** *f* mat
**navré, e** sorry
**ne...plus** not . . . anymore, no longer
**ne...que** only
**néanmoins** nevertheless
**neige** *f* snow
**nettoyer** to clean
**nez** *m* nose
**niais, e** stupid
**niche** *f* niche, kennel
**nid** *m* nest
**niveau** *m* level
**noce** *f* wedding
  **faire la noce** to live it up
**noir** *m* dark
**nom** *m* name, noun
**nombreux, se** numerous
**nommer** to name, appoint
**noter** to write down, scribble down
**nourrice** *f* nursemaid
**nourrir** to feed

**nourriture** *f* food
**nouveau, velle** new
  **de nouveau** once again
  **nouveau-né** *m* newborn
  **nouveau venu** *m* newcomer
**nouvelle** *f* short story, news
**noyer** to drown; flood
**nu, e** bare
**nuage** *m* cloud
**nuit** *f* night
**nulle part** nowhere
**numéro** *m* number
**nuque** *f* nape

### O

**objet** *m* object
**obsèques** *f, p* funeral
**obtenir** to obtain
**occasion** *f* opportunity
**s'occuper de** to take care of, treat
**odeur** *f* smell
**œil** *m* eye
**œuvre** *f* work
**oiseau** *m* bird
**ombre** *f* shade
**onde** *f* wave
**ongle** *m* nail
**or** *m* gold
**ordalie** *f* ordeal
**ordinaire** ordinary
**oreiller** *m* pillow
**orifice** *m* opening
**orner** to decorate
**orphelin** *m* orphan
**oser** to dare
**orteil** *m* toe
**otage** *m* hostage
**ôter** to remove
**où** where
**oubli** *m* forgetfulness, oblivion
**oublier** to forget
**ouverture** *f* opening
**ouvrage** *m* work
**ouvrier, ère** *m, f* worker

### P

**pagne** *m* loincloth
**paille** *f* straw
**paillote** *f* straw hut
**pain** *m* bread

**panier** *m* basket
**pantalon** *m* trousers
**pantin** *m* puppet
**papiers** *m, p* papers, forms
**papillon** *m* butterfly
**paquet** *m* bundle, pack
**parapluie** *m* umbrella
**paraître** to appear
**parce que** because; since
**parcelle** *f* fragment; patch; lot
**pareil, lle** same, alike
**paresseux, se** lazy
**parfois** sometimes
**parler** to speak
**parmi** among
**parole** *f* spoken word
**parsemer** to strew
**part** *f* share
  **pour ma part** as for me
**partager** to share
**parterre** *m* flower bed
**partir** to leave
  **à partir de** from, starting with or from
**paru** (*p p* **paraître:** to appear)
**pauvre** poor
**parvenir** to get to, reach
**pas** *m* step
  **au pas** at walking pace
**passage** *m* way
  **être de passage** to be passing through, visiting
**passe-droit** *m* favor, privilege
**passer** to pass
  **se passer de** to do without, avoid
**passionnant** exciting
**passionnel, lle** emotional
**pâté de sable** *m* sand castle
**patron, ne** *m f* boss
**paupière** *f* eyelid
**payer** to pay
**pays** *m* country
**paysage** *m* landscape
**paysan, ne** *m f* peasant
**peau** *f* skin
**pédéraste** *m* homosexual
**peigne** *m* comb
**peigner** to comb
**peignoir** *m* robe
**peine** *f* trouble, sorrow
  **ce n'est pas la peine** it's not necessary, don't bother
  **cela n'en vaut pas la peine** it's not worth the trouble
  **à peine** just, barely

**pelouse** *f* lawn
**pencher** to lean
**pénible** painful
**pension de famille** *f* guest house
**perdre** to lose
**perdu** (*p p* **perdre:** to lose)
**périmé** outdated
**permettre** to allow
  **tout se permettre** do anything one likes
**permis de conduire** *m* driver's license
**persienne** *f* shutter
**personnage** *m* character
**personne** no one
**personne** *f* person
  **grande personne** grownup
**perte** *f* loss
**peu** little, some, few
  **à peu près** about
**peur** *f* fear, fright
  **faire peur** to scare
  **avoir peur** to be afraid
**phare** *m* headlight
**phrase** *f* sentence
**pièce** *f* play
**pieusement** piously
**pile** *f* stack, battery
**pilier** *m* pillar
**pire** worse
  **le pire** the worst
**pivoter** to swivel
**pierre** *f* stone
**pince** *f* claw, pincer
**pis-aller** *m* last resort
**piste** *f* runway
**place** *f* square, seat
  **avoir de la place** to have room
**plafond** *m* ceiling
**plage** *f* beach
**plaindre** to pity
  **se plaindre** to complain
**plainte** *f* complaint
  **porter plainte** to file a complaint
**plaire** to please
**plaisanter** to joke
**plaisanterie** *f* joke
**plaisir** *m* pleasure
**planche** *f* board
  **en planche** wooden
**plaquer** to stick, plaster down, walk out on
**plat, e** flat
**plein, e** full
  **en plein** in the middle of

**pleurer** to cry, weep
**pleurnicher** to whine
**pleuvoir** to rain
**plier** to fold
**plonger** to dip
**ployer** to bend; disappear
**plu** (*p p* **plaire:** to please)
**plu** (*p p* **pleuvoir:** to rain)
**pluie** *f* rain
**plume** *f* feather
**la plupart** most
**plusieurs** several
**plutôt** rather
**pluvieux, se** rainy
**pneu** *m* tire
**pochette** *f* breast-pocket handkerchief
**poids** *m* weight
**poil** *m* hair
**poing** *m* fist
**pointer** to stick out; point
**poisson** *m* fish
**poitrine** *f* chest
**policier, ère** police, detective
  **roman policier** detective story
**politesse** *f* politeness, manners
**pomme de terre** *f* potato
**pommette** *f* cheekbone
**pompe** *f* pump
**pont** *m* bridge
**port** *m* bearing, harbor
**porte** *f* door
**portefeuille** *m* wallet
**porter** to carry, wear
  **porter à** to bring to
**portière** *f* car door
**poser** to put, ask
  **se poser** to alight
**posséder** to possess
**poste** *m* teaching position
**poteau** *m* post
**poubelle** *f* trash can
**pouffer** to snigger, stifle
**poumon** *m* lung
**pour que** so that
**pourri, e** rotten
**poursuivre** to chase
**pourtant** yet, nevertheless
**pousser** to push
**poussière** *f* dust
**poussiéreux, se** dusty
**poussin** *m* chick
**pouvoir** *m* power
**pouvoir** can, may, be able
**prairie** *f* meadow

**préciser** specify, state precisely
**prendre** to take
  **prendre fin** to end
**près** near, close
**présenter** to introduce
**presser** to urge
  **se presser** to hurry
  **être pressé** to be in a hurry
**pressentir** to ascertain
**presque** almost
**prêt, e** ready
**prêtre** *m* priest
**prévenir** to warn; prevent
**prévisible** foreseeable
**preuve** *f* proof
**prévoir** to anticipate; plan
**printemps** *m* spring
**prise de courant** *f* (electric) socket
**priser** to appreciate
**priver** to deprive
**probant, e** convincing
**procédé** *m* (stylistic) device
**procès** *m* trial, suit
**prochain, e** next
**proche** near
**proche** *m f* close relative
**produit** *m* product
**proférer** to utter
**profiter de** to make the most of, take advantage of
**profond, e** deep
**se promener** to take a walk
**propos** *m* remark, word
**propre** own; clean
**protéger** to protect
**provision** *f* supply
  **faire des provisions** to stock up
**prune** *f* plum
**pu** (*p p* **pouvoir:** can)
**puanteur** *f* stench
**publicité** *f* advertisement
**pudeur** *f* reserve
**puisse** (*subj* **pouvoir:** can)
**puits** *m* well

# Q

**quai** *m* platform
**quand même** anyway, for all that
**quant à** as far as . . . is concerned
**quarantaine** *f* quarantine
  **mettre en quarantaine** to boycott
**quartier** *m* neighborhood

**quelconque** any
**quelque chose** something
**quelquefois** sometimes
**quelque part** somewhere
**queue** tail; line
    **faire la queue** to wait in line
**quitter** to leave; take off
**quoi que ce soit** anything; whatever it is
**quoi qu'il en soit** in any case
**quotidien, ne** everyday, daily

# R

**raclement** *m* scraping
**raccrocher** to hang up
**raconter** to narrate, tell
**radeau** *m* raft
**rafler** to snatch
**rageur, se** angry
**raide** stiff
**raideur** *f* stiffness
**se raidir** to stiffen; brace oneself
**raison** *f* mind, reason
    **avoir raison** to be right
**rajouter** to add
    **en rajouter** to overdo
**ralentir** to slow down
**ramasser** to pick up
**ramener** to take home; bring back
    **se ramener à** to boil down to
**rang** *m* row
**rangée** *f* row
**rapide** fast, swift
**rapidité** *f* speed, swiftness
**rappel** *m* reminder
**rappeler** to remind, call back
    **se rappeler** to remember
**rapport** *m* relation
    **par rapport à** with regard to
**ras** short
**rasage** *m* shaving
**raser** to shave, raze
**raseur, se** *m f* bore
**rater** to miss, fail
**raturer** to cross out
**se raviser** to change one's mind
**raviver** to revive; brighten up
**rebiquer** to stick out (hair)
**rebondir** to bounce back
**rebord** *m* edge
**réchaud** *m* stove
**réchauffer** to warm up
**recherche** *f* search

**récit** *m* story
**réclamer** to claim
**recoller** to stick back together
**reconnaissance** *f* gratitude
**récréation** *f* recess
**recroquevillé, e** hunched up, shriveled up
**reçu** *m* receipt
**reculade** *f* backing off, withdrawal
**rédiger** to write
**redouter** to dread
**redresser** to straighten up, rise up
**réduit** *m* cubbyhole
**réellement** really
**reflet** *m* reflection
**réfléchir** to think, reflect
**refouler** to turn back, suppress
**regard** *m* glance, look, eyes
**regarder** to look
**règle** *f* rule
    **en règle** in good order
**règles** *f p* menstrual period
**rejeter** to throw back
**relations** *f p* acquaintances, friends
**relent** *m* stench
**relever** to lift, raise, pick out
**remarquer** to notice
**remblai** *m* embankment
**remercier** to thank
**remémoration** *f* remembrance
**remettre** to put on again
    **remettre en question** call into question again
    **se remettre** to get over
**remonter** to walk up
**remords** *m* remorse
**remplir** to fill up
**remporter** to win, gain
**remuer** to move
**rencontre** *f* meeting
**rencontrer** to meet
**rendre compte** to give an account
    **se rendre compte** to realize
**rendu** (*p p* **rendre:** to bring back)
**renflouer** to bail out
**renseignement** *m* information
**rentable** profitable
**rentrer** to go back, come back
    **rentrer à pied** to walk back
**réparer** to fix
**repartir** to set out again, start again
**repas** *m* meal
**se replier** to fold
**réplique** *f* reply; line
**répondre** to answer

**réponse** *f* answer
**repos** *m* rest
**reposer** to put down
  **se reposer** to rest; depend
**repousser** to reject; grow back
**reprendre** to resume; pick up
**ressembler à** to look like
**ressentir** to feel
**reste** rest, what is left
  **au reste** moreover
**rester** to remain, stay
**résumé** *m* summary
**retard** *m* lateness
**retenir** to keep; hold back
**retenue** *f* reticence
**rétine** *f* retina
**retirer** to withdraw; take off
**retomber** to fall
**retourner** to return, go back
  **se retourner** to look back
**retraite** *f* retirement; retreat
  **prendre sa retraite** to retire
**retrousser** to curl up; turn up
**retrouver** to find
**responsable** person in charge
**réunir** to gather
**réussir à** to manage to
**réussite** *f* success
**revanche** *f* revenge
**réveiller** to awaken
  **se réveiller** to wake up
**révélateur, trice** revealing
**revenir** to come back
**rêver** to dream
**revêtir** to put on, clothe
**revîmes** (*p s* **revoir:** to see again)
**rictus** *m* grin
**ride** *f* wrinkle
**rien** nothing
**rieur, se** cheerful
**rigolo** (*fam*) funny
**rire** to laugh
  **rire aux éclats** to roar with laughter
  **fou rire** *m* hysterical laugh
**rive** *f* bank
**river** to rivet
**rivière** *f* river
**riz** *m* rice
**robinet** *m* faucet
**rodailler** to hang around
**rôle** *m* part
**roman** *m* novel
  **roman policier** *m* detective story
**romancier, ière** *m f* novelist

**romanesque** fanciful, of the novel, fictional
**rompre** to break up; break off
**ronce** *f* thorns
**rond, e** round
**roseau** *m* reed
**rossignol** *m* nightingale
**rouage** *m* part; gear wheel
**roue** *f* wheel
**roué, ée** cunning
**rougir** to blush
**rouille** *f* rust
**rouleau** *m* roll
**route** *f* road
**royaume** *m* kingdom
**ruban** *m* ribbon
**rue** *f* street

# S

**sac** *m* bag
**sacristain** *m* sexton
**sagement** wisely; properly
**saisir** to grasp
**sale** dirty
**salle à manger** *f* dining room
**salle des ventes** *f* auction room
**salon** *m* sitting room
**salopette** *f* overalls
**salut** *m* greeting, hello, good-bye
**sang** *m* blood
**sanglot** *m* sob
**sans** without
**santé** *f* health
**sauf** except
**saugrenu, e** ludicrous
**sauterelle** *f* grasshopper
**sauvage** wild
**savoir** to know
**sbire** *m* henchman
**scarabée** *m* beetle
**scarlatine** *f* scarlet fever
**scénario** *m* script
**seau** *m* pail
**sec, sèche** dry
**sécher** to dry
**sécheresse** *f* dryness
**secouer** to shake
**secousse** *f* shock
**secrétaire** *m* writing desk
**séduisant, e** attractive; alluring
**sein** *m* breast
**selle** *f* saddle

**selon** according to
**semaine** *f* week
**semblable** similar
**faire semblant** to pretend
**sembler** to seem
**semer** to sow; cast
**s'en aller** to leave, go away
**sens** *m* meaning; sense
   **bon sens** common sense
**sensible** perceptive, sensitive
**sentir** to feel; smell
   **ne pas pouvoir sentir qqun** not to be
     able to stand someone
**séparer** to separate, part
**sérieux, se** serious, grave
**serrer** to tighten; hold tight; squeeze, press
**serrement** *m* squeezing
   **serrement de cœur** pang
   **serrement de mains** handshake
**serrure** *f* lock
**service** *f* favor, service
   **rendre service** to help, be of service
**serviette** *f* napkin; towel
**servir** to serve
   **se servir de** to use; help oneself with
**serviteur** *m* servant
**seul, e** only one; alone
**seulement** only
**si** so
**siècle** *m* century
   **grand siècle** 17th century
**siffler** to whistle
**signaler** to signal, report
**silhouette** *f* figure
**simplement** simply; plainly
**sillage** *m* wake
**sinon** otherwise
**sitôt** as soon as
**situer** to locate
   **se situer** to take place
**soif** *f* thirst
**soigné, e** careful, neat, groomed
**soigner** to take care of
**soigneux, se** careful, neat
**soigneusement** carefully
**soir** *m* evening
**soirée** *f* evening
**sol** *m* ground; floor
**soleil** *m* sun
**solemnité** *f* solemnity
**sombre** dark
**somme** *f* sum
   **en somme** in short
**sommeil** *m* sleep

**somnifère** *m* sleeping pill
**songe** *m* dream
**songer** to dream, think
**songeur** dreamy
**sonnerie** *f* ring
**sortir** to go out
**sou** *m* penny
**se soucier** to worry
**soucieux, se** worried, concerned
**soudain** suddenly
**souffle** *m* breath
**souffler** to breathe out
**souiller** to soil
**soulagement** *m* relief
**soulever** to lift; stir up
**soulier** *m* shoe
**souligner** to underline, stress
**soumettre** to subject
   **se soumettre** to submit
**soumis** (*p p* **soumettre:** to subject)
**soupçon** *m* suspicion
**soupçonner** to suspect
**soupir** *m* sigh
**sourd, e** deaf
**sourire** to smile
**sourire** *m* smile
**sous** under
**sous-entendu** *m* underlying meaning
**souvent** often
**souvenir** *m* remembrance, memory
   **se souvenir de** to remember
**sparadrap** *m* Band-Aid
**square** *m* small public garden
**stade** *m* stage
**stationnement** *m* parking
**strier** to streak
**stupéfait, e** stunned
**stupeur** *f* utmost astonishment
**stylo** *m* fountain pen
**su** (*p p* **savoir:** to know)
**subir** to undergo, sustain
**sucrerie** *f* sweet
**sueur** *f* sweat
**sujet** *m* subject, topic
**suite** *f* continuation
   **par la suite** later on
**suivre** to follow
**supporter** to put up with
**supprimer** to suppress, kill, delete
**supputation** *f* calculation
**sûr, e** certain, sure, firm
**surchauffer** to overheat
**surdité** *f* deafness
**surmonter** to overcome

**surprenant, e** surprising
**sursauter** to jump
**surtout** above all, especially
**surveiller** to watch
**svelte** slender
**sympathique** likable, congenial

# T

**tableau** *m* picture, painting
**tabouret** *m* stool
**taille** *f* size; height
**se taire** to remain silent, shut up
**talus** *m* embankment
**tandis que** while
**en tant que** as
**tante** *f* aunt
**taper** to beat, knock
   **taper à la machine** to type
**tard** late
**tasse** *f* cup
**tâtonner** to grope, hesitate
**teint** *m* complexion
**tellement** so much, so many
**témoignage** *m* testimony
**témoin** *m* witness
**temps** *m* time; weather
   **de temps en temps** from time to time
   **entre-temps** meanwhile
**tendre** to stretch out; hand out
**tendresse** *f* tenderness
**ténébreux, se** dark; mysterious
**tenir** to hold, keep
   **tenir à** to value, like
   **se tenir** to take place; hold on
   **tenir un magasin** to run a store
**tenter** to attempt
**ternir** to dull, tarnish
   **se ternir** to grow dim
**terrain** *m* ground, field
   **terrain vague** empty lot
**terrassier** *m* digger
**terre** *f* land; earth
   **terre battue** hard-packed surface
   **par terre** on the ground, on the floor
**tête** *f* head
   **tête à tête** private conversation
**tige** *f* stem
**tînt** (*imp subj* **tenir**: to hold)
**tirer** to pull
**tiret** *m* dash
**tiroir** *m* drawer
**titre** *m* title

**tisser** to weave
**tissu** *m* material, cloth
   **tissu-éponge** terry cloth
**tituber** to stagger
**toilette** *f* washing; (act of) getting dressed
**toit** *m* roof
**toiture** *f* roofing
**tôle ondulée** *f* corrugated iron
**tomber** to fall
   **tomber sur** to hit upon
**tort** *m* wrong
   **faire du tort** to wrong
**tôt** early
   **tôt ou tard** sooner or later
**toucher** *m* touch
**toujours** always
**tour** *m* turn; tour; trick
   **faire un tour** to take a short walk
   **tour supplémentaire** extra round
**tour** *f* tower
**tournant** *m* turn
**tournée** *f* tour
**tourner** to revolve, turn
**tournure** *f* turn, form
**tousser** to cough
**tout** any, the whole, anything
   **tout en** while
   **tout à fait** completely, absolutely
   **tout de même** all the same, anyway
   **tout de suite** right away, immediately
   **tout le monde** everyone
**toutefois** however
**trahir** to betray
**trahison** *f* betrayal, treason
**en train** under way
**trait** *m* feature
**tranquille** quiet
   **laisser tranquille** to leave alone
**tranquillement** quietly, gently
**travail** *m* work
**travailler** to work
**travailleur, se** *m f* worker
**traverser** to cross
**à travers** through
**trébucher** to trip
**trembler** to shake
**trente** thirty
**trier** to sort out
**triste** sad
**tristesse** *f* sadness
**se tromper** to make a mistake, be mistaken
**trompeur, se** deceptive
**trop** too much

**trottoir** *m* sidewalk
**trou** *m* hole
**trouée** *f* opening
**trousseau** *m* **de clés** set of keys
**trouver** to find
**truc** (*fam*) *m* thing
**truquer** to rig
**tueur** *m* killer
**turbulent, e** unruly, boisterous
**tuyau** *m* pipe, tube
  **tuyau d'arrosage** hose
**type** (*fam*) *m* man

## U

**unique** unique; only (child)
**urgence** *f* emergency
**usine** *f* factory
**ustensile** *m* utensil
**utiliser** to use

## V

**va et vient** coming and going
**vainement** in vain
**vacances** *f p* vacation
**vache** *f* cow
  **peau de vache** (*fam*) swine
**vaisselle** *f* china, dishes
**valise** *f* suitcase
**valoir** to be worth
  **il vaut mieux** it is better
**valu** (*p p* **valoir:** to be worth)
**se vanter** to boast
**vapeur** *f* steam
**vaporiser** to spray
**vécu** (*p p* **vivre:** to live, experience)
**vedette** *f* star
**veille** *f* day before, eve
**veiller** to keep watch
**vélo** *m* bicycle
**velours** *m* velvet
**vendre** to sell
**vengeance** *f* revenge
**venger** to avenge
**venir** to come
**vent** *m* wind
**venteux, se** windy
**ventre** *m* stomach, belly
**vérifier** to check

**vérité** *f* truth
**verre** *m* glass
**vers** toward
**verser** to pour
**vertige** *m* dizziness
**veste** *f* jacket
  **veste d'intérieur** smoking jacket
**veston** *m* jacket
**vêtement** *m* article of clothing
**vêtir** to dress
**vêtu** (*p p* **vêtir:** to dress)
**veuille** (*subj* **vouloir:** to want)
**viande** *f* meat
**vibrer** to vibrate
**vide** *m* midair, void, emptiness
**vif, vive** lively
**vieillerie** *f* old thing
**vieillir** to age
**vieux, vieille** old
**villa** *f* house
**ville** *f* city
**visage** *m* face
**viser** to aim
**vitesse** *f* speed
**vitre** *f* window pane
**vitrer** to put glass in
**vitrine** *f* shop window display
**vivacité** *f* liveliness
**vivant, e** alive
**vivre** to live
  **faire vivre** to support
**voilier** *m* sailboat
**voir** to see
  **cela n'a rien à voir** it has nothing to do
    (with)
**voire** even
**voisin, e** neighbor
**voisinage** *m* neighborhood
**voiture** *f* car
**voix** *f* voice
**vol** *m* theft
**volant** *m* steering wheel; ruffle
**voler** to steal; fly
**volet** *m* shutter
**voleter** to flutter
**voleur** *m* thief
**volontiers** gladly
**vomir** to vomit
**vouloir** to want
  **en vouloir à qqun** to resent someone;
    hold something against someone
**voûté** hunched over, arched
**voyager** to travel
**voyageur, se** *m f* traveler

voyou *m* thug, hoodlum
vrac: en vrac loose; in no special order
vrai, e true
vraiment really
vraisemblable plausible
vraisemblance *f* plausibility

vue *f* sight
se perdre de vue to lose touch

# Y

yeux *m p* eyes
yeux à fleur de tête goggle eyes